中国企业行为治理研究丛书

“十二五”国家重点图书出版规划项目

运营管理卷

我国商贸平台型企业的形成、战略与公司治理研究

邱 毅 著

浙江工商大学出版社
ZHEJIANG GONGSHANG UNIVERSITY PRESS

图书在版编目(CIP)数据

我国商贸平台型企业的形成、战略与公司治理研究 / 邱毅著. — 杭州 : 浙江工商大学出版社，2015.7(2016.6 重印)
ISBN 978-7-5178-1369-9

Ⅰ. ①我… Ⅱ. ①邱… Ⅲ. ①商业企业—企业管理—研究—中国 Ⅳ. ①F72

中国版本图书馆 CIP 数据核字(2015)第 266210 号

我国商贸平台型企业的形成、战略与公司治理研究
邱　毅著

责任编辑　谭娟娟　姚　媛
封面设计　林朦朦
责任印制　包建辉
出版发行　浙江工商大学出版社
(杭州市教工路 198 号　邮政编码 310012)
(E-mail:zjgsupress@163.com)
(网址:http://www.zjgsupress.com)
电话:0571－88904980,88831806(传真)
排　　版　杭州朝曦图文设计有限公司
印　　刷　杭州五象印务有限公司
开　　本　710mm×1000mm　1/16
印　　张　16.75
字　　数　258 千
版 印 次　2015 年 7 月第 1 版　2016 年 6 月第 2 次印刷
书　　号　ISBN 978-7-5178-1369-9
定　　价　48.00 元

浙江工商大学出版社营销部邮购电话　0571－88904970

本著作是以下项目资助成果:

◎ 浙江省社会科学基金重点课题“我国商贸平台型企业公司治理结构研究”(10JDSM01Z)

◎教育部人文社科重点研究基地浙江工商大学现代商贸研究中心2014年度公开招标项目“商贸平台间的竞争与合作研究”(14SMGK06YB)

◎教育部人文社科项目“交易方式变革与中国流通现代化研究”(10JJD790022)

◎国家自然科学基金项目“基于策略互动实验方法的大股东控制权私利形成机理研究:影响因素与伦理决策”(71272143)

◎浙江省哲学社会科学重点研究基地项目“合规治理、家族控制、长远战略:代际传承背景下浙江家族企业董事会治理有效性问题研究”(15JDZS01Z)

总　序

企业是社会发展的产物，随着社会分工的开展而成长壮大。作为现代经济中的基本单位，企业行为既是微观经济的产物，又是宏观调控的结果。就某种意义而言，企业行为模式可被看成整个经济体制模式的标志。

从社会学的研究来看，人类社会就是一部社会变迁的进步史，社会变迁是一个缓慢的过程，而转型就是社会变迁当中的“惊险一跳”，意味着从原有的发展轨道进入新的发展轨道。三十多年来，我们国家对外开放、对内改革，实质上就是一个社会转型的过程。这一时期，从经济主体的构成到整个经济社会的制度环境都发生了巨大变迁，而国际环境也经历着过山车般的大起大落。“十一五”末期国际金融海啸来袭，经济急速下滑，市场激烈震荡，危机对中国经济、中国企业的影响至今犹存。因此，国家将“十二五”的基调定为社会转型。这无疑给管理学的研究提供了异常丰富的素材，同时也给管理学研究者平添了十足的压力。

作为承载管理学教学和科研任务的高校，如何在变革的时代有效地发挥自身的价值，以知识和人才为途径，传递学者对时代呼唤的响应，是一个非常值得思考的论题。这个论题关系到如何把握新经济环境下企业行为的规律，联系产业特征、地域特点，立足当下，着眼未来，为企业运营、政府决策提供有力的支持。

在国际化竞争和较量的进程中，中国经济逐渐显现出一种新观念、新技术和新体制相结合的经济转型模式。这种经济转型模式不仅是中国现代经济增长的主要动力，而且将改变人们的生产方式和生活方式，企业则是这一过程的参与者、推动者和促成者。因此，企业首先成为我们管理学研究者最为关注的焦点。在经济社会重大转型这一背景之下，一方面由于企业内部某种机理的紊乱，以及转轨时期企业目标的交叉连环性和多元性，另一方面由于外部环境的不合理作用，所以企业行为纷繁复杂，既有能对经济社会产生强劲推动作用的长远眼光，也存在破坏经济社会可持续发展的短视行为。随着经济和社会的进步，企业不仅要对营利负责，而且要对环境负责，并需要承担相应的社会责任。总体而言，中国企业发展中面临许多新问题、新矛盾，部分企业还出现生产经营困难，这些都是转型升级过程中必然出现的现象。

"转型"大师拉里·博西迪和拉姆·查兰曾言："到了彻底改变企业思维的时候了，要么转型，要么破产。"企业是否主动预见未来，实行战略转型，分析、预见和控制转型风险，对于转型能否成功至关重要。如果一个企业想在它的领域中有效地发挥作用，行为治理可以涉及该企业将面临的更多问题；而如果企业想要达到长期目标，行为治理可以为其提供总体方向上的建议。在管理学研究领域，行为治理虽然是一个全新的概念，却提供了一个在新经济环境下基于宏观、中观、微观全视角来研究企业行为的良好开端。

现代公司制度特指市场经济中的企业法人制度，其特点是企业的资产所有权与资产控制权、经营决策权、经济活动的组织管理权相分离。于公司治理而言，其治理结构、方式等的选择和演化不仅受到自身条件的约束，同时还受到政治、经济、法律和文化等外部制度环境的影响。根据North(1990)的研究，相互依赖的制度会构成制度结构或制度矩阵，这些制度结构具有网络外部性，并产生大量的递增报酬。这使得任何想改善公司治理的努力都会受到其他制度的约束，使得公司治理产生路径依赖。在这种情况下，要想打破路径依赖、优化治理结构，从制度设计角度出发进行行为治理便是一个很好的思路。

此外，十八届四中全会提出"实现立法和改革决策相衔接，做到重大改革于法有据、立法主动适应改革和经济社会发展需要"的精神，而《中华人民共和国促进科技成果转化法修正案(草案)》的通过，则使促进科技创新的制度红利得到依法释放。我国"十二五"科学和技术发展规划中明确指出，要把科研攻关与市场开放紧密结合，推动技术与资本等要素的结合，引导资本市场和社会投资更加重视投向科技成果转化和产业化。新时期科技创新始于技术，成于资本，以产业发展为导向的科技创新需要科技资源、企业资源与金融资源的有机结合。因此如何通过有效的企业行为治理，将各方资源进行有效整合，则成为促进科学技术向第一生产力转化所面临的新命题。

由上述分析可以发现，无论是从制度、科技、创新角度，还是从公司治理、企业转型角度出发，企业的目标都是可持续的生存和发展，而战略则成为企业实现这一目标的有效途径。战略强调企业与环境的互动，如何通过把握新时期新环境来制定和执行有效的战略决策以获取竞争优势，则成为企业在新经济环境下应担起的艰巨任务。另外，企业制定发展战略的同时应当寻找能为企业和社会创造共享价值的机会，包括价值链上的创新和竞争环境的投资，即做到企业社会责任支持企业目标。履行战略型企业社会责任不只是做一个良好的企业公民，也不只是减轻价值链活动所造成的不利社会影响，而且要推出一些能产生显著而独特的社会效益和企业效益的重大举措。

浙江工商大学工商管理学院(简称“管理学院”)是浙江工商大学历史最长、规模较大的一个学院。其前身是 1978 年成立的企业管理系，2001 年改设工商管理学院。学院拥有工商管理博士后流动站和工商管理一级学科博士点，其学科基础主要是企业管理，企业管理学 1996 年成为原国内贸易部重点学科，1999 年后一直是浙江省重点学科，2006 年被评为浙江省高校人文社科重点研究基地，2012 年升级为工商管理一级学科人文社科重点研究基地。该研究基地始终围绕“组织、战略、创新”三个最具企业发展特征的领域加以研究，形成了较为丰硕的成果。本套丛书正是其中的代表。

经过多年的理论研究和实践尝试，我们认为中国企业经历了改革开放后三十多年的高速发展，已然形成自身的行为体系和价值系统，但是在国际环境的复杂多变及国内改革步入全面深化攻坚阶段的特殊历史背景下，如何形成系统的行为治理框架将直接决定中国企业可持续发展能力塑造以及核心竞争力的形成。

本套丛书以中国企业行为治理机制为核心，分“公司治理卷”“转型升级卷”“组织伦理卷”“战略联盟卷”“社会责任卷”“领导行为卷”“运营管理卷”七卷。从各个视角详细阐述中国企业行为治理的理论前沿及现实问题，首次对中国企业行为治理的发展做了全面、客观的梳理。丛书内容上涵盖了中国企业行为的主要领域，其中涉及战略、组织、人力、创新、国际化、转型升级等宏观、中观、微观层次,系统完备;所有的分卷都是所属学科的最前沿研究主题,反映了国内外最新的发展动态,立足学术前沿;所有分卷的作者均具有博士学位,是名副其实的博士文集,其中包括该领域国内外知名的专家和学者;所有分卷的内容都是国家自然科学基金、国家社科基金以及教育部基金的资助项目,体现了较强的权威性,符合国家科研发展方向。

本套丛书既是我们对中国企业行为治理领域相关成果的总结,也是对该领域未来发展方向探索的一次尝试。如果本套丛书能为国内外相关领域理论研究与实践探索的专家和学者提供一些基础性、建设性的意见和建议,就是我们最大的收获。

"谦逊而执着,谦恭而无畏",既是第五级管理者的特质,也是我们从事学术研究的座右铭。愿中国企业行为治理研究能够真正实现"顶天立地、福泽万民"!

郝云宏

浙江工商大学工商管理学院院长　教授　博导

2014 年 11 月 15 日于钱塘江畔

摘要

商贸平台型企业是我国改革开放后涌现出来的一类特殊企业,如义乌小商品城、银泰百货、苏宁电器、阿里巴巴等等。这类企业具有以下特征:①企业以有形或无形的平台为依托,为供给一方的广大商户和需求一方的广大采购者提供商贸流通领域的综合服务,这类服务有助于消除市场交易的不确定性,具有“准公共产品”的特性;②企业发展带动性强,与地方的产业集群、服务业集聚区密切相关,备受各级政府关注;③企业处在典型的双边市场之中,其竞争力与平台规模、平台上的客户数量,以及平台上客户间的互动程度高度相关,具有明显的规模经济、范围经济和网络经济效益,其发展呈现出垄断趋势;④与欧美国家同类大型流通企业相比,依托这些商贸平台的“商户”的经营活动具有高度自主性;⑤企业的公司治理涉及多类利益相关者,他们都可能参与企业决策,并对其经营决策产生重要影响。但是,国内尚没有学者将商贸平台型企业作为一个整体进行系统研究,这也正是本书的意义之所在。

本书以义乌小商品城公司的发展历程分析作为引例,描述我国商贸平台型企业的特殊性,进而提出本研究所要回答的主要问题和研究思路。考虑到任何企业形成、战略与治理的本质都是制度问题,因此,在相对缺乏“商贸平台型企业”直接研究文献的条件下,本书借鉴威廉姆森关于制度研究的分析框架,分别从宏观环境、产业组织和公司治理等理论层面,搜集、整理相关的已有文献资料,以夯实后续研究的理论基础。

本书首先关注的是商贸平台型企业发展的“中国情境”问题——宏观经济转型。亚当·斯密的理论认为,经济繁荣源于社会分工和商品交换的共同推动,一个地区在经济快速发展的过程中必然伴随着大量交易需求的涌现。“好政府”需要为各类交易的发生提供有效保护。在地方政府能力有限的情况下,通过组建并扶持商贸平台型企业间接地为交易活动提供保护,是一种有效的替代方案。我国的宏观经济转型还是一个市场秩序建立和完善的过程,商贸平台型企业既是这个市场秩序中游戏规则的遵循者,也是市场秩序建立和完善的重要推动者。模型研究和实际案例研究都表明,在我国宏观经济转型期,随着市场秩序的不断完善,地方政府打造高效率、低成本的商贸平台比单纯追求制造业优势更有利于地方经济的繁荣,这也解释了地方政府扶持这类企业的原因。当然,商贸平台型企业自身发展战略也有一种内在的扩张冲动。

其次,本书借助产业组织理论框架研究商贸平台型企业的发展战略问题。在没有政府规制约束的条件下,"垄断"是所有企业在发展战略中所努力趋近的市场结构。一方面,随着信息技术的日新月异,在规模经济、范围经济和网络经济效益等因素的共同作用下,少数商贸平台型企业正趋向自然垄断;另一方面,在地方政府保护、消费者市场差异等人为因素的作用下,部分商贸平台型企业的市场势力被区域分割和强化,并形成了"局部垄断"。对双边市场结构的分析表明,企业数量在产业链上的"哑铃形"分布有利于商贸平台型企业实施纵向控制,其具体行为策略包括不对称的定价结构、动态化的补贴策略与平台间联盟。进一步的市场势力扩张模型研究证明,在市场势力扩张的过程中,商贸平台型企业的垄断势力与垄断行为具有互为因果的自我强化机制,平台企业间的竞争也会出现"强者愈强"乃至"一家独大"的局面。这部分研究表明,从产业环境和企业战略的角度看,商贸平台型企业选择市场势力扩张战略是必然的。这就需要关注商贸平台型企业快速成长过程中利益相关者之间的冲突和协调,完善公司治理。

顺理成章,本书将进一步从利益相关者视角研究商贸平台型企业的公司治理问题。企业访谈、问卷调研的结果表明,商贸平台型企业公司治理中所涉及的关键(参与企业决策、对企业经营有重大影响的)利益相关者种类较一般制造企业的多。造成这一现象的原因在于同一利益相关者的多重身份问题。比如,地方政府既是企业的行政主管部门,可能也是企业的控股股东,类似的情况还出现在商户、债权人,甚至是周边社区等利益相关者身上。基于上述判断,本书分析了那些具有两个或两个以上利益相关者身份的成员的利益诉求。在我国商贸平台型企业产生、发展的不同阶段,那些能够为企业当前发展提供最需要的稀缺资源的利益相关者在公司治理中的权力将被扩大。商户集体控制、地方政府控制与管理者控制这三种先后发展起来的公司治理模式,反映了我国商贸平台型企业控制权演化的逻辑。

最后,本书结合上述三个层面的理论研究,分别从政府和企业层面展开相应的对策研究。发展战略研究的结论表明,商贸平台型企业的“垄断因素”与“双边市场结构”决定了其会走向“垄断”,这一结论促使笔者将对策研究转向了产业组织理论的根本使命——促进有效竞争的市场结构的形成。商贸平台具有较强的规模经济、范围经济和网络经济效益,以至于直接消除其垄断势力将产生低效率,增加社会总成本。因此,本书从导入竞争性力量的角度提出了四种政府规制模式:端口接入规制、业务范围规制、网络互通规制与共同投资规制。公司治理研究的结论表明,与一般企业相比,商贸平台型企业的利益相关者具有较大的特殊性,其公司治理的现实与我国现行《公司法》等法规所框定的公司治理结构一般框架之间存在一定冲突。因此,本书提出了让地方政府拥有“小股东否决权”、对商户采取“形式聘任”、由债权人指定外部审计机构、董事会设立社会责任委员会等建议,以完善我国商贸平台型企业的公司治理结构。

ABSTRACT

Trading platform enterprise is a special kind of firm which emerged after China's reform and opening up, such as Yiwu Small Commodity City, Intime Department Store, Suning Appliance, Alibaba. Such kind of enterprises have the following characteristics: ① they provided integrated services with the nature of "quasi-public goods", in the field of commerce and trade circulation for supply side and demand side by tangible or intangible platform, helped to eliminate the uncertainty of the market; ② they promoted the growth of local industrial cluster and local service industry, so they were concerned and supported by governments; ③ they were in a typical two-sided market, with characters of significant economies of scale, economies of scope and economies of network. Their competitiveness was highly correlated with the platform scale, the number of customers on the platform, and the degree of interaction between customers on the platform. Some of them was showing a monopolistic tendencies; ④ their corporate governance process involved many types of key stakeholders, local government, merchants, and community may be involved in corporate governance of them, who had an important impact using their management and decision-making; ⑤ the merchants using the trading platforms of our country had higher degree of autonomy for their own marketing activities than their counterparters on similar large circulation enterprises in developed country. Unfortunately, there was little study for such kind of enterprises which played the important role of connecting supply and demand in real economy, in the background of stimulating domestic demand and promoting consumption of our country, so it was where the significance of this paperlied.

As a theoretical study based on a realistic enterprise, this paper focused on the common features of trading platform enterprises in China. This paper described the specialnatuve of the trading platform enterpriseby illustrating 'Yiwu Small Commodity City Company's development process', and then put forward the key issues and research approach. Considering any firm's formation, strategy and governance were essentially institutional issues, because of lacking direct literature of 'trading platform enterprise', the author drew on the analytical framework proposed by Williamson and collated existing relevant literature from three theoretical levels, macro-transform, industrial organization and corporate governance, in order to reinforce the theoretical basis for the follow-up study.

The first concern of this paper was macro-transition which was the Chinese context of trading platform enterprise. Adam Smith's theory pointed out that economic prosperity was promoted jointly by the social division and commodity exchange. Any region undergoing rapidly development must be accompanied by a lot of demands for transaction. 'Good governments' needs to provide effective protection for the occurrence of various types of transactions to promote local economy. But some governments couldn't do it because of limited capacity, so it would be an effective alternative by supporting trading platform enterprise to provide such protection. China's macro-restructuring was a process of establishing and improving market order. Trading platform enterprise not only comply with the market order, but also help to improve it. The model studies and practical examples presented in this paper showed that: with the constant improvement of the market order in our country, for a local government, building or supporing a high-efficient, low-cost platform was more conducive to promote the local economy than exclusively leveraging on the manufacture advantages, which also explained the local government's policy of supporting the trading platform. However, the rapid growth of trading platform enterprise couldn't sustain only by the local government's support. Over the last decade, some non-state-owned trading platform enterprises, such as, Suning Appliance, and Alibaba, grew even faster than state-owned platform enterprises, so this phenomenon required us to study their strategy using the theories of industrial organization.

Secondly, this paper studied the strategic issues of trading platform enterprises in the framework of industrial organization. 'Monopoly' was a market structure pursued by any enterprises if without constraints of government regulation. A few trading platform enterprises developed towards natural monopoly because of the combined effect of economies of scale, economies of scope and economies of network, and other factors in the information society. On the other hand, the human factors including local government protection and consumer market differentiation lead to that some trading platform enterprises' market power are segmented and enhanced regionally, and formed the market structure of ' local monopoly'. The analysis of the two-sided market structure showed that the "dumbbell-shaped" distribution of firms in the industrial chain helped trading platform enterprises to implement specific behavioral strategies for longitudinal control, which included asymmetric pricing structure, dynamic subsidy policy and platform Union. Further model study proved that trading platform enterprise was characterized by self-reinforcement between monopoly and monopolistic behavior, and competition between platform enterprises would lead to the situation of 'the bigger getting stronger'. Trading platform would inevitably choose an expansion strategy to enhance its market forces, thus resolving the conflicts among different stakeholders in the process of rapid development of trading platform enterprises became a new problem. So it required studying corporate governance of them by using the theory of stakeholder.

Thirdly, this paper studied the corporate governance issues of trading platform enterprise from the perspective of stakeholders. The results of survey and questionnaire showed that the corporate governance of trading platform enterprise was related to more key stakeholders who had significant impact on business affairs and decision-making than most manufacturing enterprises did. The author proposed the reason of this phenomenon as this: the shareholders have multiple tdentities, for example, a local government surly was the administrative authority of this enterprise, but also may be the controlling shareholder of it. The similar situation also happened to merchants, commercial creditors, and even communities and other kinds of stakeholders. Based on the above judgment, this paper analyzed the interest appeals of stakeholders those who have two or more identities, as well as their impacts on corporate governance. At different development stages of trading platform enterprise in China, the stakeholders who provided the scarcest resources for an enterprise would be given more control rights in corporate governance. The model of merchants collective control, local government control and internal managers control were three successively management model of corporate governance which reflected the evolution logic of corporate control of our country's trading platform enterprise.

Finally, this paper proposed countermeasures for governments and enterprises based on the above theoretical study. The conclusion of strategy study showed that, the trading platform enterprise would develop towards monopoly with effects of monopoly elements in a two-sided market, so it made author to focus on countermeasures of forming effective competition structure which was the fundamental mission of the theory of industrial organization. Trading platform had strong economies of scale, economies of scope and economies of network, and it was hard to eliminate its monopoly power directly without decreasing it efficiency. So the author suggested four modes of government regulation from the view of importing competitive forces: port access regulation, scope of business regulation, network interworking regulation and co-investment regulation. The corporate governance study concluded that the identities of stakeholders of trading platform enterprises were a very specid group, which led to some conflicts between their corporate governance and the general framework of corporate governance structure which were framed by the existing Company Law and other laws and regulations in China. To improve the corporate governance of such special enterprises, the author suggested some advices, such as giving 'minority shareholders veto' to local government, adopting the 'virtual appointment policy' among merchants, appointing 'external auditors' for creditors, and establishing the Social Responsibility Committee for the community.

目　录

Contents

图目录

Figure Contents

表目录

Table Contents

第1章 绪 论

1.1 引 言

1.1.1 研究背景

改革开放后我国经济长期处于转型时期。这一时期国内涌现出一大批商贸平台型企业，这类企业为广大制造商、经销售、代理商、采购商、消费者提供了商贸流通领域的综合性服务。从产业组织角度看，商贸平台型企业借助体制转轨时期地方政府的干预、扶持，或是自身规模、技术优势，在一定程度上形成了垄断势力，且企业经营横跨两个互相依存的市场——双边市场[①]。从企业自身成长角度看，商贸平台型企业的竞争优势，与其所在的双边市场中的用户数量和用户间互动直接正相关，具有显著规模经济、范围经济和网络经济效益。从区域经济角度看，商贸平台型企业核心竞争力的培育不仅取决于自身服务能力的强弱，更取决于依托其平台的大量商户（包括制造商、经销商、代理商）的整体竞争力，因此其发展在很大程度上与地方经济，特别是当地制造业、服务业的总体发展水平密切相关。概而述之，商贸平台型企业是一类具有较强市场势力，在双边市场环境下为供需双方消除交易不确定性提供“准公共产品”的企业。需要强调的是，商贸平台型企业是作为系统存在的商贸平台的运营商，并

---

① 罗切特和蒂罗尔(2003)最先给出的双边市场定义为：“当平台向需求双方索取的价格总水平 $P=P_B+P_S$ 不变时(P_B 为用户 B 的价格，P_S 为用户 S 的价格)，任何用户方价格的变化都会对平台的总需求和交易量产生直接影响，那么这个平台市场就被称为双边市场。”

非指整个平台系统。

从所处流通环节和经营特征的角度看，目前国内有六种较为常见的商贸平台型企业：一是处在商贸流通内批发环节的大型专业市场，如义乌中国小商品城、柯桥中国轻纺城、海宁中国皮革城等；二是处在商贸流通内零售环节，以本地经营为主的大型零售企业，如杭州大厦、新世界等；三是同处在商贸流通零售环节，但是以跨区域的连锁化经营为主要特色的连锁超市或连锁专业卖场，如华商综超、苏宁电器、颐高数码、红星美凯龙等；四是处在商贸流通内物流环节的第四方物流企业，如传化物流港等；五是在互联网时代出现的网上 B2B，C2C 交易平台，可以将其看作专业市场的互联网模式，如阿里巴巴的淘宝网、腾讯的拍拍网等；六是同样在互联网上出现的 B2C 零售卖场，如京东商城、1 号店等。在互联网时代，某些大型平台企业出现了跨平台经营的现象，如苏宁电器既在全国范围内经营着近千家实体电器卖场，同时也在互联网上经营着网上商城——苏宁易购。上述内容如表 1-1 所示。

表 1-1 我国常见的六种商贸平台

类 型	供 给	需 求	经营特征	典型代表
专业市场平台	市场经销商 生产企业代表	采购商 普通消费者	与本地产业集群密切结合 获得当地政府强力支持 交易商品专业性强，产品以批发为主	义乌中国小商品城 柯桥中国轻纺城 海宁中国皮草城
城市大型零售型平台	制造商 本地总经销商 本地总代理商	普通消费者	与本地消费者密切结合 零售商普遍向供应商收取通道费	各地大型百货商店
连锁超市/连锁专业卖场	制造商 本地总经销商 本地总代理商	普通消费者	跨地区连锁化、规模化经营 部分呈专业化特征，对供应商有很强的议价能力	物美大卖场 苏宁电器 红星美凯龙
第四方物流平台	有货运能力的各类运输企业	有运输需求的各类企业	向运输企业提供物流基础设施和货运信息 其发展与附近的专业市场批发市场平台、当地产业集群、交通区位条件等因素密切相关	传化物流港

续 表

类 型	供 给	需 求	经营特征	典型代表
网上B2B，C2C交易平台	各类网上经销商生产企业	采购商 普通消费者	通过B2B，B2C和C2C三种形式连接买家和卖家 金融支付手段的可靠性、物流送达的及时性对交易达成起到关键作用	淘宝网 拍拍网
网上B2C零售卖场	制造商	采购商 普通消费者		京东商城 苏宁易购

资料来源：笔者自行收集整理。

我国商贸平台型企业与一般企业相比，甚至与国外的同类流通企业相比，都存在着较大的差异性，主要体现在以下四个方面。

第一，商贸平台型企业的成长与改革开放三十多年来我国宏观经济转型有着密切联系，在经济转型的不同阶段，政府（主要是地方政府）职能的转变和市场经济秩序的建立对这类企业的发展产生了显著影响。最直接的影响来自两个方面：其一是商贸流通领域是政府征税的主要环节，这就在客观上造成了某些地方政府可以通过较为灵活的税收政策帮助当地的商贸平台型企业发展；其二是由于大部分商贸流通活动都需要以土地为空间载体，所以地方政府对土地使用权的强控制足以左右商贸平台型企业的发展目标。

第二，商贸平台型企业所处的产业组织环境具有两方面的特殊性：一是传统流通产业内充满了竞争，基本不存在垄断现象，但是近年来随着信息技术的发展，规模经济、范围经济等垄断因素对商贸流通领域的作用越来越强，在城市零售平台、电子商务平台等领域都出现了具有较强垄断势力的企业，而这些企业都具有鲜明的平台企业特征。商贸平台型企业的存在扭曲了单边自由市场经济中供需双方的均衡价格，由此产生了商贸平台型企业产业组织环境的第二个特殊性——双边市场特征。二是双边市场中的平台同时面临着两个性质不同但又互相依存的市场群体，对任一方所采取的企业行为，都将直接影响到两个市场的总体消费水平。平台企业采用多产品定价方式，向两个市场同时提供产品或服务并同时进行定价。此外，在双边市场中还存在着两组市场参与者之间的网络外部性，即市场间的网络外部性。需要强调的是，与单边市场相比，双边市场的网络外部性有着较大差异：必须在两边同时积累大量的客户，并在两边客户之间建立起高频度的交易联系，才能收获网络外部性的好处。

第三，商贸平台型企业在具体经营过程中所涉及的利益相关者纷繁复杂，这就导致了企业制度层面的公司治理十分困难。商贸平台型企业与平台上的大量商户，平台外部地方政府、周边社区、第三方服务机构，相关产业集群之间都有着千丝万缕的重要联系。如商户虽然不是企业的职工，但是他们与企业的内部成员一样，在商贸平台上投入了大量的专用性资产并承担着经营风险；更重要的是，商户整体构成了商贸平台型企业最核心的竞争力。又如周边社区对生产企业而言，其影响力往往是处于“蛰伏”状态，但是对许多商贸平台型企业而言，则是其需求一边市场的重要来源，其影响力是直接而现实的。上述情况表明，商贸平台型企业所面临的公司治理问题远比一般的生产企业要复杂得多。

第四，我国商贸平台型企业上“商户”经营活动具有高度的自主性，这是欧美国家同类型流通企业所不具备的特征。这一特征可以借由商户与供应商在概念上的区别加以说明。供应商是指向目标企业提供原材料、半成品或成品的企业，供应商将这些产品提供给目标企业后，虽然两者在业务上有沟通和联系，但是下一步如何利用这些产品进行生产或销售则属于目标企业的经营范畴。商户则是指商贸平台型企业在开展商品的销售活动时，产品虽然摆在商贸平台型企业（有形或无形）的平台上，但是如何销售这些商品则属于商户的经营范畴。根据我国商务部在2006年7月公布的《零售商供应商公平交易管理办法》（简称《办法》）：“供应商是指直接向零售商提供商品及相应服务的企业及其分支机构、个体工商户，包括制造商、经销商和其他中介商。”笔者认为，该《办法》中对“供应商”的定义，已经考虑了我国商贸流通领域的特殊性——提供商品及相应服务。值得注意的是，国内零售商与供应商之间的关系与欧美国家有着显著不同，欧美国家的零售商通常是在向指定供应商采购商品的基础上，然后开展自主性的营销，其供应商很少涉及具体的零售活动。我国虽然也有零售商采用采购商品、自主营销的形式，但是近年来更为主流的形式是，零售商提供平台或销售渠道，具体的销售活动更多的是由商品的制造商、经销商、代理商等负责。对比国内外十大零售商的比较研究发现，国外十大零售商的平均费用率为23%，而我国十大零售商的费用率为6%。（李飞、刘明葳，2005）造成上述差异的重要原因是，零售商将导购、促销甚至办公等活动及相应的费用转移给了经销商、代理商和制造商。因此，笔者认为，无论是在专业市场这类批发平台上，还是在城市百货这类零售平台上，用“商户”概念描述在平台开展经营活动的主体都较“供应商”更为准确。

有鉴于此，本书将从我国商贸平台型企业产生的宏观环境、运行的产业组织环境和企业内部的公司治理结构三个层次对这类企业进行系统的研究，期望能够揭示我国改革开放后所涌现出的这一新类型企业是如何产生的，其发展战略层面的环境特征是什么，公司治理层面的利益相关者诉求是什么，从而为政府规制政策的制定和企业公司治理的完善提供对策性建议。

1.1.2　研究意义

(1)理论意义

①提出“商贸平台型企业”概念，有助于深化国内商贸流通理论中对企业问题的研究。

改革开放后，商品流通的地位和作用由社会生产的“末端行业”提升为开发市场的“先导行业”。(纪宝成，2003)但遗憾的是，商贸流通领域一直是国内外理论研究的薄弱环节。[①] 现有对流通企业的研究分散于批发、物流、零售等多个细分领域，且研究内容也主要局限于业态、经营模式等操作层面，缺少在宏观转型背景下从企业战略和公司治理层面对我国流通企业的研究。商贸平台作为连接供需两端的市场组织在我国市场经济的运行过程中起着重要作用，商贸平台的运营商——商贸平台型企业的竞争力来自企业本身的服务聚合力和依托其平台的广大商户的整体竞

---

①　西方经济学“假设—推理”两阶段的公理性研究方法，决定了理论研究基于对现实的抽象，而抽象难免会导致某些经济现象的剥离。为了分析市场对资源配置的有效性，新古典经济学假设生产者和消费者直接见面，市场完全竞争、供求自动均衡、自动出清，从而舍弃了客观上存在于两者之间的媒介要素——流通，这是理论研究的一个既定前提。基于这一前提，西方经济学理论只研究生产者行为和消费者行为，有系统的生产理论、消费理论、市场理论等等，却没有专门的流通理论。只是由于流通商所涉及的理论问题与一般的生产者理论相比没有什么特殊性，所以在西方经济学中也没有影响力的理论对商品流通的问题展开研究，反倒是作为管理学分支的市场营销从定位(Segmenting，Targeting，Positing，STP)和营销策略组合对作为流通产业微观主体的“流通企业”展开了大量研究，但是即使在管理学中也仍然缺乏对商贸流通企业共性特征的研究。

争力，其发展与我国宏观转型的时代背景有着密切联系。本研究首次提出“商贸平台型企业”这一企业概念，并从其形成、战略与公司治理等不同层面，对这类具有共性特征的商贸流通企业展开系统研究，从而深化我国商贸流通理论中的企业问题研究。

②在宏观转型背景下研究商贸流通企业问题，有助于从企业视角丰富我国的转型经济理论。

宏观转型是一个政府职能转变、市场秩序建设与微观基础再造的过程。转型经济是市场调控与政府调控并存的经济，转型经济理论研究关注的焦点是，在经济体制由计划经济向市场经济转轨的过程中，制度变量对经济社会各个层面产生的影响。中国转型经济的重要特色是，在大部分商品市场实行自由竞争的同时，政府仍然对土地资源等要素资源保持着强力的控制，而土地资源正是商贸平台型企业发展所需的关键性稀缺资源。其实，这也从一个侧面回答了，为什么在市场经济更加发达的日本、美国、欧洲都没有大规模出现商贸平台型企业。由此可见，商贸平台型企业是我国经济转型时期某种特殊制度安排的结果。本书关注我国经济转型的背后，各层次的制度变迁对商贸平台型产生、战略与公司治理的影响，有助于从微观基础再造的企业视角丰富我国转型经济理论研究。

③研究双边市场结构中的商贸平台型企业战略，有助于拓宽双边市场理论的应用领域。

双边市场理论是产业组织理论中一个既年轻又具有发展潜力的领域。该理论体系的一般分析框架是在 2004 年由法国产业经济研究所(IDEI)和政策研究中心(CEPR)联合主办的、在法国图卢兹召开的“双边市场经济学”会议上所形成的。双边市场在现实中存在得比较广泛，如电视媒体(双边分别为广告商和受众)、黄页服务(双边分别为企业和客户)和计算机操作系统(双边分别为应用软件开发者和电脑用户)都是典型的双边市场。国外不少学者已经对上述领域的双边市场展开研究，并取得了丰硕成果。由于这是一个较新的学术领域，且欧美地区的商贸平台型企业并不发达，根据已查阅的相关文献，国外很少有学者对商贸流通领域的双边市场展开研究，国内的相关研究也主要集中于经济分析的范畴。产业组织理论一直以来就是企业战略研究汲取养分的重要源泉，本书以商贸平台型企业为研究对象，将双边市场理论与这类企业的战略研究相结合,有助于拓宽双边市场理论的应用领域。

(2)现实意义

①为政府部门制定流通产业规制政策提供建议,有助于规范我国流通业的市场秩序,促进有效竞争的市场结构的形成。

近年来,在我国商贸流通的一些领域发生了少数企业利用其市场势力在产业链上实施纵向控制,进而与商户发生冲突的不和谐事件。与此同时,我国商贸流通产业内的兼并重组不断发生。[①] 这都表明,部分商贸平台型企业确实已经形成了较强的市场势力,并且其市场势力有不断强化的趋势。因此,研究我国商贸平台型企业的产业组织环境及企业战略的特殊性问题,分析这类企业的战略选择及其垄断倾向性,将为我国政府部门制定相关的规制政策,规范流通业市场秩序以形成有效竞争局面提供了理论依据。

②推动完善我国商贸平台型企业的公司治理,有助于提升我国商贸流通业的竞争力,繁荣地方经济。

宏观转型任务的艰巨性决定了我国仍将长期处于经济转型时期。商贸平台型企业作为一种对促进我国市场化改革、推动我国地方经济繁荣有过重大作用的企业组织,预计仍将在今后较长一段时期内继续发挥重要作用。因此,研究我国商贸平台型企业公司治理中的特殊性问题,不仅有助于推动这类企业公司治理结构的完善,更对提升我国商贸流通业的整体竞争力、繁荣地方经济有着重要的现实意义。

本书的研究意义框架如图 1-1 所示。

---

① 2001 年至 2010 年我国零售业发生了 191 起并购事件,其中 2009 年到 2010 年,这两年零售业并购事件共 80 起,行业内呈现出加速并购趋势。如联华超市以总代价 4.9 亿元收购华联超市全部股权,重庆百货以 39.5 亿元“吃下”新世纪百货,物美以 7.99 亿元全资控股美廉美,百联以 10.56 亿元增持控股联华,乐天以 48.7 亿元收购时代零售,春天百货以 5.51 亿元收购贵阳国贸广场全股,银泰百货以 5.81 亿元控股合肥华侨广场,银泰以 16.125 亿港元 50%控股北京燕莎友谊等。

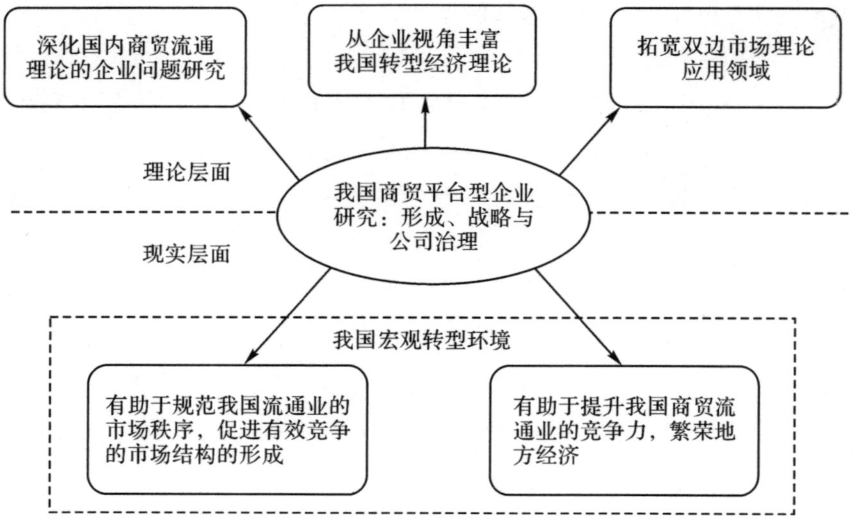

图 1-1　本书研究意义框架

1.2　引例:义乌小商品城市场的发展历程分析

商贸平台型企业的发展历史,虽然可以追溯到古老的集贸市场①,但商贸平台以公司化形式在我国出现并在市场经济中发挥重要影响力还仅仅是最近三十多年内发生的事情。本部分以我国商贸平台型企业中的典型代表——浙江中国小商品城集团股份有限公司②(简称“商城公司”)为

① 约翰·伊特韦尔在《新帕尔格雷夫经济学大辞典》中引用英国皇家税收和营销权利委员会的《最终报告》,将集贸市场(Market Places)定义为“得到当局批准的、商品买家和卖家在某个特定时间相聚、或多或少受到严格限制或规定的公共场所”。此外,布罗代尔(1979)曾从历史经济学的视角,详细地描述了集贸市场在 15 至 18 世纪时期欧洲国家资本主义发展历史中的兴衰轨迹。

② “义乌小商品市场”在不同的发展阶段有着不同的正式名称,且市场的管理主体也在发生改变,为避免混淆,本书使用最广为人知的名称“义乌小商品市场”指代从 1982 年至今的各不同发展阶段的实体形式的义乌小商品专业市场;用“商城公司”表示作为市场组织的“义乌小商品市场”的经营主体。目前,义乌小商品城的投资建设和物业管理的主体为浙江中国小商品城集团股份有限公司(公司上市代码:600415)。为聚焦“商贸平台型企业”的研究主题,本案例将不涉及浙江中国小商品城集团股份有限公司在发展中所涉及的房地产、进出口、会展等业务。

例,旨在描述商贸平台型企业的特殊性,进而提出本书所要解决的主要问题。

1.2.1 义乌小商品市场和“商城公司”发展历程描述

地处浙江中部的县级市义乌,自然资源十分贫乏,区位条件也比较普通,但是经过改革开放后三十余年的“兴商建市(县)”,当地专业市场日益繁荣,不仅市场中的商铺数量和交易总量逐年递增,更带动了义乌及其周边地区相关产业部门的繁荣,有力地推动了当地经济的发展和市场化改革的深入,并引发了当地经济结构和微观基础及城乡格局的实质性变化。2005 年,义乌小商品市场被联合国、世界银行与摩根士丹利等权威机构称为“全球最大的小商品批发市场”;2011 年,义乌成为全国首个由国务院批准的县级市综合改革试点区域[《国务院关于浙江省义乌市国际贸易综合改革试点总体方案的批复》(国函〔2011〕22 号)]。

(1)城阳区工商所创建第一代露天小商品市场

义乌小商品市场的发展可追溯至 1982 年 9 月由义乌城阳区工商所出资建设的第一代露天小商品市场——稠城镇小百货市场。工商所建这个市场的初衷是为了对改革开放后的“经商农民”实施更有效的管理,甚至当时的建设资金也完全是从工商所日常经费中挤出的。最初的小百货市场共有 700 多个摊位,由于缺钱少地,市场设施极其简陋,并且只能建在当地湖清门的一条臭水沟旁。但在政府的保护和许可之下,第一代市场迅速繁荣,义乌当地的大量客商和货物向市场集聚。

(2)稠城镇、义乌市等的工商部门建造第二代简易室内小商品市场

由于发展迅速,第一代市场的简陋设施很快便不能满足交易快速增长的需要,1984 年 5 月,义乌政府决定建设简易的室内小商品市场——稠城镇室内小商品市场(位于当地太祖殿畈处),规划建设固定摊位 1 800 个,采用钢架玻璃瓦棚顶结构。新市场的商户主要来自第一代市场商户的搬迁。市场建设实际投入的 55 万元资金中,由县财政部门提供 5 万元,工商部门投入市场管理费 10 万元,农行贷款 25 万元,个体工商户集资 5 万元(在以后的市场管理费中扣还),其余 10 万元由财政局从集市贸易税收的留成中解决。第二代市场建成后,当时交易的小商品共有 27 000多种,成交额每天在 20 万元左右,开市 9 个月内,市场管理费和摊

位费收入共计40万元,上缴国家税收60万元。随着市场的兴旺和影响力的扩大,市场周边的仓库、宿舍、办公楼林立,给周边交通、城市管理带来了越来越大的压力,而且越来越多的义乌周边地区商人要求来义乌经商,建好不足两年的第二代市场很快又不能满足经济发展的需要了。

(3)义乌政府多部门合力建设第三代小商品市场

1985年7月,当时的义乌县政府决定搬迁第二代市场并新建第三代市场——义乌小商品市场,市场的总投资360万元,占地面积约4万平方米,整体较第二代市场扩大了数十倍。同样,第三代市场的商户主要来自第二代市场商户的搬迁及部分的对外招商。在当时,小商品市场的建设与繁荣成为义乌政府工作的头等大事,政府专门成立了由副县长担任主任的义乌小商品市场管理委员会,委员由工商、财税、城建、公安、商业、个体劳协等部门的领导担任。在当时的土地行政审批体制下,义乌政府通过积极努力,为市场建设争取到了发展用地,而且筹措资金渠道也大大拓宽。在所有投资中,由工商部门投资180万元,建造占地面积2.8万平方米,共4 000多个摊位的市场;由当时县商业局投资85万元,建造了一幢综合服务大楼,大楼中设有旅馆、饭店、照相馆、百货零售、浴室、游乐等生活配套设施;由当时县财税部门投资20万元,建造建筑面积为1 328平方米的税务所;由当时县邮电局投资16万元,建造建筑面积为878平方米的邮电支局;由市场商户集资44万元,建个体户楼两幢。可以说,第三代市场的建设和投入使用,标志着义乌正式进入了"兴商建县"时代,市场也迎来了高速发展时期。1988年,投资125万元新建针织市场;1989年,投资50万元新建小百货市场。到1990年底,市场实际占地面积达到5.7万平方米。原先规划的4 000多个摊位到1990年底已经发展到了10 000多个(固定摊位8 503个,临时摊位1 500多个)。市场摊位数的增加反映了市场内商户的增长。在此过程中,围绕市场交易活动发展起来的加工制造业、运输业、联托运业、酒店业等服务业的快速成长,也带动了义乌市及周边地区的经济腾飞。

(4)义乌小商品市场商户集资建设新一代篁园市场

随着义乌小商品市场的快速发展,原有的第三代市场很快又不能满足市场交易增长的需要,早在1987年底,义乌市工商局负责人就口头向义乌县委提出了兴建第四代市场的建议,并最终在1990年10月获得浙江省工商局同意的批复，小商品市场的第四代市场正式开始筹办。但是，由于当时的义乌县政府缺乏大规模投资建设市场的资金，因此采取了向商户集资建市场的办法。一期向 7 710 户集资 1 542 万元，二期向 5 989 户集资 1 197.8 万元。新市场于 1991 年动工兴建，1992 年 2 月一期市场建成，1994 年 6 月二期市场建成。作为第四代市场的篁园市场在第三代市场的基础上，设施更全、配套更完善，实现了"简易室内市场"向"标准室内市场"的转变。一期共建成商位 7 000 个，二期商位 7 500 个，此后通过对所有市场新老商户的调整，使市场总摊位数达到 23 000 多个。

(5)义乌市政府控股成立"商城公司"，建设宾王市场

1993 年，根据国家"管办分离"的政策要求，在义乌市委、市政府的大力支持下，正式组建了一家以股份制企业组织存在的"商城公司"。此后，以工商管理部门为代表的当地有关政府部门正式从市场平台的日常运营中退出，而只是承担市场行政管理的公共职能。"商城公司"作为承担小商品市场建设和物业管理的经营主体，负责小商品市场在企业层面的日常运营。"商城公司"1994 年 12 月投资 4.2 亿元在篁园市场东侧建设宾王市场，占地面积 209 亩，建筑面积 32 万平方米。1995 年 11 月市场建成开业。由于宾王市场与篁园市场在建筑结构上相似，地理上相近，构成了"1＋1"的市场簇群，因此宾王市场和篁园市场被统称为义乌的第四代小商品市场。宾王市场除了设摊 8 900 个之外，还设有营业用房 600 间，是当时全国摊店结合市场的典范。市场在空间布局上设有中间花园，配套了四星级宾馆，并在周边建有配套的综合办公大楼，积极引入了进出口公司、翻译公司、律师事务所等第三方服务机构。正是从宾王市场开始，义乌商贸流通业逐渐走上了国际化的发展道路，并与浙江省内的柯桥中国轻纺城、海宁中国皮革城、路桥中国日用品商城等拉开了距离，最终发展成为国内知名度最高、影响力最大的国际性日用品交易中心、集散中心和信息中心。

(6)义乌城市发展和市场发展正式融为一体：打造国际商贸城

2002 年 5 月 9 日，"商城公司"股票在上海证券交易所挂牌交易，这意味着"商城公司"作为义乌小商品市场投资运营主体的融资能力、建设能力和运营能力得到了极大的增强。我国在 2001 年正式加入 WTO 后，东部沿海地区具有竞争优势的劳动力密集型产品在国际市场上的销售空

间大大增加。义乌政府以此为契机，提出了建设“国际性商贸城市”的战略构想，决定在城市的东北区域建设“国际商贸城”。“商城公司”自然成为具体实施国际商贸城市场建设任务的主体单位。从 2001 年 10 月国际商贸城一区动工兴建，到 2011 年 5 月国际商贸城五区开业经营，在义乌市政府的领导下，“商城公司”总投资约 100 亿元，总建筑面积约 312 万平方米，完成了国际商贸城的市场基础设施建设。国际商贸城项目作为义乌政府主导下的城市发展核心项目，义乌政府在城市规划、土地拍卖、交通配套、物流配套等各方面给予了全力支持。项目分三期建设，一区为一期，二、三区为二期，四、五区为三期，现已成为义乌建设国际性商贸城市的核心商贸功能区和标志性建筑群。商贸城内配套设施完善、环境优美、服务功能齐全，市场内设有开放式休闲中庭、中央空调、货梯、客梯、内高架桥、盘旋式各层停车场、外商服务中心、大型信息显示屏等各项配套设施，项目内配套四星级酒店，是一个集批发采购、旅游购物于一体的国际化商贸平台。

值得一提的是，2007 年，国际商贸城项目的第三期曾由“商城公司”的控股股东的国资公司——义乌小商品市场城恒大开发总公司投资建设。2008 年 3 月，商城公司以定向增发的方式，收购恒大开发总公司拥有的国际商贸城三期土地使用权及在建工程项目。从 1993 年“商城公司”成立至今，义乌市政府始终是“商城公司”的实际控制人，目前义乌市政府国资委下属的全资国有公司义乌小商品城恒大开发总公司共拥有“商城公司”(600415)55.82%的股份。

(7)发展小结

从上述分析可以看出，义乌小商品市场的发展与市场设施的大规模建设是紧密联系在一起的，而在每一阶段的大规模建设中，义乌的政府部门都发挥了极其重要的作用。其中的一个转折点是在 1993 年，也就是义乌小商品市场正式出现的十年之后，义乌政府的功能在 1993 年由台前转向幕后，其市场建设和日常运营的功能由“商城公司”代为执行，从某种意义上说，“商城公司”是一个以公司化形式存在的义乌政府的下属部门。那么这样一个维系着生产一端的大量中小企业、商户和需求一端的大量中小采购者、消费者的平台型企业，在经营中必然与一般的生产或销售企业有着明显的不同之处。特别是在 2002 年“商城公司”成为上市企业之后，不同利益相关者诉求的差异性将进一步凸显其公司治理的特殊性。以下就对“商城公司”发展中的若干典型问题展开分析。

1.2.2 “商城公司”发展中的典型问题分析

(1)“商城公司”存在的现实意义

这个问题需要从两个层面展开解读。一是源自现实性的经济需求层面。即这样一种商贸流通业态为什么会出现并快速发展，它对现实经济发展的意义何在？二是源自组织自身的经营效率层面。它为什么要以地方政府控股的公司制这样一种组织形式存在，这种形式是否是最有效率的？其中，第一层面是基础，下文主要分析“商城公司”对当地经济发展的作用；第二层面的问题涉及公司治理的内容，将在第5章中做进一步讨论。

以义乌小商品市场为代表的专业市场是一种以有形平台为集聚点，以大量商户为经营主体，主要为周边地区各类制造企业提供共享式销售渠道的商贸平台。我国沿海地区的发展实践表明，在经济改革开放的过程中，这类平台组织在促进产业集群发展、增加本地就业岗位、加快城镇化进程等方面发挥了重要作用。如图1-2所示，在改革初期，由于生产领域和服务领域的市场化进程并不同步，民营(或集体制)企业在经营上所遇到的最大阻力不是生产不出有竞争力的商品，而是缺乏销售商品的渠道，传统的国有商业渠道是为国有企业产品销售服务的。因此，当时的集体企业、乡镇企业很难借助当时主流的国有流通渠道销售商品。在此背景下，由地方政府的工商部门负责兴建了国内最早的一批专业市场，依靠市场中大量独立商户的销售渠道资源，较好地帮助非国有企业解决了产品销售的难题，促进了当地经济快速增长。除了义乌之外，改革开放初期，浙江经济中较早发展的温州永嘉、台州路桥、绍兴柯桥、嘉兴海宁等地，都是利用地方政府默许乃至保护下的专业市场平台，形成了市场经济集聚发展的先发优势。

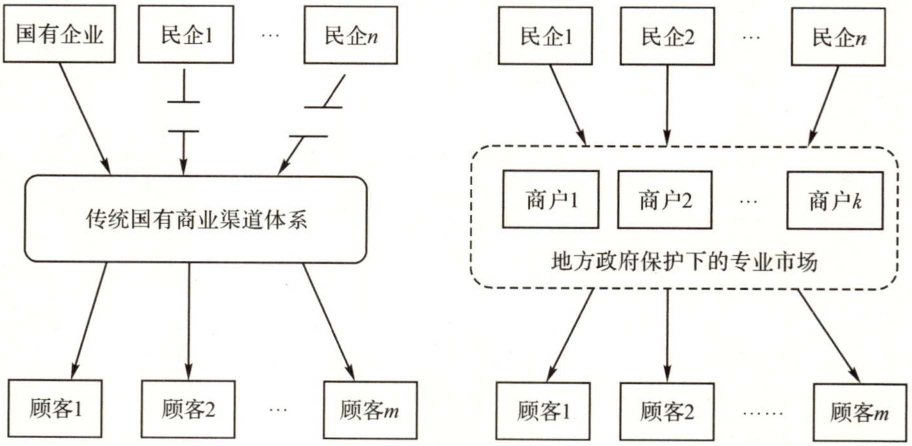

图 1-2　改革开放初民营企业的销售渠道对比:国有渠道与专业市场渠道

1993 年后,在国家"管办分离"的政策要求下,同时也因为专业市场管理主体市场化的必然需要,一些地方成立了专门为专业市场平台中的商户提供基础设施和商务配套服务的企业,最早一批由地方政府兴办的专业市场纷纷被改制成为国资的股份公司,当地政府一般将这些企业称为商城公司。这类以专业市场的建设、经营为主业的商城公司作为国内改革开放后最早出现的一批商贸平台型企业,并不直接参与商品由制造商转移到采购商的交易过程,而是为这一交易过程提供有保障的"制度安排"(包括交易场地、信息服务、物流服务、商务配套服务、合法性保障等等),作为回报,市场中的商户向商城公司缴纳一定数额的"摊位费"①。这里就引发了一个问题,商城公司向商户所提供的上述服务,是否属于地方政府的责任范畴? 如果答案是肯定的,那地方政府在已经向全体居民收税的情况下,又通过商城公司向商户收费似乎并不合理。

(2)商城公司对市场摊位定价的问题

姑且不论国有的商城公司收费的合理性问题,事实上,收取"摊位费"是商城公司最初开展经营活动时的重要内容。无论是从分摊市场建设成本的角度,还是从投资主体获取回报的角度看,市场中的商户每年都需要向市场所有者缴纳一笔费用,即摊位费。从商户的角度看,是每年必须向

① 商户向商城公司支付的"摊位费",其最主要目的是获取销售商品的通道,因此也可视作一种"通道费"。本文第 4 章第 3 节对这一问题展开了研究。

市场所有者——商城公司缴纳的商铺租金。一般而言,每个商户愿意为某个商铺支付的摊位费与他的经营能力和商铺位置有关。对于经营能力较强的经营者,因为他可以利用这个商铺获得更高的收益,所以他也愿意支付较高的摊位费。此外,商铺在市场中的位置也有好坏之分,“好位置”处在比较容易集聚采购商人流的区域,获得“好位置”对商户而言意味着更容易招揽生意,从而带来更多的利润;“差位置”则处在采购商人流较少的“死角”区域,也意味着招揽生意较为困难。商户为了防止商城公司看见市场经营形势好而随意抬高租金,往往要求与商城公司签订五年或更长时间的合约,从而保证在此承租期内的摊位费是固定不变的。商城公司为了稳定老商户,防止他们转移到其他地区的专业市场中,也愿意与他们签订长期合约。

如果商城公司是纯粹的私人企业,那么在考虑摊位费①的制订标准时,将遵循利润最大化的原则收取摊位费。事实上,“商城公司”每次新建市场后,首先考虑的问题是将摊位出租率最大化,在实现这一目标的基础上,再考虑租金收入的最大化问题。但是从短期看,“商城公司”的“低”摊位费经营策略,显然会让其他股东的利益受损。如图 1-3 所示,D 表示所有商户对“商城公司”商铺的需求曲线,假设“商城公司”一共新建了 Q_1 个商铺,如果从利润最大化的角度考虑,可以考虑将摊位费 P 定在 P^* 的位置,但是那样会出现(Q_1—Q^*)的空置商铺。因此,“商城公司”并没有从利润最大化的角度制订摊位费价格,而是将其定在了一个确保所有商铺都可以被租出去的较低价格水平 P_1 上。

对“商城公司”的这一做法,在 2007 年的股东大会上,就有不少股东站出来质疑上市公司为何不按市场化标准提高租金,并反对“商城公司”大量承担地方性社会责任②。然而事实上,2008 年,义乌小商品市场国际

① 当然,在现实经济中不同位置的商铺,其租金价格会有一定差别,而不是所有的商铺都收取不变的摊位费 P。根据“商城集团”2010 年 11 月 16 日公告介绍,五区市场的商位分为两类,一类为 14.4 平方米,另一类面积减半。商位租金基准价为 2 833 元/平方米·年,1 至 4 层的租金系数分别为 1.2,1.1,1.0,0.9。同一楼层的商位又分为四档。此外,较早建成的市场摊位租金情况是,一区、二区的租金基准价约在 1 900 元/平方米·年和 2 180 元/平方米·年,四区的租金均价是 2 343 元/平方米·年。

② 2007 年 9 月,“商城公司”一次性向义乌市慈善总会捐款 1 000 万元。此外,“商城公司”每年还承担着 2 000 万元左右的义乌城市广告宣传费用。

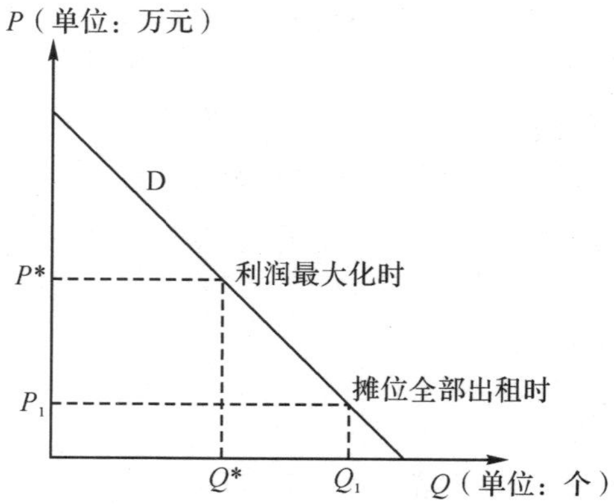

图 1-3 不同目标下的摊位费和摊位出租数

商贸城在部分一期商铺于 9 月到期后，并没有像市场预期的那样大幅提高租金，而是按照 1 600 元/平方米·年收取，且合同一签五年，锁定了租户的成本，同时对一期的招投标商位下调 10%，使租金水平有升有降；对二期市场部分区域的招标商位也进行减免让利，每年达 2 800 万元左右①。

"商城公司"采取低摊位费的策略，虽然有为了维持市场长期繁荣的原因，但主要体现的是其实际控股股东——义乌政府的利益诉求。在此，控股股东与其他股东之间产生了明显的利益冲突，这一冲突在本质上反映了"商城公司"的经营利益与地方政府执政利益之间的冲突。如果我们将地方政府看作一个理想的经济人，那么较低的摊位费意味着它牺牲自己所控股公司的经济利益，但在公司之外获得了更多的经济利益，而且在经济利益之外的社会层面获得了更多的回报。对地方政府而言，利润最大化显然只是其投资项目时考虑的众多因素之一，政府更看重贸易活动所带来的长期税收效益、就业效益，以及对制造业、金融业、物流业等相关产业的促进作用。所以地方政府更倾向于选择较低的摊位费水平，从而吸引更多的生产企业、采购商，以及商户在义乌从事商业活动。除此之外，对一些老市场中的商户实施较低的摊位费也有利于社会稳定——确保他们能以较低的成本进入新建的、条件更好的专业市场中。

① 资料来源：徐晓巍：《小商品城遭遇多事之"秋"》，《中国证券报》2007 年 9 月 24 日。

(3)义乌小商品市场中的高转租费问题

义乌小商品市场在前四次新建市场时,其投资主体是当地政府部门,资金主要来源于财政资金或商户集资,由于缺乏资金,因此在考虑新建市场的规模大小时只能满足义乌本地原有市场商户的需求,如新建的第四代市场——宾王市场的摊位主要分配给了义乌当地的商人,特别是那些老篁园市场中的商户。另一方面,由于是当地的工商部门主导投资,且没有预计到小商品市场的发展会如此迅速,在规划新市场规模时相对保守,也仅仅是考虑了本地商人对商铺的购买量。显然,如果这个专业市场的生意足够好,那么除了已经在这个市场中经营的老商户之外,还会有越来越多的新商户想要进入这个专业市场获得摊位,但遗憾的是,"一个萝卜一个坑","商城公司"暂时还无法为他们提供商铺。当义乌小商品市场进入始于20世纪90年代中期的高速成长阶段后,大量外地厂商、经销商涌入义乌,并希望能在小商品市场内得到一个摊位,市场摊位长期面临供不应求的局面。在此背景下,摊位的使用权是市场中老商户一种非常重要的经济资源①,并由此产生了市场中的高转租费问题。

转租费是指已经获得了某个商铺使用权的商户,在承租期内将该商铺转租给一个新的商户收取的每年的额外费用。转租费存在的必要条件是商铺总供应量的有限性,即市场所有者——"商城公司"在短期内无法为更多的新进商户提供更多的商铺。由于老商户与"商城公司"都签订了长期的租赁协议,所以新商户只能通过向老商户支付转租费的方式获得商铺资源。这样一来,在"商城公司"将摊位使用权转让给老商户的一级转让市场之外,将出现一个(公开或私下的)商铺使用权的二级转让市场。显然,商铺的实际租金由"商城公司"制订的摊位费和市场化的转租费两部分构成。

随着义乌小商品市场的日益繁荣,商铺的实际租金也在不断增加,但是"商城公司"因为与老商户签订了长期的使用权转让协议,导致它没有办法直接收取这笔转租费。另一个原因是,市场是义乌经济发展的命脉,

---

① 部分位置特别好的少量商铺,至今仍保持着较高的转租费。据新闻报道,2011年在义乌国际商贸城一区内,一个面积9.5平方米的头饰类商铺,转让价格高达650万元;便宜的花卉类商位,转让费也达80万元。资料来源:http://finance.sina.com.cn/china/dfjj/20120411/042011792932.shtml。

地方政府一直努力把市场中商铺的租金维持在一个较低水平，进而确保义乌市场上产品的价格竞争力。但是，当这些长期协议到期后，“商城公司”如果继续刻意压低市场租金收入，其不仅将继续承受巨大的租金损失，而且难免有控股大股东侵害其余中小股东利益的嫌疑。更糟糕的是，“羊毛出在羊身上”，总额巨大的转租费最终将计入新商户所销售产品的成本之中，这就抵消了专业市场采购成本低的优势，从而降低了整个市场的贸易量及由此带来的税收利益、产业带动效益等等，这与最初“商城公司”实际控股股东义乌政府所希望的“繁荣市场”的初衷相违背——大股东在侵害小股东利益的同时，却没有得到想要的回报。事实上，国内许多地方的专业市场就因为高转租费使得经营成本居高不下，造成市场发展止步不前。

为尽快化解上述矛盾，“商城公司”采取了加速扩建新市场(增加商铺供应量)的方式，满足各类商户进入市场的需求，从而将转租费控制在一个较低的水平上。在企业上市后，“商城公司”马不停蹄地用 10 年时间分三期新建了总建筑规模在 350 万平方米左右的国际商贸城，最初的国际商贸城一期 30 余万平方米的项目仅仅用了 11 个月就完成了施工并投入运营。从“商城公司”经营的角度来说，市场营业面积的扩大，迅速扩大了企业的总资产，增加了以市场租金为源泉的主业总收入，同时也将转租费控制在一个较低的水平上。需要指出的是，如果没有公司控股股东——地方政府的全力支持，“商城公司”是不可能在如此短的时间内快速完成此类重大项目的建设的。正是由于有了地方政府在土地等稀缺资源方面的大量供给、在城市规划中的政策保障，才确保了“商城公司”能迅速扩张规模，从而有效降低新商户的进入壁垒——转租费，也保证了公司总租金收入的增加；更重要的是，维持了整个小商品市场在国内国际的竞争力。此外，对于新市场中引进新商户，“商城公司”通过设定较低的摊位费，采取实施“选商政策”，即向那些有优特产品的商户提供价格相对降低的商铺，从而提升市场对采购者和一般消费者的吸引力①。

---

① 如国际商贸城五区有许多商位属于选商摊位，按照定向招商商位的要求来管理。这类商位特点是：摊位费较低，15 平方米左右的商位年租金在 10 万元左右，但摊位的使用权不得转让。

(4)义乌小商品市场国际商贸城三期建设波折

在义乌小商品市场的国际商贸城三期项目建设之前,义乌几乎所有的市场项目都是由“商城公司”负责建设和运营。为了促进地方经济的繁荣,义乌小商品市场的总体租金被控制在了较低水平。因此,义乌政府必须以很低的土地价格将义乌城市发展的优质商业地块使用权转让给“商城公司”。国际商贸城一期项目的土地转让价仅30万元/亩。虽然国土资源部《关于继续开展经营性土地使用权招标拍卖挂牌出让情况执法监察工作的通知》规定,2004年8月31日后所有经营性用地出让全部实行招拍挂制度,但是义乌政府通过对土地用途、拍卖人条件等设置门槛,最后仍然保证了国际商贸城二期土地以较低的价格卖给了“商城公司”,其获得价格为90万元/亩,远远低于周边同类地块的市场价格。

“商城公司”在义乌政府的扶持下,垄断市场资源也引起了当地各界的不满。曾经让大多数义乌人都认可的、义乌政府利用国有控股的“商城公司”控制市场的做法,在2002年“商城公司”上市之后,受到了越来越多的质疑。在一些人看来,政府将土地廉价转让给已经上市的“商城公司”,相当于拿义乌本地人的资源给股民分红。因此,上市的“商城公司”是否继续掌控国际商贸城三期项目,从一开始就备受争议。

对地方政府而言,通过设置招标条件的方式压低土地价格,可以降低“商城公司”的建设成本,确保其仍以较低的租金价格向商户提供商铺,巩固和增强义乌小商品市场的竞争力,但低价转让土地也意味着政府土地收入的大幅度减少,也有国有资产流失之嫌。政府在“商城公司”于2002年没有成为上市公司之前,其因低价土地获得的利益无疑大部分仍属义乌政府或本地投资人所有,而“商城公司”成为上市公司之后,这些利益就会被分流给其他的股东。对“商城公司”而言,如果新建的国际商贸城三期由其他企业投资经营,上市公司利益就会受到重大损失。根据市场经营中“分类集聚,划行归市”,为满足三期项目建成后25 300个商位的需要,需要将“商城公司”经营的篁园市场和宾王市场中商户整体搬迁至三期项目中,而这将直接导致“商城公司”减少近1亿元的利润来源。对义乌小商品市场而言,商户资源被分拆,显然不利于其实施统一的经营政策,实现规模经济和范围经济效益。

2007年1月,当“商城公司”因不符合受让条件(受让条件由义乌政府制定)而失去国际商贸城三期市场建设和运营权的消息公布后,“商城公司”两类利益相关者的反应大相径庭。由于“商城公司”将参与国际商贸城三期建设的利好预期落空,股东选择了“用脚投票”——公司股价一路狂跌,从最高点位 100.05 元跌至 69 元,跌幅达 31%。另一方面,许多在义乌经商的商户的普遍心态则是“义乌市政府向来以低成本促进市场繁荣,不会只讲经济效益,租户普遍预期,如由 100%国资的公司来建市场,为应对周边的竞争,其提供的商位租金会比上市的‘商城公司’更优惠,所以不妨换个房东试一试”[①]。

此后,义乌政府的全资国有子公司——义乌中国小商品城恒大开发总公司(“商城公司”的控股股东)获得了国际商贸城三期的建设和运营权。义乌政府之所以不愿意将三期项目交给“商城公司”,仅仅只是为了回避“国有资产流失之嫌”吗?如果我们将义乌政府看作一个普通的法人单位,会发现其面临的真正难题是,在其不具备对“商城公司”绝对控股权的前提下,为了控制市场租金而向“商城公司”低价供应土地,有着较大的经济风险。当时,义乌市国资委通过义乌中国小商品城恒大开发总公司持有“商城公司”34.58%的股份,通过其下属的另一全资控股子公司——义乌市财务开发公司持有“商城公司”5.28%的股份,两者合计共持有“商城公司”股份 39.86%,只具有相对控股权。

另一方面,由于较好的投资收益预期,“商城公司”一直是国内股市的机构重仓股,其机构持股比例在 35%左右,总持股比例仅略低于义乌市政府。这意味着,如果若干机构联合再增持“商城公司”15%左右的股份,他们就可以获得“商城公司”的绝对控制权。此时,这些机构持股者为了拉升上市公司的股价,很有可能在股东大会上提议“商城公司”经营层根据市场标准大幅度上调义乌小商品市场的租金,这虽然会提高上市的“商城公司”的利润,但无疑也会给义乌地方经济的繁荣带来打击。

在 2007 年,一位义乌市国资委的人士曾表示:“义乌市场保持长期繁荣很重要的一个经验就是由政府掌控市场客户资源,目前政府对小商品城不是绝对控股,因此也有过被收购的担心。三期由国资公司来建,一方

① 资料来源:徐晓巍:《小商品城遭遇多事之“秋”》,《中国证券报》2007 年 9 月 24 日。

面可以有效降低恶意收购方的收购意愿，同时也可以掌握市场客户资源整合的主动权；万一小商品城被恶意收购，我们也可以把一、二期市场的商户整合迁至三期等市场，并提供廉价租金。”[①]由此可见，义乌政府之所以不愿意将三期项目交给“商城公司”，其核心目的是控制义乌小商品市场，特别是确保市场摊位费的定价权，从而确保本地经济的长久繁荣。

从根本上解决义乌政府对市场控制权旁落他人的担忧，最好的办法是义乌政府增持“商城公司”的股份，实现绝对控股。最直接的方案不过于直接从证券市场公开买入部分股票。根据2007年“商城公司”的股价水平，其总市值在300亿元，增持10%至少需要动用30亿元的现金，而2007年义乌政府可支配的地税收入是25.35亿元，假设义乌政府下属的国资公司真的在股市上这样操作，无疑将带来股价的进一步上扬并加大增持成本。显然，上述方案缺乏现实可操作性。

事情的转机发生在2008年3月，停牌近三个月的“商城公司”的公告称，将以定向增发的方式，向其控股公司——义乌中国小商品城恒大开发总公司收购其持有的义乌国际商贸城三期的土地使用权及在建工程项目。其中，国际商贸城三期项目的预估价值约为34亿元，土地使用权价值为31亿元左右，在建工程账面值为3亿元左右。随后的股东大会上，义乌国资公司提出了大股东定向增发4 500万股注入国际商贸城三期市场的土地和在建工程方案，增发后，大股东持股比例将从39.86%上升到55.82%。同年7月，该定向增发方案终获证监会审批。

当我们从企业控制权的角度剖析国际商贸城三期项目建设波折，会发现该事件本质上是一家商贸平台型企业的实际控制人——地方政府，为了以最低成本获得其对上市公司的绝对控制权，从而确保地方经济利益的博弈过程。义乌政府用国际商贸城三期建设所需的840亩土地，成功增持了“商城公司”15%左右的股份，将手中的土地使用权转换为“商城公司”的股权，实现了对其绝对控股的利益诉求，较为彻底地消除了义乌小商品市场控制权旁落的隐性威胁。除此之外，义乌政府至少还获得了两方面的好处：一是继续维持着整个义乌小商品市场相对较低的租金水平；二是避免了将义乌小商品市场的商户资源分拆所造成的不利局面。

---

① 资料来源：徐晓巍：《小商品城遭遇多事之“秋”》，《中国证券报》2007年9月24日。

当然,作为通过定向增发方案的交换条件,其余股东的利益也得到了较好的保障。三期项目土地折合价为 422 万元/亩,虽然较一期、二期价格有大幅度上升,但考虑到当时三期项目周边的土地价格在 2 000 万元/亩左右,在土地作价上,"商城公司"还是获得了义乌政府的利益输送。此外,当三期项目注入"商城公司"的消息传出后,其股价一度大幅度上扬,也直接给其余股东带来了现实回报。

案例后续进展:2012 年 1 月 17 日,义乌小商品城恒大开发总公司通过国有股无偿划转,受让原第一大股东义乌市国有资产经营有限责任公司(26.53%)和第三大股东义乌市财务开发公司(3.88%)所持有的股份,完成后实际持股 55.82%,成为绝对控股股东。此举,进一步强化了义乌市政府对义乌小商品市场的控制权。

1.2.3 引例总结:研究问题的提出

通过上述的问题分析,对义乌小商品市场的出现、内部治理、外部发展环境,以及其与当地经济的关系等内容有了感性认识。但是如果将上述问题由义乌小商品市场推及至更广泛的商贸平台型企业,就有必要将本例中出现的问题做进一步梳理。

问题①:义乌小商品市场和"商城公司"的出现和快速发展是历史的偶然吗?即商贸平台型企业的缘起和角色问题。为什么这类企业在中国的市场经济环境中广泛出现并蓬勃发展[①],出现了大量的专业市场管理企业(如深圳华强、海宁中国皮革城、柯桥轻纺城)、国有的大型零售企业(如广百股份、杭州大厦等),但是在西方成熟市场经济国家中这类企业却没有大量出现,其商贸平台上独立的商户,大多被内化为商贸流通企业的内部组织。

问题②:"商城公司"为什么可以大幅度提升商铺租金?即商贸平台型企业自身发展过程中的"垄断因素"问题。企业可以在不影响销售量的前提下,在较大的范围内控制其商品价格,这意味着它具备了较强的市场

---

① 根据本人的实地调研和网上搜集的企业资料,仅在中国的沪深两地证券市场上,符合商贸平台型企业特征的上市公司就有 77 家,其中不包括在中国香港或海外上市,以及未上市的大量企业,如淘宝网、红星美凯龙、国美电器等。

势力。传统观点认为，商贸流通业属完全竞争或垄断竞争的市场结构。近年来，也有学者提出中国流通业内存在垄断势力，并表现为“局部垄断”（何大安，2006）。本例中，虽然“商城公司”从追求社会效益的立场出发，将商铺租金、转租费等事关商户经营成本的因素尽量控制在较低水平，但“商城公司”拥有强大市场势力是不争的事实。最明显的同类现象还发生在我国电子商务领域，作为传统专业市场的“网络版”阿里巴巴集团，已经构建了全球最大的B2B和B2C电子商务平台，国内市场占有率在50%左右。如果上述问题具有共性，那么根据产业组织理论的观点，为了维护有效的市场竞争格局，政府需要出台规制措施，抑制垄断行为的发生。

问题③："商城公司"在经营中，所面临的一边是供应商，一边是采购商的市场结构有何特殊性？即商贸平台型企业的“双边市场”问题。随着大型平台化企业在银行卡、软件、电信等领域的兴起，双边市场理论因其对平台型组织行为的解释力正成为产业组织理论体系中的新拼图。

问题④：在“商城公司”开展经营活动的商户只能被动接受“商城公司”的定价和管理吗？即商贸平台型企业中的利益相关者问题。没有大量商户集聚在一起，任何商贸平台都是一个没有竞争力的空壳，但是商户特别是中小商户的声音和影响力却很难体现在商贸平台型企业的内部公司治理结构中。

问题⑤：义乌政府是否一定要成为“商城公司”的绝对控股股东？该问题背后的具体问题还包括：地方政府与企业的其他投资者之间是什么关系？地方政府借下属国资委控制的国有企业获得商贸平台型企业控制权，对企业的长期发展而言，是利是弊？

综上所述，笔者将本案例中所体现出来的问题总结为以下三个层次，如表1-2所示。

表1-2 引例背后的问题总结

引例中体现出的具体问题	对应的理论研究层次	引出的对策研究
为什么会出现义乌小商品市场和“商城公司”？ ①我国商贸平台型企业是如何产生的？	我国商贸平台型企业产生宏观环境的研究 主要分析企业与我国宏观经济转型之间的关系	

续 表

引例中体现出的具体问题	对应的理论研究层次	引出的对策研究
为什么“商城公司”可以收取高价摊位费？ ②商贸平台型企业是否会形成垄断，如果会，那么其垄断的具体表现形式是什么？ ③在双边市场结构下，商贸平台型企业行为的特殊性是什么？	我国商贸平台型企业战略层面的发展策略研究 主要从“垄断因素”和“双边市场”两个视角，分析企业运行的产业组织环境，以及相应环境中的企业战略层面的行为策略特征	政府对商贸平台型垄断企业的规制政策研究
如何看待地方政府参与“商城公司”经营决策的问题？ ④地方政府为什么要左右“商城公司”的决策、经营，是否合理？ ⑤“商户”只能被动地接受“商城公司”的决策吗？	我国商贸平台型企业公司治理问题研究 主要通过分析商贸平台型企业中不同利益相关者的利益诉求，以及公司治理中关键的控制权的配置问题	商贸平台型企业公司治理结构的完善：不同利益相关者参与公司治理的实现途径

1.3 研究思路

1.3.1 研究方法与技术路线

(1)研究方法

本书以理论研究为主、对策研究为辅，围绕我国商贸平台型企业的特殊性，努力探索三个问题的答案，即商贸平台企业是如何形成的，战略层面的发展策略是什么，公司治理层面的特点是什么，并围绕研究的结果，从政府和企业视角展开对策性研究。整个研究的脉络借鉴了陈晓萍等人于 2008 年提出的管理学研究的“科学研究方法的应用指南”，具体如图 1-4 所示。

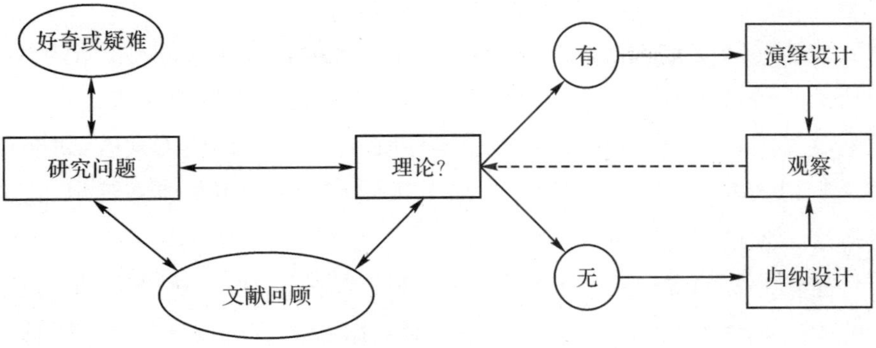

图1-4 科学研究方法的应用指南

资料来源:陈晓萍、徐淑英、樊景立,等:《组织与管理研究的实证方法》,北京大学出版社2008年版,第22—23页。

在具体的研究过程中,本书主要涉及了以下方法。

案例研究的方法:近年来,管理理论界采用案例研究的比重在不断增加,特别是在研究具有"管理多元"和"管理复杂"的新型组织时,由于案例研究能够掌握大量现象的细节内容,能对现象进行厚实的描述而成为合适的研究方法之一(陈晓萍等,2008)。本书在一开始就通过案例研究引出商贸平台型企业所面临的特殊性问题,在后续的研究中,又进一步在大量案例素材的分析、论证的基础上,得出相关结论。

文献分析的方法:理论界对"商贸平台型企业"的直接研究几乎是空白。因此,本书分别借助威廉姆森对制度问题研究的"四层次理论",在不同理论层面,搜集、整理与"商贸平台型企业"研究有一定相关性的成果,并进行归类、述评,以夯实后续研究的理论基础。

历史分析的方法:历史分析是通过对相关历史资料进行科学分析,来解释研究对象在历史上是怎样形成的,以及其发展路径。本书通过回顾我国改革开放以来,商贸平台型企业的历史性记忆片段,研究这类企业组织形成的历史条件,以及这类企业在战略、公司治理层面所遇到的问题,进而增强本研究理论与现实的对应性。

逻辑推理的方法:逻辑推理是通过对已掌握信息进行分析、推理、判断等加工,最终推断出新的结论的过程。本书在第3和第4章分别通过构建模型,解释了:①商贸平台与产业集群之间的内在关联,论证其之所以受到地方政府扶持的原因;②商贸平台型企业市场势力扩张的过程,论证其垄断势力与垄断行为之间的自我增强特性。

访谈与问卷相结合的方法：笔者实地走访我国各类商贸平台型企业，利用承担课题研究的机会，实际了解这类企业的公司治理现状。在此基础上设计问卷，并对我国商贸平台型企业的管理者开展问卷调查，对企业的利益相关者进行界定与分类，了解其不同利益相关者的利益诉求，进而概括这类企业在公司治理方面的特征。

比较分析的方法：比较分析是把客观事物进行对比，从而达到认识事物的本质并做出评价的目的。本书在对我国商贸平台型企业的市场势力的分类、利益相关者界定与分类、公司治理模式、政府规制政策等研究内容中，为更加清晰地比较不同条件、概念、模式及政策的差异性，进行了大量的比较分析。

对策研究的方法：立足于本书在理论研究中所得出的部分结论，第 6 章从政府对垄断企业规制和企业完善公司治理结构两个角度，提出了方向性的建议或构想。

(2)研究的技术路线

首先，阐述本书研究的背景和意义，并通过引例提出本书研究所要回答的主要问题，再从相关的文献中寻找有助于研究开展的已有理论和研究成果。接下来，分别从宏观的经济转型、中观的产业组织和微观的公司治理三个理论层次，研究之前提出的问题，并得出相关结论。最后，在理论研究的基础上，展开相应的对策研究。具体的技术路线及相关的研究方法如图 1-5 所示。

1.3.2 研究的内容安排与基本框架

(1)绪论

本章围绕我国商贸平台型企业的特征，阐述本书研究的背景，并提出本研究的理论意义和现实意义；通过介绍、分析代表性企业义乌小商品市场的发展历程及在此过程中企业遇到的典型问题，从而引出本书研究所要解决的问题；概括本书研究的思路和基本框架。

(2)研究的理论支撑：文献综述

本章综述本研究相关的理论与研究成果，主要包括：宏观层面的商业文化、经济转型理论，产业组织理论层面的传统产业组织理论、双边市场

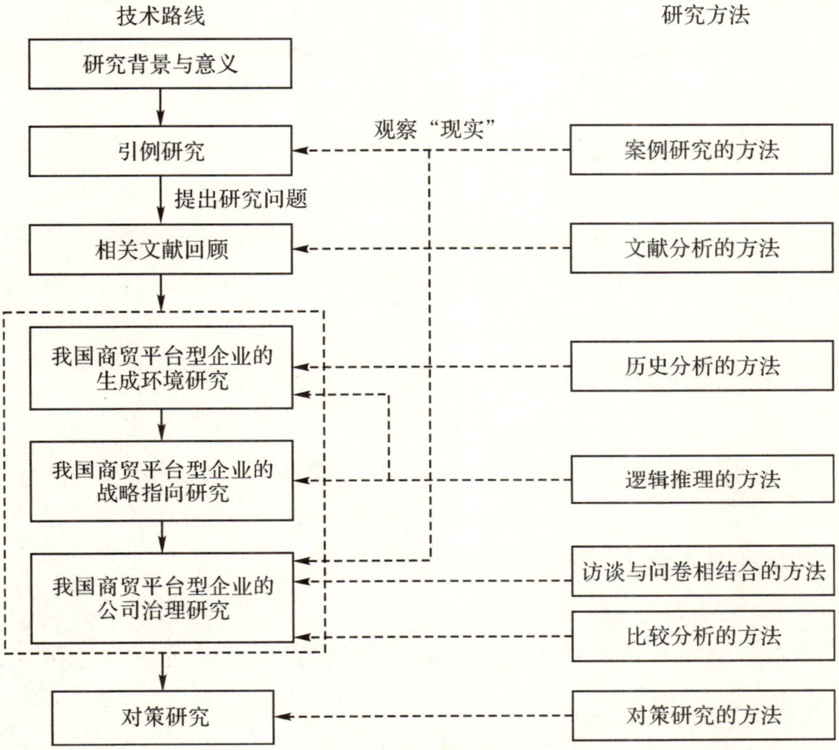

图 1-5　技术路线和研究方法总结

理论,公司治理层面的现代企业理论、利益相关者理论,以及国内学者在上述理论领域的相关研究成果,并围绕本研究需要,分别指出上述成果对本研究的价值。

(3)我国商贸平台型企业的形成:宏观环境分析

本章研究商贸平台型企业形成、发展的宏观环境因素,主要从我国商贸平台型企业与地方政府职能转型之间的关系,以及我国商贸平台型企业与我国转型期市场秩序建立、完善两个角度展开,进一步通过构造模型,揭示经济转型背景下商贸平台与产业集群的关联性,以及地方政府组建商贸平台型企业并积极扶持其发展的深层次原因。

(4)我国商贸平台型企业的战略:产业组织分析

本章研究商贸平台型企业运行过程中所涉及的产业组织环境因素,分析其在战略层面的基本策略。主要从传统产业组织理论所强调的“垄断因素”及双边市场理论所关注的平台企业特征两个角度展开,最后通过模型，揭示商贸平台型企业发展（市场势力扩张）过程中所具有的垄断势力与垄断行为的自我强化特征，从而对其基本策略的形成机理进行论证。

（5）商贸平台型企业的公司治理：利益相关者分析

本章研究商贸平台型企业在公司治理过程中所面临的各类型利益相关者。首先，对企业的利益相关者进行界定、分类，在此基础上研究企业利益相关者的多重身份及其利益诉求问题。最后，提出企业的控制权配置问题，指出商户集体控制、地方政府控制和管理者控制三种治理模式的演化规律，以及不同模式的特征。

（6）对策研究：政府和企业的层面

本章针对之前在理论研究中所出现的现实问题，探索性地提出两方面的对策研究：一是政府对商贸平台型垄断企业实施规制的方向与可行模式；二是商贸平台型企业在我国现有《公司法》等法规架构内完善公司治理结构的可行途径。

（7）小结：观点与展望

本章总结整个研究的主要观点和创新点，提出不足之处，并展望后续研究。

本书具体的研究内容框架如图 1-6 所示。

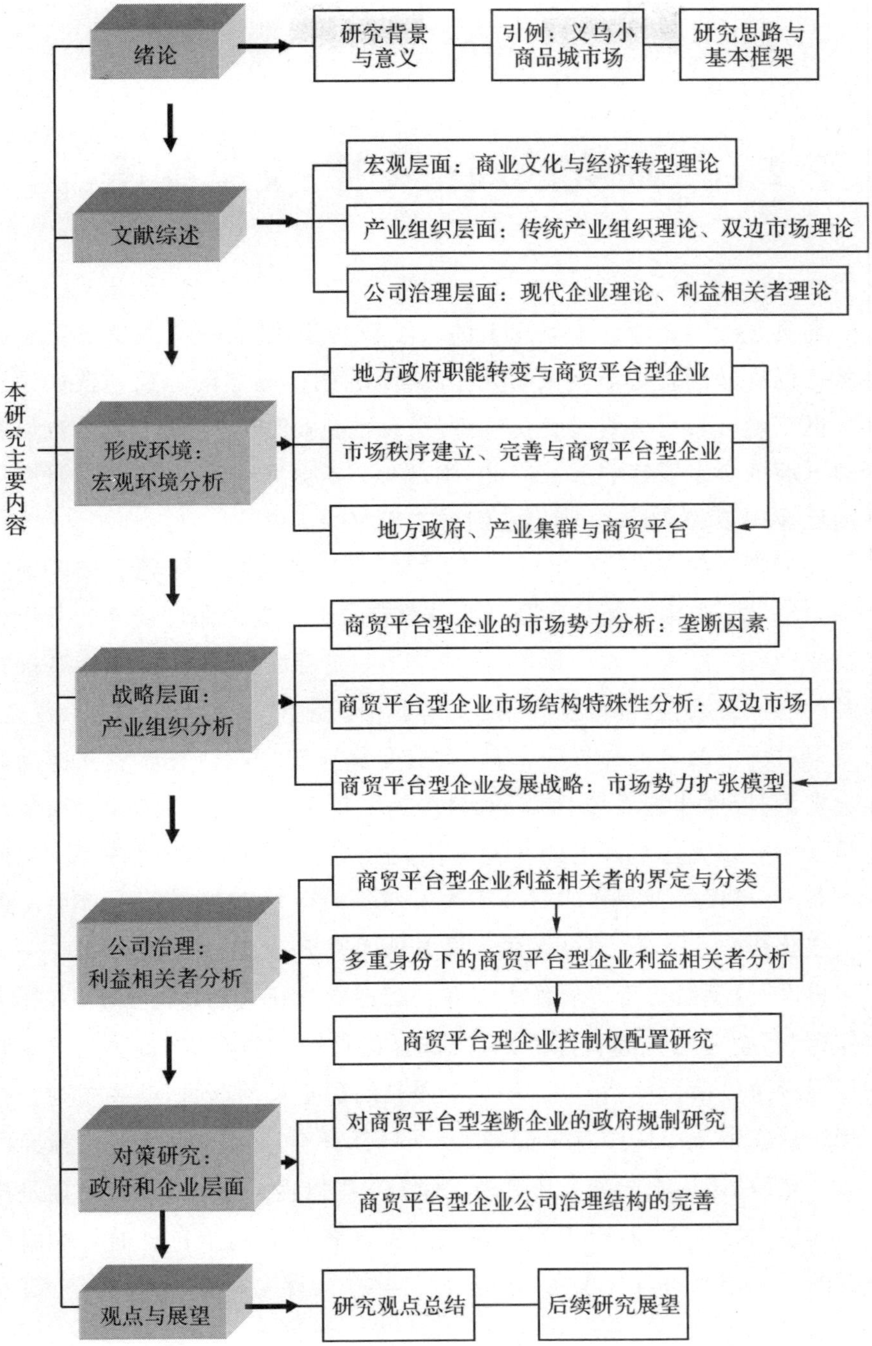
本研究主要内容
绪论
研究背景与意义
引例：义乌小商品城市场
研究思路与基本框架
文献综述
宏观层面：商业文化与经济转型理论
产业组织层面：传统产业组织理论、双边市场理论
公司治理层面：现代企业理论、利益相关者理论
形成环境：宏观环境分析
地方政府职能转变与商贸平台型企业
市场秩序建立、完善与商贸平台型企业
地方政府、产业集群与商贸平台
战略层面：产业组织分析
商贸平台型企业的市场势力分析：垄断因素
商贸平台型企业市场结构特殊性分析：双边市场
商贸平台型企业发展战略：市场势力扩张模型
公司治理：利益相关者分析
商贸平台型企业利益相关者的界定与分类
多重身份下的商贸平台型企业利益相关者分析
商贸平台型企业控制权配置研究
对策研究：政府和企业层面
对商贸平台型垄断企业的政府规制研究
商贸平台型企业公司治理结构的完善
观点与展望
研究观点总结
后续研究展望

图 1-6　研究内容框架

第2章　研究的理论支撑：文献综述

商贸平台型企业作为概念上的一类新企业，现有研究对这类存在共性特征的企业的直接研究成果几乎为零，利用中国知网的期刊数据库和各大网络的搜索引擎直接查找“商贸平台型企业”或“商贸平台”均难以找到这方面的学术研究成果。因此，本部分将综述那些有助于本书研究展开的已有理论和文献，并指出它们对本研究的价值。①

任何企业的存在、运行与治理，在本质上都是制度问题。威廉姆森(2000)给出了一个此类从宏观社会到微观资源配置的制度研究的分析框架：社会基础(嵌入)、制度环境、治理结构和资源配置。首先，社会基础是指种种已经被社会各阶层广为接受的非正式制度约束，包括文化、规范、习惯、道德、宗教等种种传统，该层次的变化只有当社会整体受到撼动时才会发生，因而非常缓慢，周期大约在100年至1 000年。其次，制度环境是指建立在宪法基础上的各种法律，主要是与产权相关的各种正式的法律制度，可以将其视作当时环境中人们各种行为的直接规则，该层次的重大变化往往是战争、革命或重大政治改革所诱发的，一般需要10—100年。再次，治理结构可以看作人们在第二层次的正式制度环境下，各行为主体(包括企业法人和自然人)自发选择的种种竞争规则，这些竞争规则以实现竞争效率最优为目的，相对于漫长的历史长河而言，这些规则会快速进行动态变化以适应竞争的需要，既包括社会层面的竞争也包括经济层面的竞争，该层次的变化频率一般在10年以内。最后，资源配置是指在当前治理结构中，各行为主体在通过实施各种有利于自身的行动时所获得的权力与利益分配关系，从经济学角度看，即全社会“理性经济人”利

① 本部分内容主要综述与本研究相关的理论背景，对于一些与研究密切相关的学者观点将在后续各章中与笔者论点相结合阐述。

益最大化的均衡结果。

威廉姆森的分析框架既为本书理论研究的展开提供了一个可借鉴的框架,也为本研究寻找相关文献、夯实理论基础提供了参照。本章内容分三部分:第一部分从我国传统商业文化与我国经济转型两方面,述评与商贸平台型企业产生的外部宏观环境(社会环境、制度基础)相关的文献;第二部分从传统产业组织理论与新兴的双边市场理论两方面,述评与商贸平台型企业的产业组织(公司外部治理结构)相关的文献;第三部分从相关的公司治理理论与现实中的商贸平台型企业两方面,述评与商贸平台型企业(公司内部)治理结构和资源配置相关的文献。

本书总体研究文献综述框架如图 2-1 所示。

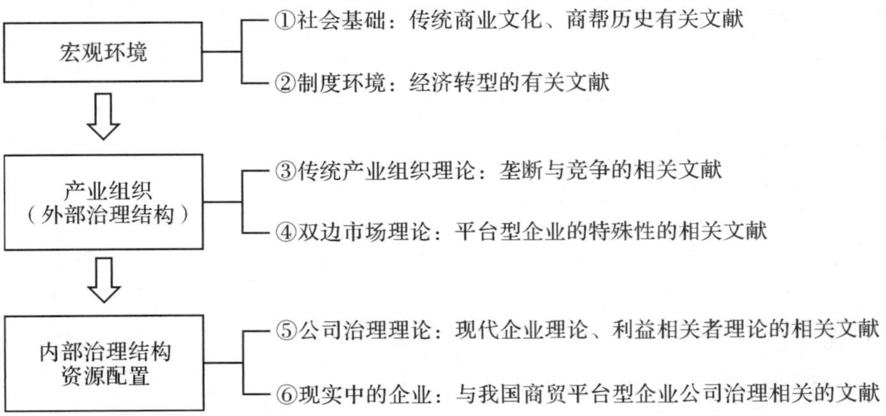

图 2-1　本研究文献综述框架

2.1　宏观环境研究的相关文献

2.1.1　社会基础:我国传统商业文化、商帮历史

(1)我国传统商业文化的特征

文化是企业存在的社会性土壤。“商”作为我国传统基层构成“士农工商”的四民之一,它一直是推进我国社会经济发展不可或缺的力量。商贸平台作为商品交易的场所,不仅是大量商户集聚经营之地,更是商业思想文化交流的平台。

于光远(1995)曾指出:“经济和文化是互相联系、互相渗透、互相促进,两者协调发展的……经济工作的经验可以转化为文化,文化对经济的作用也非常大,非常重要。”受春秋时期形成的吴越文化影响,并在传统的儒学等多元文化的综合作用下,我国古代逐步形成了我国传统商人的思维方式和性格特征,同时也萌生了相应的商业文化,这一文化催生了以“下海致富”的陶朱公——范蠡为代表的首批易农为商的成功典范。

庞毅(1990)认为,商业文化是指沉淀在人类长期的商业活动过程中与商业活动直接关联的心理结构、思维方式和价值观念。谭隽(2001)在对比中国、日本与美国的商业文化特征时认为,受我国传统文化影响,中国人在商业活动时心理特征表现为集团心理,即中国式的“关系心理”非常发达,而个体心理尤其是人格相对萎缩,与西方人相比,中国人很少将人看成独立的存在,而是将个人看成一种关系的存在物,这是由周围的社会环境(主要是人际关系)所决定的。“关系心理”主要表现为“他人取向”,抑制个性化发展,以维护人际和谐为本。

(2)我国商帮的历史传承

唐力行(2003)认为,商人经商是在一定的文化传统与文化观念支配下进行的,其经营原则与方式、经营品种与特色必然会打上地域文化的痕迹,往往形成一个流派。这种流派的具体载体便是商帮。商帮是指特定历史时期在特定地域出现的影响较大的商人群体。

方凯、吕昭河(2007)认为,我国明朝以前的商人活动基本上都是各自单独经营的,相互之间没有形成商业联合体共同活动,这主要是因为当时的商业竞争不是十分激烈。从严格意义上讲,直至明朝,中国才出现有组织的商人群体,由于激烈的商业竞争,商人相互之间自发出现了规模较大的联合,相互之间交往越来越频繁;同时,商人相互依存度也渐趋增强,因此形成了以商帮为代表的商人组织。商帮及商帮文化对促进经济社会发展起到了十分重要的作用。许檀(1996)的研究所提到的我国明清时期初步形成的传统市场体系网络,就是有赖于作为市场主体的各个地方商帮来连接和组成的。

石忆邵(1998)认为,明清以来,商帮成为操纵地区和行业的主要经济力量,这些商帮主要有山西商帮、徽州商帮、宁波商帮、洞庭商帮、广东商帮、福建商帮、山东商帮、陕西商帮、江右商帮、四川商帮等,并提出我国商帮之所以崛起的动力机制主要有五个方面：一是地理位置与生存环境的相互磨合机制；二是交通条件与资源因素的相互匹配机制；三是趋利求富与商业竞争的相互聚合机制；四是历史契机与商人素质的相互耦合机制；五是文化观念与商帮群体的相互制导机制。并且，他从商帮的经营项目、经营特点、活动范围、经营方式和商业资本投资等方面，区分了我国明清时期各大主要商帮的区域性分异特征。

在唐宋时期，浙江已有商船出海贸易，日本学者木官泰彦(1980)的研究表明，唐时泛海兴贩的中国商人"南路照例从明州(宁波)出发，横渡东中国海，到达值嘉岛，从此而进入博多津"。可见，当时浙江就已出现了一批专门从事海外贸易的商人队伍。到明代中期以后，由于商品流通范围的扩大，商品数量和品种的增加，而且受浙东学派主张"通商惠工"、反对"重农抑末"的影响，产生了一些具有"龙头"作用的商人群体组织——龙游商帮和宁波商帮，商帮的崛起使浙江的商业经济出现了前所未有的辉煌，影响力逐渐辐射至全国。张仁寿、杨轶清(2006)认为，浙商是当代中国人数最多、分布最广、实力最强的一个投资者、经营者群体，在我国很多地方，"哪里有市场，哪里就有浙商"已成为一句"商谚"，但这句话倒过来说或许更为准确，"哪里有浙商，哪里就有市场"，有的地方已经到了"无浙不成市"的程度。

(3)传统商业文化记忆的激活

改革开放后，以专业市场为代表的商贸平台在全国迅速发展起来。专业市场一方面开始发挥其作为一种"共享式"的销售网络的作用，成了家庭工业和中小企业共同依赖的市场；同时，在另一方面，专业市场也开始发挥"中间品市场"的作用，协调着区域中个体私营企业的专业化分工。陆立军、白小虎、王祖强(2003)从义乌小商品市场的溯源与地理历史出发，论述了义乌小商品市场创新与义乌的经济哲学、商业文化，以及义乌历史上曾在大半个中国内广泛经商的"敲糖帮"之间的天然关系。史晋川(2005)认为，上述现象是在经济利益的诱导下，区域商业文化传统被迅速激活的结果。由于非农生产活动的经济收益大于单纯的农业生产活动的收益，加上在改革开放初期严重的短缺经济条件下，简单的制造业消费品生产和商贸流通就能带来较高的收益，这种现实的经济利益能够极为有效地激活区域的经商传统。

(4)对本研究的价值

我国传统商业文化中的“关系心理”是影响我国商贸平台形成与发展的重要因素。在现实经济中,许多本可脱离商贸平台建立自营销售渠道的企业或有实力的经销商,仍然主要依靠商贸平台开展销售活动,其中的重要原因便是在高度认同和重视已在商贸平台的体系上所形成的“关系”。与我国形成鲜明对比的是,西方发达国家在发展到中国当前经济水平时,早已不存在大规模依靠批发市场等实体型的商贸平台开展商品销售的现象。

商帮的历史与内部组织,与我国商贸平台型企业的兴起及其内部商户集体的运作特征有着较高的文化一致性。浙江之所以成为改革开放后我国商贸平台(全球规模最大的实体专业市场——义乌小商品市场,全球规模最大的网络交易平台运营商——阿里巴巴集团都在浙江)最发达的省份,与其悠久的商帮传承有着密切关系。改革开放后,“浙商”文化的内涵与外延不断丰富,以“义乌帮”“温州帮”“宁波帮”为代表的“浙商”群体快速成长,“浙商”已经成为目前国内最具影响力之一的商人群体。需要指出的是,“浙商”是目前在全国各地新建、运营商贸平台型企业的重要力量,许多商贸平台上有影响力的商户也来自“浙商”群体。

当历史禀赋因素一旦成熟,许多传统商业文化意识就被激活了。改革开放后,在浙江省的温台等东南沿海地区,出现了大量以农民为主体的经商活动,并产生了国内最早、最著名的专业市场现象。此后,专业市场的经营模式对我国后续出现的商贸平台产生了深远影响,在城市商业综合体、网络交易平台都可以看到,由业主单位提供基础服务、产品摆放上“划行规市”、商户独立经营这些专业市场经营的基本特征。

从以上三个方面可以看出,我国的传统商业文化及商帮的历史传承与我国商贸平台的形成、发展,以及其平台内部的经营管理模式都有着密切联系。

2.1.2 制度环境:转型时期的市场秩序、政府职能与微观基础

热若尔·罗兰(2002)认为,转型具有综合性和一般性,其重点是研究具有不同社会功能的各个领域(政治、经济、文化和意识形态)之间的互动

关系,仅仅单纯从自身的领域,对“转型”的研究是难以成功发展的,它必须在与其他领域的相互作用中发展,从不同的专业领域提供的不同视角中受益。因此,本部分从市场秩序、政府职能与微观基础三个层面概括已有的部分研究成果。

(1)转型与市场秩序的建立和完善

对于市场秩序的建立过程,以“休克疗法”之父——杰弗里·萨克斯(2000)为代表的华盛顿学派期待的理想模式是“大爆炸”——所有的重大改革都应该同时引进,不能有先后顺序。但是,华盛顿共识显然在实践中并没有取得预期的效果,相反在东欧等国的实践中却反映出了许多问题,而以中国为代表的渐进式市场秩序建立之路到目前为止取得了相当的成功。张良、戴杨(2006)认为,上述事实说明一个成功的市场经济应该有充分的制度基础作为支持,有产权信息、交易、交易费用等经济范畴,不同国家、不同的初始条件有不同的制度演化道路和方式。正如前波兰财政部长科勒德科于2004年所言:“转型的过程是一个长期的历史过程。它包含了几个不可或缺的子过程:自由化和稳定,制度建设;微观重建。以上三个子过程都不是能够以激进的方式完成的。”

纪宝成(2003)对我国转型经济条件下的商品市场秩序中的若干重要问题展开了研究。认为,改革开放后,我国商品市场的发展是在放松管制和转变机制的大背景下所展开的,依次经历了调整商品购销政策、改革批发体制、充实商业所有制结构、转换国有商业企业经营机制、推行商业行政体制改革、允许外资进入零售领域等一系列市场制度变迁。在这个制度变迁的过程中,商品流通的地位和作用由社会生产的“末端行业”提升为开发市场的“先导行业”。纪宝成还提出,我国建设“市场秩序”的基本内容包括四个方面:一是保护产权,特别是要注重对知识产权的保护;二是降低交易成本;三是保证公平的市场交易;四是实现社会利益,而不仅仅是竞争中参与者的利益。建设市场秩序的主要内容包括:完善市场结构、打破行业的行政性垄断、打破城乡市场分割、打破地区封锁、国内市场和国际市场的对接。

郑勇军(1998)认为,在我国经济转轨时期,专业市场是一种“以现货批发为主,集中交易某一类商品或若干类具有较强互补性和互替性商品的场所,是一种大规模集中交易的坐商式的市场制度安排”。改革开放初期，大量刚刚起步的中小企业无力承担自行建设销售渠道的费用，因此在地方政府的支持下，专业市场内形成了一种具有体制落差优势的安全、宽松的市场交易环境，这为广大中小企业提供了一个低成本的共享式商品交易平台。由此可见，专业市场作为一种典型的商贸平台，其本身即是我国宏观转型时期有效市场秩序的重要组成部分。

张建君(2006)认为，我国经济转型的历史进程，有两个鲜明的主题：寻求经济增长的主题和探索可行的社会经济体制的主题。与此同时，我国经济在转型过程中还体现出了“阶段转换式”特征。任保平、蒋万胜(2006)从非正式制度变迁的角度研究我国转型过程中的市场秩序完善问题。他们认为，我国在转型期虽然建立了与市场经济相适应的一系列市场规则，促进了正式制度的转型，但是市场秩序并没有得到有效的改善，其中一个重要原因就是非正式制度的变迁滞后，造成了非正式制度对正式制度变迁的约束。

(2)转型与政府职能的转变

李稻葵(1995)提出的“模糊产权理论”指出，由于地方政府在日常运作、剩余分配及投资决策等方面的参与，使得原本在真正的市场经济环境下清晰的产权变得模糊起来。虽然地方政府可以帮助企业获得用以发展的关键性资源，但是，地方政府的参与也将给企业带来额外的成本，这种成本产生于政府与企业目标函数的不一致而导致的地方政府可能对企业的过度干预。张春、王一江(1994)对我国经济转型时期乡镇企业的公司治理结构进行分析后，也得出了类似的结论：中央政府也能起到与地方政府相同的作用，但是会面临更高的代理成本，所以只能将对微观经济活动中的企业控制权让给乡镇政府。

斯蒂格利茨(1998)高度肯定了转型对中国经济发展的重要性。他认为，社会主义国家向市场经济过渡并不是要弱化而是要重新定义政府的作用，也不认同计划经济向市场经济过渡的首要任务是使国有资产私有化，而是强调创造一个激励和竞争环境的重要性，并对我国价格双轨制改革给予很高的评价，认为这一制度安排具有帕累托改进的特性，是我国改革的成功经验。

杰弗里·萨克斯(2000)对转型经济中我国政府的行为有两方面的政策建议。一是政府对经济的过多干预是当前导致中国经济严重扭曲的一个重要因素。虽然现在政府放开了大部分商品的市场,但要素市场仍然被政府控制着,这导致市场中的价格不能反映商品及要素的真正价值,造成对资源的极大浪费。二是中国比以往任何时候都更需要一个遵守法律的地方政府,因为在当前这种体制下,更多的决策是在地方政府这个层面上做出的。由于信息不对称,中央政府对地方政府难以做到有效监督,使得地方政府滥用权力,虚报政绩,从而导致扭曲国家各项政策和法律规定的事情屡见不鲜,所以必须制定一个新的制度框架来对地方政府的行为进行约束和监督。

周业安(2000)在哈耶克的社会秩序二元观的基础上,提出一个分析中国制度变迁的初步演进论框。他认为,在中国制度变迁的过程中,中央政府更多地起到了法官裁决的作用,而地方政府则更多地从事制度企业家活动。地方政府和当地社会成员之间具有较强的利益相关性,这使得内部规则和外部规则的创新有激励兼容的可能;政府在外部规则的创新过程中,会同时引进和发现许多制度知识,这些知识会通过各种途径传播开来;地方政府之间的竞争迫使它们选择有利于当地社会成员的外部规则,而成功的市场化经历会吸引政府直接应用市场经济的一般规则,其结果是缩短了内部规则的成长时间。

王祖强(2006)以义乌小商品市场发展为案例,指出通过政府规制市场交易,促进了专业化交易组织成长和市场秩序的优化,并提出义乌市场的形成和发展,是市场经济中政府“有形的手”与市场“无形的手”在地方政府层面有机结合的成功范例。在义乌市场形成的过程中,地方政府起到了“第一推动力”的作用,商户的集体行动与政府的开明决策,促成义乌在全国率先开放小商品自由贸易,地方政府进一步参与市场建设,促进了市场的规模扩张和形态升级,使义乌成为全国最大的小商品流通中心。

(3)我国经济转型中的公司治理问题研究

1994年,在北京举办的“中国经济体制的下一步改革”国际研讨会上,青木昌彦教授和钱颖一教授分别发表了论文《对内部人控制的控制:转轨经济中的公司治理结构的若干问题》和《中国的公司治理结构改革和融资改革》,首次将“公司治理结构”的概念与中国情境因素相结合。1995年,在由中国留美经济学会等单位在上海举办的国有企业改革研讨会上,来自芝加哥大学的诺贝尔经济学奖得主米勒(Merton H. Miller)教授,在其题为《公司治理的两种不同策略》的演讲中，以提问的方式表述了转型中的微观基础再造（企业改革）与公司治理结构的关系：从本质上来说，研究企业改革等于是在被经济学家所称的公司治理的各种可能方略中做出一番选择。

国内学者针对我国经济在“产权模糊”背景下却表现出经济高增长的矛盾问题进行了研究，其观点主要为：介于完全中央政府控制和完全私人企业控制之间，即处在“中间状态”下的公司治理结构，是更适合转型期中国国情的。如魏茨曼、许成钢（1993）考察了我国转型期乡镇企业的产权特点。其研究观点为，我国的经济改革从一开始并没有被设计成转型，而是以一种渐进的方式进行体制内改革，其核心是通过以乡镇企业为主要代表形式的新型非国有企业来与国有企业竞争并超越国有企业，最终取而代之。类似地，Che（2002）认为，在我国经济转型期，政府控制较之于民营控制是一种帕累托改进，这是因为当政府拥有对投入要素的管制权时，政府或其代理人从进行投资的经理人处收取租金。而此时，如果由政府拥有所有权，则相当于政府向企业提供了一种次优的承诺机制，以此来限制政府代理人的寻租行为，这种所有权形式甚至还可以帮助经理避税或提供补贴。但是，政府所有制的实施并非没有成本，因为它可能会降低对经理人的事后激励，同时扭曲资源分配。

何大安（2007a）对我国转型时期地方政府与流通厂商之间的委托代理问题进行了研究。他认为，地方政府与产权归其所有的流通产业的委托代理关系，主要发生在经济体制转轨的国度。地方政府与流通厂商代理人签订委托代理合同，通常是以厂商在代理期限内向地方政府上缴一定数额的利润为主要约束，至于资产的增值、厂商向消费者提供的服务价格和质量、社会福利效应等，在合同中往往体现为次约束。何大安提出对地方政府控制流通企业实施规制的可供选择的途径是，用特许投标为激励手段来规制厂商的参与约束，以体现价格上限规制和限制收益率规制的某些方法来实现参与约束与激励约束的相容。

（4）对本研究的价值

改革开放后，我国长期处在“大规模制度变迁的过程”——转型期，并由此导致经济社会发生了巨大变化，商贸平台型企业正是在这一转型过程中成长起来的特殊企业组织。

从市场秩序的角度看,国内外学者一般把“转型”理解为从计划经济向市场经济的转变;从资源配置角度看,转型主要是指从基于国家控制的计划经济向自由市场经济转变。我国“摸着石头过河”的渐进式改革道路决定了以市场价格机制替代政府分配机制的过程,即市场秩序建立和完善的过程必然是复杂、漫长的,甚至是曲折的,各地在商贸平台之内“小范围”地营造一个较为公平且竞争激烈的市场环境,可以有效减少转型的阵痛,也对我国市场秩序建立和完善起到了积极的促进作用。

从政府职能转变的角度看,在我国经济社会转型的过程中,必然伴随着从中央到地方政府在经济活动中功能定位的改变。学者的观点是,由于转型过程中市场秩序的不完善,地方政府参与经济活动有时就变得十分必要,但是政府直接干预经济必将导致某些“副作用”。地方政府通过参与商贸平台型企业的经营决策,间接干预经济,有力地促进了地方市场秩序的优化,也繁荣了地方经济。

从微观基础再造的角度看,大部分学者认为,在我国转型过程中存在着一种介于政府与完全自主经营的企业之间的一种中间状态企业组织,并且这种组织表现出了高效性。笔者认为,如果将传统的政府控制经济模式视为转型的起点,将市场调控经济为主的模式视为终点,那么在中间状态下,部分商贸平台型企业在一度扮演着“半政府、半企业”的角色,并且向市场提供交易保护这种“准公共产品”,这也与国内学者的普遍观点是一致的。

综上所述,我国商贸平台型企业的形成与我国转型期市场秩序的建立和完善、政府职能的转变,以及作为微观基础(企业)的公司治理等方面之间有着高度相关性。

2.2　产业组织研究的相关文献

2.2.1　传统产业组织理论的视角:垄断与竞争

(1)传统产业组织理论及其政策建议

亚当·斯密《国富论》认为,企业与企业之间存在着普遍的自由竞争关系;马歇尔在其《经济学原理》中注意到了由规模经济导致的垄断问题及两者之间的矛盾性——“马歇尔冲突”，垄断现象的存在意味着企业之间并非都是平等的自由竞争关系。此后，“垄断与竞争”便成为产业组织理论关注的核心问题。20 世纪，西方经济学历经了“张伯伦革命”“凯恩斯革命”和“预期革命”三次大的革命，其中“张伯伦革命”[①]摈弃了古典经济学认为竞争是普遍现象的传统假定，提出了完全竞争、垄断竞争、寡头垄断和完全垄断四种基本市场结构，并进一步运用边际分析方法，研究垄断成因、均衡条件和福利效应等。随后，在 20 世纪 40—60 年代，哈佛大学的梅森(1938)、贝恩(1959)、谢勒(1970)等学者提出并发展了著名的 SCP 范式，强调市场结构对市场行为和市场绩效的决定性影响，由此得出的政策建议是：只有通过改变不合理的市场结构，才能尽可能实现自由竞争的市场环境，从而避免垄断行为的发生，最终实现理想的市场绩效。上述观点对美国在 20 世纪 60 年代后期的反垄断政策影响巨大，推动了美国此后一系列对各类兼并严厉限制的政策的出台。

哈佛学派的观点受到了芝加哥大学施蒂格勒、德姆塞茨、麦吉等人的猛烈批评，他们对不同产业的资源配置和使用效率的实证研究表明，兼并未必一定损害竞争，垄断厂商的高利润率也可能是其自身高效率的结果，而不是其垄断定价行为的结果。因此，其主张与哈佛学派的完全相反，他们认为是市场绩效和市场行为对市场结构的形成有着决定性的影响。在这一理论的影响下，鲍莫尔、帕恩查和韦利格提出了“可竞争性市场理论”，在产品多元化和快速进出的基本前提下，新进入厂商完全可以通过实施“打了就走”的游击战与产业内有规模经济优势的老厂商展开争夺，因此，问题的根源不在于最小规模经济壁垒，而在于进出这个行业的自由程度；换言之，人为垄断因素才是导致市场效率低下的最主要原因。芝加哥学派倾向于市场效率的理论研究及其结果，在 20 世纪 80 年代后得到了美国政府的响应，此后美国政府大大放宽了对企业兼并重组的限制。

---

① 哈佛大学的张伯伦和剑桥大学的罗宾逊在 1933 年各自出版了专著《垄断竞争理论》和《不完全竞争经济学》，标志着垄断竞争理论的诞生。

(2)流通产业中的垄断问题研究

国外学者对流通领域垄断问题的研究,围绕"加尔布雷斯假说"[①]形成了两种截然不同的观点。支持者(Farris,1992;Messinger,1995;Derek,2003)的研究结论认为,大型零售组织作为一种"抗衡势力"(Countervailing Power)兴起的结果是对社会有益的。零售端垄断势力对传统大型制造企业垄断势力抗衡的结果是,零售商降低了付给制造商的采购价格,同时由于市场竞争的需要,零售商会采取包括降价在内的各种营销策略吸引消费者前来购买商品,因此会将成本的节约传递给消费者。反对者(英国竞争委员会,2000)的研究观点认为,从长期来看,大型零售商完全可能利用其纵向市场势力,向中小零售商进行市场封锁,导致零售市场垄断趋势加剧,使中小零售商的采购条件更趋恶化,因此消费者最终不得不支付更高的价格。

李陈华、文启湘(2004)是国内较早对流通产业的垄断问题进行关注的学者。他们认为,流通企业具有不同于生产企业的经济性质,流通企业的交易专业化的经济本质意味着其本身就作为一种交易形式而存在,是市场的载体,流通企业与市场交易之间的关系不是相互替代,而是相互依赖、相互促进的。流通企业的规模扩张有三种模式:单店规模扩大、垂直一体化和分店扩张(即连锁经营),其中前两种模式的扩张是受一定条件限制的。但是,随着信息技术的改进,无论是降低市场交易成本而促进市场扩张,还是降低组织内部控制成本而促进企业扩张,对流通企业来说都具有规模扩大的效应,这使得流通企业比生产企业更容易利用品牌和统一经营模式进行"复制"和"选择性干预",实现分店扩张。因此,他们针对沃尔玛等企业在流通产业中的垄断势力不断扩张的现象,提出了一个值得深入探讨的问题——"流通企业可以通过品牌、统一经营模式、信息技术进行无止境的分店扩张吗?"

何大安(2006,2007b)对流通产业是否存在自然垄断这一问题进行了分析。他认为,完全否定流通产业之自然垄断的物质基础是不符合实际

---

① 1952年,美国经济学家John Kenneth Galbraith,在其著作《美国资本主义:抗衡力量的概念》中提出,市场上的交易双方,当一方的市场势力强大到一定程度时就可以形成和另一方垄断势力的"抗衡力量"。

的，而且流通产业的外部性也使其具有自然垄断的溢出特征。随着跨国公司在国内流通产业中投资规模的扩大，将形成一定的规模经济性，在其长期战略、本土化策略及资金实力的保障下，跨国公司有可能在某些区域内击败竞争对手并形成“局部垄断”的局面，进而实施垄断定价。考虑到我国已经加入 WTO 并对流通领域实施了开发政策，我国应该对跨国流通企业实施间接规制政策，可在同一区域内形成外资商业激烈的竞争局面，从而杜绝自然垄断的形成。何大安(2010)的进一步研究指出，我国流通产业已经形成了“竞争为主，垄断局部存在”的市场结构，其成因主要有四类：一是垄断行为根源于所经营的产品(政府特许授权)的专控性；二是具有较高科技含量且政府有意安排少量竞争对手的科技服务业；三是跨国公司在华的各种大型超市和连锁店，利用品牌效应、先进管理和优质服务逐步占领行业市场，在其所提供的产品和服务中利用降低的平均成本逐步享有定价权；四是大型国有控股的流通产业利用国家提供的固定资产和无形资产，在产品经营和服务方面将潜在竞争者排斥在行业外。

樊秀峰(2009)以沃尔玛公司为例，从“零售企业交易设置知识体系”的角度，对进入我国跨国零售企业的连锁扩张行为进行了分析。零售企业在经营活动中会形成专有专用的知识体系，该知识体系具有鲜明的范围经济特征和很强的可复制性，它为零售企业的横向一体化扩张提供了巨大的内在动力。另一方面，供应链管理及本土化适应，将对跨国零售企业的连锁经营模式构成现实约束。零售企业知识体系的形成，总是与企业所处的社会发展水平、人文历史、消费者行为等密切相关，零售技术在不同国家之间的共同性是跨国零售企业得以将母国模式进行跨国复制的客观基础，但是从知识体系内的人文历史、民族特性、社会组织、经济发展程度等因素看，其又具有明显的社会属性，决定其完全的复制几乎是不可能的。

(3)对本研究的价值

传统产业组织理论中哈佛学派所强调的“垄断因素”是市场结构中出现垄断现象的原因。从企业战略的角度看，“垄断因素”恰恰是企业建立核心竞争力的基本落脚点，追求“垄断”是企业的天性。正因为如此，产业组织理论一直是企业战略研究重要的基础理论来源。

近年来，随着我国部分商贸平台型企业规模的快速扩张，市场势力不断增强。如在家电连锁卖场领域已经初步形成了苏宁电器与国美电器的双垄断市场格局；我国的一些跨国零售商则试图不断复制其已经成熟的“专用的知识体系”——垄断因素，通过连锁经营的方式在国内迅速扩张——形成垄断势力；部分国内外的大型城市零售商也利用其在产业链上的纵向控制地位，向商户收取各种“通道费”。显然，流通业的“垄断因素”已经成为部分商贸平台型企业竞争力的主要来源，利用“垄断因素”形成市场势力，再通过纵向控制快速扩张规模，这样的发展路径已经成为我国商贸平台型企业最基本的战略。

国内学者在研究中也显然注意到了这些问题，并从“垄断”的角度对问题进行了分析。笔者认为，研究商贸平台型企业的行动策略，以及政府如何为这类企业制定规制政策，需要我们从以“垄断与竞争”为研究核心的产业组织理论中直接吸取有益成分。特别是哈佛学派中有关市场结构中市场势力（垄断成因）的分析框架，对我们研究商贸平台型企业的发展战略有着重要的理论价值。另一方面，对商贸平台型企业实施政府规制面临着“马歇尔冲突”，如何兼顾其规模经济效益和有效竞争的市场格局，是政府政策制定者必须考虑的问题。芝加哥学派“可竞争市场理论”的思想，对于我国政府部门制定商贸平台的规制政策有着重要的借鉴意义——如何在不影响商贸平台规模经济性的前提下，控制其垄断行为。

国外学者主要从垄断的福利效用角度对流通产业中的垄断问题进行研究，国内学者更关注流通业垄断的现象本身，即我国流通业中的垄断势力和垄断行为的具体形式。目前，很少有国内外学者从“垄断因素”的角度去研究商贸平台型企业的市场势力及发展战略问题，这也为本书在此方面进行探索留下了空间。

综上所述，以“垄断和竞争”为分析主线的传统产业组织理论对本书分析商贸平台型企业的市场势力及其企业战略有着重要的理论价值。

2.2.2 双边市场的视角：平台型企业特征

(1)双边市场的定义

双边市场理论是产业组织研究领域近十年来关注的热点问题之一。Rochet 和 Tirole(2002)从最基础的经济变量关系——需求与价格关系出发，最先指出了双边市场与单边市场的不同之处，也给出了双边市场迄今为止认可度最高、最严谨的定义：当平台向需求双方索取的价格总水平 $P=P_B+P_S$ 不变时（P_B 为用户 B 的价格，P_S 为用户 S 的价格），任何用户方价格的变化都会对平台的总需求和交易量产生直接的影响，那么这个平台市场被称为双边市场。该定义也同时明确了双边市场与单边市场的本质区别：给定每一端市场的定价总和，如果交易平台上实现的交易量与价格结构或两端用户的相对价格有关，这样的市场就是双边市场；反之，如果交易平台上实现的交易额只与总价格有关，而与价格结构无关，这种市场就是单边市场。

还有一些学者从其他角度定义双边市场，如 Armstrong 和 Wright (2005)从平台价值——实现网络外部性的角度出发，将双边市场定义为：涉及两组不同的客户，每一组都从与另一组客户的相互作用中获得价值的市场，在这些市场中，平台通过影响他们所获的外部性协调进行两边行动。Chakravorit 和 Roson(2006)从平台与两边客户之间关系的角度出发，将双边市场定义为：由平台向两组不同的客户提供产品和服务的市场，其中平台为了"将双边拉到平台上"而对每一边客户设定价格。

(2)双边市场的特征与分类

Evans(2003)从平台在双边市场中功能的角度，将双边市场分为市场制造者(Market-makers)市场、受众制造者(Audience-makers)市场和需求协调者(Demand-coordinators)市场三种类型，这也是学术界认可度最高的双边市场分类方法。其中，市场制造者的功能是降低两边客户的搜索成本，提高他们之间的交易成功率，商贸平台型企业都属于此类。该类平台以匹配交易为主，一般可以明确地观察到交易用户及两边交易的次数，因此收取交易费是其主要收入来源，可以采用一次性注册费、按交易量(额)的交易费或两步收费制等收费方式。需求协调者的功能是协调两边客户间的需求，如信用卡行业、IT 行业，大型零售商也在一定程度上扮演着这一角色。该型市场的两边之间基本有交易关系，平台更多的是作为一个基础性的平台存在。受众制造者的功能主要是吸引广大消费者的关注——制造(广告)受众，如电视、报纸、新闻门户网站等会尽可能多地吸引各类潜在消费者，进而将广告商和消费者联系起来，该平台的两边消费者之间没有直接的交易关系，而且在很多情况下，该市场类型往往与负外部性联系在一起，如观众对电视等媒体上的广告持比较厌恶的态度，则平台对消费者收费难度较大,收费重点应放在供给这一边。不过笔者认为,这一情况在信息技术迅猛发展的背景下有所改变,如通过高速网络和强大的服务器处理能力,搜索引擎可以快速将消费者查询信息的需求与特定广告条目联系在一起,而对这种建立在消费者需求基础之上的广告,大多数消费者并不反感,也不会产生负的网络效益。

Evans还从平台收费对称性的角度将双边市场分为两类。一种是对称的双边市场,平台向市场的两边都收取费用;如报纸市场,同时向投放广告的企业和购买报纸的消费者收取费用,此外,信用卡市场、操作系统市场也都属于对称的双边市场。另一种则是不对称的双边市场,平台只向市场的一边收费,而对市场的另一边免费甚至是补贴,从而将双边都吸引到平台上来发生"联系",如大型零售商市场,在向供应商收取"通道费"的同时,采取各种优惠政策吸引消费者前来购物。此外,电视、互联网、广播等的广告市场也属于不对称的双边市场。

Hagiu(2004)根据平台扮演角色的不同将双边市场分为四类,该分类与Evans(2003)平台功能角度的分类类似。一类是中介市场,平台承担双边关系匹配者的角色,如约会服务、房产销售(租赁)中介、B2B/B2C网站、拍卖行等。第二类是受众制造市场,平台起到了市场制造者的作用,即把成组购买者和成组销售者匹配起来,如黄页,报纸、电视和新闻门户网站。第三类是共享投入市场,平台扮演共同投资发起人的角色,如任天堂与游戏软件开发商共同投资电视游戏领域,苹果公司与软件开发者共同投资IOS系统的智能手机软件领域。第四类是交易市场,平台不仅对双边实施匹配,还可测量双边的交易量并根据交易量进行收费,如大型零售商、股票交易所等。

Kaiser和Wright(2004)从平台所提供的产品(服务)类型的角度对双边市场进行了分类。如目录服务市场:分类目录、黄页;配对市场:婚介机构、猎头公司、房产中介;媒体市场:报纸、期刊、新闻类门户网站;交易市场:购物中心、C2C/B2B/B2C网站等。

Roson(2004)从平台(在产业链上)所有权的角度,将双边市场分为独立拥有平台的市场和纵向一体化平台的市场两大类。前者是指这类双边市场的平台所有权为产业的中间层组织的参与者所有;后者是指不仅产业的中间层参与者拥有平台,同时(前向)的供给一边或(后向)需求一边也(部分)拥有这个平台的所有权。进一步,Roson 还依据平台是否对后进入者具有排他性,将独立拥有平台的市场分为三类:开放平台所有权类、封闭平台所有权类和垄断平台所有权类,其中垄断平台所有权类在现实经济中非常罕见。

Armstrong(2005)从平台间竞争的角度将双边市场分为三种类型。一是完全垄断的双边市场,在整个双边市场上只有唯一的平台。二是存在竞争性瓶颈(Competition Bottleneck)的双边市场,市场双边可以选择不同的平台,但双边中各边的客户是单归属(Single-homing),即每个参与者只能选择唯一的平台进行交易。三是有竞争性的双边市场:两边客户可以选择不同的平台,而且双边中各边的客户是多归属(Multi-homing),即每个参与者可以加入市场中的所有平台进行交易。

(3)平台型企业的定价行为

Parker 和 Alstyne(2002)认为,平台某一边对产品的最优定价低于生产该产品所需的边际成本是有可能的(在传统经济学中,商品价格大于边际成本是企业生产的底线)。因为平台型企业只有把双边集合在一起,才能使双边的客户各得所需,平台提供的产品(或服务)也才有实际价值,所以很难明确成本是由哪一边引起的。现实中的平台企业在开展业务时,趋向于把价格(优惠)倾向于市场的某一边,倾向的力度根据它所引起的间接网络外部性的量而定。如果 A 方对 B 方引起的外部性大于 B 方对 A 方引起的外部性,则 A 方趋于获得一个较低的价格。

Armstrong 和 Wright(2005)进一步指出,如果没有外部力量对一方或双方的费用给予某种形式的补贴,结果将导致平台型组织对市场的其中一方降低收费或不收费,而提高对市场另一方收取的费用。这一平台领域的普遍现象被 Rochet 和 Tirole(2004)总结为"颠倒原则":"如果一个因素导致市场一方被收取高价,这个因素也会导致向另一方收取低价,因为通过对一方会员的吸引能产生更多利润。"这一平台在某种程度上取代了自由市场作为供求调节者的作用,它通过供给方与需求方之间价格均衡的方式影响市场表现。

双边市场形成与发展过程中,如果没有一边客户的需求,则另一边的需求也就无法实现,于是就产生了双边市场的交叉补贴策略问题——"鸡与蛋"的问题。Gawer 和 Cusumano(2002)的研究结论是平台型企业必须首先讨好其中的一方客户,增强受益一方加入平台的积极性。也就是说,在最初的时候,平台型企业需要为一边市场的客户提供低价服务,甚至付费给一方客户,以打破“鸡与蛋”问题的僵局,该策略称为“各个击破”。通过这样前期加大投资的方式,平台型组织为双边市场培养,甚至是提供了一方或双方的客户,从而推动平台获得全面的成功。此外,为市场上的某一方提供利益还能减少客户和潜在客户使用竞争对手提供的服务。

(4)国内学者对双边市场领域的研究

纪汉霖(2006)研究了三种不同定价方式对于垄断平台、竞争平台的利润和福利的影响,其模型研究的结论表明,“不对称定价”现象对于平台企业是普遍和理性的行为,同时平台采用注册费竞争具有较大的优势,并分析了平台差异化策略和两边用户的组间网络外部性强度对于平台利润和社会福利的影响。

纪汉霖、管锡展(2008)提出了一个考察双边平台纵向一体化行为的模型,分别考虑了平台垄断和竞争的条件下,纵向一体化策略对于平台利润、定价、市场份额的影响,并认为,平台具有进行一体化的内在激励,在平台竞争时,一体化策略能够获得较纵向分离结构较高的社会总福利。一体化平台会降低互补型企业对于消费者的定价,以吸引更多的用户到平台上交易。当一体化平台与纵向分离平台竞争时,在平台定价对称的约束下,一体化策略能够提高平台的市场份额,但是互补型生产企业市场份额会有所降低,此时一体化企业主要依靠平台实现盈利。

李泉、陈宏民(2009)对双边市场中存在企业对双边市场实施交叉补贴的现象进行了研究,提出交叉补贴将导致受补贴市场的补贴程度下降。这一结论打破了传统理论中竞争降低市场价格、提高市场效率的判定。其研究还表明了平台企业策略性效果与传统理论研究不同:受补贴市场降低成本的投资,可能会令竞争对手的利润增加,而且对自身利润的间接效应与对竞争对手的利润策略性影响可能方向不一致。

还有许多学者利用双边市场理论,对我国经济中那些符合“双边市场”特征的产业或平台展开了分析。如银行卡交易的定价机制(张昕竹,2005),传媒产业的竞争机制与运行规制(程贵孙,2007),软件产业(朱振中,2006;李泉,2008)、零售平台的定价(李庚、高洪博,2009),B2B平台的运行策略与演化(曹俊浩,2010),第四方物流平台运营策略研究(戴勇,2010),等等。

(5)对本研究的价值

双边市场理论研究的焦点企业是导致双边市场之所以形成的平台型企业。从双边市场的定义角度看,学者是通过强调双边市场与传统单边市场的区别而得出其定义的,单边市场简单分析买卖双方之间的关系,双边市场则以"平台"为核心创造了市场,并通过实现两种或多种类型顾客之间的接触获取利润,如图 2-2 所示。显然,商贸平台型企业所运行的(纵向)产业环境呈现出了典型的双边市场特征。

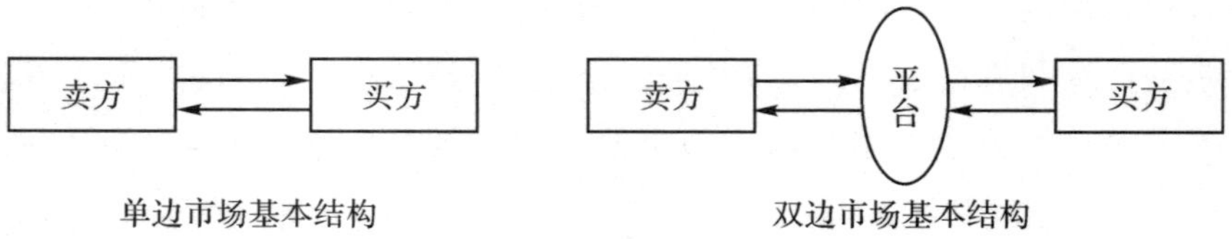

图 2-2　单边市场与双边市场的差异

由于双边市场在现实经济中所涉及产业的广泛性和形态的多样性,许多学者从不同的角度对双边市场进行分类,而这些分类都以不同平台的特征(差异性)作为分类的标准。如从平台在双边市场形成中的功能、平台所有权、平台向两边收费的对称性、平台在双边市场中的具体角色、平台与其他平台间的竞争关系等角度界定各类具体平台的特征。上述特征显然也适合用来从不同角度描述每一类具体的商贸平台的特征。

定价始终是企业关注的核心问题,传统微观经济学认为,企业的长期定价至少应高于边际成本,与单边市场中的企业相比,平台型企业定价策略有着较大的特殊性,为了将双边的客户集聚在一起,这类企业常常需要以低于成本,甚至免费、补贴的方式将一边的客户吸引到平台上来。平台的这一特性,一方面给商贸平台型企业制订其成长战略带来了挑战:应该采取什么样的补贴策略以优先吸引哪一边的客户;另一方面也给政府制定规制政策带来了挑战:不能用商品销售价格是否低于边际成本,来判定企业是否采取了恶意竞争行为。

此外,双边市场理论被引入国内后,一些学者从经济理论层面对双边市场的定价行为展开了研究。但是,目前很少有学者从企业的视角出发,将我国商贸流通业中符合"双边市场"特征的平台型组织作为一个整体,研究它们在战略层面的发展策略问题,这也正是本书理论研究的切入点之一。

综上所述,以平台型企业为研究对象的双边市场理论,对本书分析商贸平台型企业的市场结构及其行为策略有着重要的理论价值。

2.3 公司治理研究的相关文献

2.3.1 现代企业理论

在科斯(1937)的开创性工作之前,经济学和管理学对企业内部问题的系统性研究只有新古典经济学的厂商理论:将企业内部假设为生产的黑箱——技术函数,在黑箱内,各种生产要素会按照最优的方式相互作用,自动以最低的生产成本向市场提供产品。厂商理论并没有真正研究现实企业的内部,其价值更多地体现在经济学教科书的标准模型上。更重要的是,传统厂商理论的研究对象是生产领域的制造企业,而不是流通领域的企业,因为在新古典经济学"不存在交易成本"的假设之下,研究流通企业显然是没有意义的。

(1)交易成本经济学

威廉姆森(1985)延续科斯"交易成本"的概念,提出了交易成本产生的两大原因:有限理性和机会主义行为倾向。为降低交易成本,这就要求人们在现实经济中设计出恰当的契约安排(治理结构),起到在交易过程中抑制机会主义行为倾向和节约有限理性的作用。威廉姆森从资产专用性、不确定性和交易频率三个特征维度出发,对契约进行了分类。一是对于不存在专用性投资的标准契约,无论交易频繁与否,以及不确定性程度如何,都属于古典契约。二是对于存在资产专用性的契约,特别是长期契约而言,不太可能依靠作为法庭的第三方来实施,此时有两种选择:再建立一层治理结构,依靠第三方来实施契约,这种契约称为新古典契约;如果交易频率较低,交易所得收益不足以支撑一种专门的治理结构,那么就实行双方治理,即"关系型契约"。三是当契约关系涉及的资产专用性程度较高,而且交易频率很高,交易所得收益足以支撑一种专门的治理结构,那么就实行统一治理,即双方一体化为一家企业或科层。

(2)团队生产理论

阿尔钦和德姆塞茨(1972)认为,企业的组织化生产在本质上是一种队生产(Team Production),每个队成员独立选择各自的努力水平,并集体创造出一个(供所有成员分享的)产出水平。因此,每个队成员的努力程度对产出的边际贡献,不仅与其自身相关,还与其他队成员的(难以观察的)努力程度相关。由此导致了队生产中的成员"偷懒现象"(本质上是一种机会主义行为),为抑制偷懒现象的发生,需要引入监督人,从而提高企业的产出水平。同时,为了保障监督人的工作积极性,必须给予其剩余索取权,显然,最适合担任监督人角色的是企业重要的资本所有者——控股股东。

(3)代理成本理论

"委托代理"作为一种经济现象存在,必然导致"代理成本"的发生,这一问题最早由亚当·斯密在1776年的《国富论》中提出:"作为其他人所有的资金的经营者,不要期望他会像自己所有的资金一样获得精心照顾。"现代公司治理中委托代理的研究发端于詹森和麦克林1976年对"代理成本"的研究,在他们的分析框架中,股东作为企业的所有权人,是委托人;董事会和经理层作为企业的经营者,是代理人。委托—代理理论研究的主要内容是,什么样的契约安排能够确保代理人尽心尽力,帮助委托人实现利益最大化,同时"代理成本"是最低的,所以这一理论又被称为机制设计理论。通过机制设计使处于信息劣势的股东(委托人)与经营者(代理人)之间实现最佳的风险分担,从而最大限度地激励企业经营者,确保股东实现利益最大化。代理成本理论在学术上的重要价值在于,将作为委托人的股东与代理人的经理人之间的利益冲突作为公司治理的核心问题,使公司治理问题与现代主流企业理论的研究有机地融合在了一起。但是,该理论并没有解释为什么企业的资本所有者——股东是委托人的问题,也没有考虑是否存在"完全契约"(意指将各种情况都涵盖的契约)的问题。

(4)不完全契约理论

现代企业理论将企业看作契约的连接体(Nexus of Contracts)。不完全契约理论认为,如果企业内的契约都是完备的,可以应对未来可能出现的各种情况下的利益分配,那么就不需要研究企业所有权的问题了。

但是,在现实经济中,企业中的契约是“不完全契约”(Incomplete Contract)。因此,格鲁斯曼、哈特和莫尔等学者(1986,1990)提出了“不完全契约”的理论框架来分析企业所有权的本质,以及其归属问题。在他们看来,企业所有权的真正意义在于对那些没有在契约中明确包含的内容,具有做出决策或说明的权力——剩余控制权(Residual Control Rights)。进一步,他们认为,在企业中投入了重要专用性资产的一方可以兼并(或雇用)其他成员,并享有企业的剩余控制权。

(5)对本研究的价值

科斯提出“交易成本”概念之后,企业这个“黑箱”被逐渐打开,以科斯理论为基础的现代企业理论,大大丰富了主流经济学、管理学的内容体系,进一步完善了人们对企业与市场的关系及企业内部结构的认识,使我们能够更加精细地研究和揭示企业内各种制度形成与演变的规律。总体上看,现代企业理论可分为三个层次:一是企业存在的意义问题,即企业与市场的关系;二是企业所有权的最优安排问题,即企业利益相关者的权利匹配关系;三是企业内部契约的最优安排问题,即企业内不同利益相关者之间的关系。其中,后两个层次涉及企业内部,属公司治理的问题。

笔者认为,交易成本经济学有助于我们理解商贸平台形成的原因——相比其他类型的交易制度安排,商贸平台提供的制度节约了交易费用;团队生产理论中提出的“搭便车”“偷懒”等问题,有助于我们解释商贸平台为什么不能以商户集体自律的形式发展,而更多的是公司化经营的企业形式发展;委托—代理理论则有助于我们解释地方政府控制下的商贸平台型企业所存在的问题,以及管理者控制下的商贸平台型企业的优势;不完全契约理论的提出和发展,对解释哪一类型的利益相关者应该获得商贸平台型企业的控制权,具有重要的理论参照意义。

由此可见,以交易成本经济学、团队生产理论、委托—代理理论、不完全契约理论为主要内容的现代企业理论,是我们研究包括商贸平台型企业等各类企业公司治理问题的理论基础。

2.3.2 利益相关者理论

(1)利益相关者理论的主要观点

利益相关者(Stakeholder)的概念可追溯至1708年的《牛津词典》:在

某一项活动或企业的经营中下注，从而面临盈亏可能的人们。20 世纪 30 年代，Berle 与 Dodd 在《哈佛法学评论》上就企业目标问题展开辩论，Dodd 认为，“企业作为经济结构，既有营利功能，也有社会服务功能”。1963 年，斯坦福研究所（SRI）基于企业发展的立场指出：“对于企业来说存在这样一些利益群体，如果没有他们的支持，企业就无法生存。”该定义首次表明企业不仅仅是产权意义上的股东的企业，也是社会意义上的“利益相关者”的企业。

20 世纪六七十年代，发达国家间企业经济实力的此消彼长诱发了学术界对利益相关者理论的研究兴趣。当时，奉行“股东主权”理念的英美企业在企业经营绩效方面，普遍落后于体现了“利益相关者”理念的德国、日本等国家或地区的企业。这引起了西方管理理论界的思考和探索，虽然不同学者对此问题的研究内容与方法有着较大差异，但研究结果在下述观点上却高度统一：英美模式“股东至上”的公司治理迫使企业管理者处于追逐短期利润目标的压力之下，因此难以顾及企业的长远战略；日本、德国的大企业普遍实行的内部监控型公司治理模式，在企业的决策与经营活动中，更为注重多方面利益相关者的利益诉求，从而有利于企业实现其长期战略目标。

在上述背景下，基于“社会人假设”的利益相关者理论越来越受到世人的重视。此后，大量学者围绕各自提出的利益相关者的概念，对企业利益相关者进行界定与分类，比较有代表性的有：Ansoff（1965）、Freeman et al.（1984，1987，1988）、Charkham（1992）、Clarkson（1994）、米切尔切和伍德（1997）等。如 Clarkson（1994）提出，在企业中承担了某种形式的风险的个人或群体应该成为企业的利益相关者，并根据不同群体在企业经营活动中承担的风险种类，将利益相关者分为自愿利益相关者和非自愿利益相关者。前者指在企业中主动进行物质资本或人力资本投资的个人或群体，他们自愿承担企业经营活动给自己带来的风险；后者指由于企业活动而被动地承担了风险的个人或群体。Blair（1995）进一步指出，人力资本所有者与物质资本所有者一样，共同承担了企业经营的风险。那么，公司治理时就必须重视其他利益相关者——员工、供应商、债权人等群体的利益，因此企业应该实施“共同治理模式”，即所有为企业发展投入了有形资本和人力资本的相关者的代表，都应该进入董事会，参与企业决策。

(2)对本研究的价值

利益相关者理论的核心观点是,公司的存在并不是单一地为实现股东的利益,它应该致力于一个更广泛的社会目标的实现。那些对企业投入了专用性资产的人,都应当享有一定的影响企业经营决策的权力。利益相关者概念的提出,进一步激发了学者对"企业是谁的企业"这一古老问题的浓厚兴趣,并对公司治理产生了两方面重大影响,如图2-3所示。

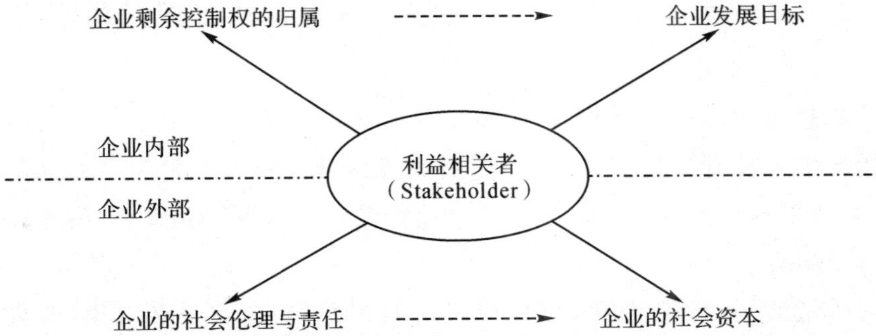

图2-3 利益相关者概念的影响

其一,在企业的内部属性研究方面,学者对谁是企业真正的主人展开讨论——谁应该拥有企业的剩余控制权,进而,最能体现企业剩余控制权指向性的企业发展目标也被重新解读,战略目标的基本出发点由"股东利益至上"转向"相关者利益最大化",并被越来越多地认为是企业利益相关者长期共同意志的集合。商贸平台型企业发展涉及许多不同类型的利益相关者,如果仅仅从股东、管理者、职工等内部人的角度考虑公司治理,而忽视了商户、债权人、社区等外部利益相关者的诉求,显然将对这类企业的发展带来不利影响。

其二,在企业的外部属性研究方面,利益相关者概念与经济学中"社会成本"概念遥相呼应,由于交易成本的问题,科斯在1960年《社会成本问题》中的研究结论被更多地应用到了企业领域,而非个人领域。特别是那些名声显赫的大型企业被要求承担更多的社会责任,推动了企业治理由内部的"同股同权"向外部的"同利同责"方向演化。进一步研究表明,企业在社会责任方面的付出并不是完全没有回报的,这部分投入很大程度上会转化为企业长期发展所必需的社会资本。从区域经济发展的角度看,商贸平台型企业作为一类对地方经济发展,包括服务业集聚和制造业集聚都有着重要影响的市场组织，其社会责任是重大的。与此对应，一家积极履行其社会责任的商贸平台型企业，最终也能为股东等利益相关者带来回报。[①]

由上述两方面可见，研究商贸平台型企业的公司治理问题，十分需要运用利益相关者理论对企业各类利益相关者的诉求进行深入分析。

2.3.3 我国各类商贸平台型企业的公司治理问题研究

(1)对专业市场类平台型企业的研究

陈理元、张旭昆(1996)将城市专业市场定义为一个由市场所有者提供销售场地及有关服务，由众多货主销售具有互补和互替关系商品的场所，并较早地从商贸平台产权和平台上产品特征这两个角度，对专业市场进行了研究。

季敏波、徐莉芳(1996)以中国轻纺城为案例，介绍了在国家“管办分离”政策要求下，当地政府对该专业市场的经营主体实施改制并组建股份制公司的基本过程，以及改制后经营主体在组织结构、经营模式等方面的特征。类似地，陆立军(2003)介绍了义乌小商品市场股份制改造的情况，以及其对当地专业市场建设、发展产生的积极影响。

温思美、林家宏(1999)对我国农产品批发市场的企业化运作模式进行了案例研究。他们认为，深圳农产品股份有限公司在建立和经营布吉农产品批发市场的过程中，创造了“企业办市场、企业管市场、市场企业化”的“布吉模式”，实践证明其是一种较为成功的市场组织制度创新。温思美、罗必良(2001)进一步提出，我国农产品商贸平台的目标模式是，以批发市场为中心，以企业化的管理为运行机制，构建一个企业化的市场组织。在这个模式中，政府没有对农产品的流通过程进行直接干预，只是对流通中的各种中介组织、市场管理企业及交易行为进行规范。作为投资并管理市场的企业，要为市场进入者——商户提供组织与协调等服务，并以仲裁人的角色实施市场的微观管理。

盛洪(2009)比较了法国和日本具有公益性质的商贸平台型企业的运

---

① 如阿里巴巴集团的创始人马云强调其公司经营要始终坚持“网商第一，员工第二，股东第三”的原则。

营模式。法国的伦吉斯交易市场是由政府和企业联合投资的。1968 年，法国政府通过无偿划拨土地，并投入资金筹建了伦吉斯交易市场，拥有伦吉斯交易市场 72％的股份，直到 2008 年 1 月政府将部分股份转让给了私人企业，但政府仍拥有 33.4％的股份。值得一提的是，法国公司法规定，拥有 33.4％的股东可以行使小股东否决权，否决股东大会的决议案。这意味着，政府一旦认为该商贸平台型企业的决策违背了政府意愿，可以将其否决。在伦吉斯交易市场的日常运作过程中，其收入主要由租金、佣金与服务收费构成，其中租金是最主要的收入，每年每平方米是 300 欧元。日本以农产品流通为主的商贸平台均由政府投资建设，并负责对批发市场进行维护，其市场的主要收入是佣金。

(2)对城市零售类平台型企业的研究

李飞、刘明葳(2005)分别选取了国内外各 10 家最有影响力的零售商，从业态创新、快速扩张、营销管理、成本控制和财务运作五个方面比较它们之间的差异。实证研究表明，在 2005 年，中国 10 家样本零售公司的收入总额为 1 378 亿元，仅相当于国外样本企业均值的四分之一，但在发展速度方面，国内企业要远远超过国外样本企业。除了发展速度外，国内零售企业在营销管理、成本控制、财务运作等其他能力方面均落后于国外样本企业，如国内样本零售公司每平方米营业额平均为 2.1 万元，约相当于国外企业的 40％；国内企业毛利率平均值为 10％，国外企业均值则为 28％。由此可见，国内零售企业在竞争力方面还有较大的提升空间。

吴小丁、袁宁、徐红竹(2005)对国内主要城市的 30 家豪华百货店(城市零售型的商贸平台)进行了调查，发现“品牌联营”(约占 80％)已经成为我国豪华百货店的主流经营模式。品牌联营既不同于传统意义上的百货自营模式，也与简单将场地租赁给品牌供应商不同。在招商方面，这类商贸平台立足于自身的形象定位及卖场面积，在对不同业种做了空间安排的基础上，对同一业种所要引进的具体品牌做基于市场细分的选择性规划，然后通过公开招商的方式引进品牌供应商。在获取利润方面，豪华百货店利润的实现，依据与品牌供应商签订的保底倒扣协议。但是，上述模式也开始不断暴露出了一些问题：一是与供应商的联营合作关系脆弱，内部排他性合同协议的存在及合作协议中的保底条款，使百货店将经营不善的责任单方面推卸给品牌供应商，百货店只负责遴选品牌，从而削弱了百货店的整体掌控能力；二是百货店导购人员的管理问题。基于降低人工成本的考虑，多数百货店并没有与员工签订劳动合同，由各品牌供应商负责招聘、薪酬等相应工作。

岳中刚、赵玻（2008）提出，现代大型零售商的盈利模式已由通过销售商品获取利益，转变成作为平台企业向两边用户——制造商和消费者提供服务而盈利。大型零售商向制造商收取的费用即为通道费，通道费的高低，与制造商品的品牌影响力、产品的需求弹性系数、零售商经营规模、产品的市场竞争程度、零售渠道的区位优势，以及消费者交易的活跃程度等相关。

近十几年来，苏宁电器、红星美凯龙、国美电器等以连锁经营为特征的城市专业零售商快速发展。支撑上述企业经营规模快速扩张的商业模式及背后暴露出的问题，自然引起了学术界的广泛关注。林华明（2010）从伙伴融资的角度，对苏宁电器的快速增长进行了分析。苏宁电器利用自己在产业链中的优势地位，向商业伙伴进行大规模融资，并为苏宁电器的发展提供了50％以上的资金支持，苏宁电器利用这些资金进行积极扩张，规模迅速扩大，抵消了单店业绩下滑的负面影响，实现了良性循环。此外，刘伟、冯树英（2010）以红星美凯龙为案例，阐述了四种我国家居类城市零售商贸平台的商业模式。王明梅（2011）从公司治理角度出发，说明了“国美事件”中暴露出的问题，即国美电器创始人长期忽视现代公司治理结构的重要性，最终给公司带来了大股东和代理人的企业控制权之争所引发的致命事件。

（3）电子商务类平台型企业的研究

在21世纪初，有的学者认为，电子商务平台的崛起将给经济社会带来“变革”。张琪（2001）认为，随着网络、通信和计算机的快速发展，互联网在全球的迅速普及，任何一个商业组织都必须改变自己传统的组织结构和运行方式来适应这种全球性的技术发展和变革。但是，也有学者并没有完全认识到这种影响。吴小丁（2001）认为，B2C并不是一种新兴的零售业态，而是传统邮购的一种替代选择，也不具备费用结构的优势，与传统零售业之间不会形成替代竞争的关系。因此，对传统零售业并不构成竞争压力，两者之间可以加快互相融合。

刘云龙（2006）提出了平台型电子商务的概念。他认为这是一种由专业的电子商务平台开发商或运营商建设的电子商务平台,是多个买方和多个卖方通过这个集认证、付费、安全、客服和渠道于一体的统一平台,为其提供相关服务完成交易的商业模式。平台型电子商务中的平台本身不从事买卖交易业务,只是吸引有关个人或企业参与,为他们的网上交易提供自组织机理研究配套服务,集成买方需求信息和卖方供应信息、摄合买卖双方、支持交易以便利市场操作。

胡岚岚(2010)研究了以阿里巴巴集团为核心的平台型电子商务生态系统的发展过程及其内在机理,并认为,该平台最初主要是为中小企业而建立的,后发展成一个面向制造行业的最终用户、供应商、采购商、经销商和服务商,向他们提供了一个企业间进行在线采购、营销、招标等活动并提供分销、售后服务管理功能的电子商务平台模式。其中,协同合作是网商个体发展的必要条件,因此在电子商务平台之上出现自组织联盟是必然的。她进一步从竞合理论的视角,对网商自组织联盟的内涵、价值及分类,提出了网商间同业浅层次自组织联盟及异业深层次自组织联盟的价值和运作模式。

(4)对本研究的价值

虽然没有学者直接对我国商贸平台型企业在公司治理方面的共性特征进行研究,但是他们在研究专业市场、城市零售商、电子商务平台等各类具体的商贸平台时,还是部分涉及了我国商贸平台型企业的公司治理问题。

专业市场作为我国改革开放后最早出现的一种极具中国特色的商贸平台,受到了众多学者的关注,大多数学者是从交易成本、制度经济学的角度,对专业市场的产生、功能,以及其在区域经济中的作用进行研究。只有少数学者在研究中谈到了专业市场的公司化经营问题,但是也仅仅只是论述了其实施公司化经营的必要性,而没有将专业市场运营商看作一类特殊的企业,来研究其“如何”进行公司治理的问题。反倒是一些地方政府较早地意识到专业市场公司化运作的重要性,在实践层面积极组建作为专业市场开发主体的企业组织(白小虎,2008)。浙江的一些地方政府较早地将专业市场推向了资本市场,并积极引导专业市场业态、经营模式和功能的转变,通过引入有规模优势的贸易公司、知名品牌制造商,逐步实现由传统的“三现”(现货、现金、现场)市场向区域性、全国性的商品展示中心、交易信息中心转变。

近年来,在原国有商业系统改制、民营商贸企业快速发展、加入世贸组织后外商进入抢滩国内市场三股力量的共同作用下,以商业综合体为代表的城市零售类平台型企业快速发展,已经成为我国城市商业系统中最重要的微观力量。我国城市零售商虽然在整体规模、盈利能力方面仍落后于国外同类企业,但是发展势头迅猛,特别是民营零售企业逐渐在国内城市零售市场中占据重要地位。学者研究表明,与西方发达国家的城市商业相比,我国城市零售商与商户之间的关系有着较大的特殊性,商户在经营方面承担着更大的市场风险,也拥有更强的独立性,而城市零售商则更多地利用其市场地位依靠收取“通道费”而获利。总体上看,虽然一些学者注意到了我国城市商贸平台在经营模式、公司治理等方面的特殊性,但是没有学者分析企业中各类利益相关者诉求,并进一步从利益相关者的立场出发,提出事关商贸平台型企业公司治理的框架或有效途径。

随着现代信息技术的发展和普及,电子商务交易平台因其几乎不受空间因素的制约,而迅速发展成为我国商贸流通领域中最重要的新兴力量。这类平台的成功在很大程度上是因为,其在解决了支付可靠性和配送快捷性两大难题后,在互联网上“翻版”了传统专业市场、城市实体零售商的经营模式,并利用信息技术提供了更便捷的购物体验。但是这类企业,同样会产生与传统实体型商贸平台一样的公司治理问题,而且电子商务交易平台在信息发布、交易洽谈、在线支付、物流快递等环节均可能涉及外部的利益相关者。因此,其公司治理将会比实体的商贸平台型企业更为复杂。

综上所述,我国各类商贸平台型企业虽然在具体的经营业态和经营产品方面有较大差异,但在其组织架构、商户管理、经营模式等与公司治理相关的内容方面却有着相似之处。因此,本书可以在已有对现实企业研究的基础上,进一步探索这类企业在公司治理中的规律性问题。

第3章　商贸平台型企业的形成:宏观环境分析

本章重点关注我国商贸平台型企业发展的“中国情境”问题。商贸平台型企业是在我国改革开放后成长起来的,其形成、战略及其公司治理都与我国转型期的宏观大环境有着密切联系。任何宏观环境的转型都蕴含着大量诱发动荡的不稳定因子,如何减轻转型过程的阵痛,在快速变化的环境中抓住机遇,适时调整企业的目标与经营方式,是所有转型经济中成长的企业都必须面临的难题。

改革开放之后,中国宏观环境转型可分为“上层建筑”与“经济基础”两个层面:一是在政治层面,由高度中央集权到逐渐扩大地方政府行政管理权的放权过程,以及由此引发的以经济成果为主要指标的各地政府的政绩竞赛;二是在资源配置层面,由指令性调拨到逐渐扩大价格机制作用范围的市场化过程,以及由此导致的全国性市场秩序的形成和完善。此外,各地之间展开地方政府竞赛的过程中,服务业与制造业始终是地方政府最主要的施政抓手,两者互动发展。因此,我们还需要从商贸平台型企业[①]与制造业集群之间的关系出发,考察地方政府的倾向性。

如图3-1所示,本章立足于解释我国商贸平台型企业之所以产生的根源,将分别从地方政府、现代市场秩序,以及商贸平台与当地制造业集群的关系三个维度诠释宏观层面的转型与我国商贸平台型的关系。

---

① 从区域经济功能角度看,商贸平台型企业相当于一个地方服务业的集聚区的运营商。

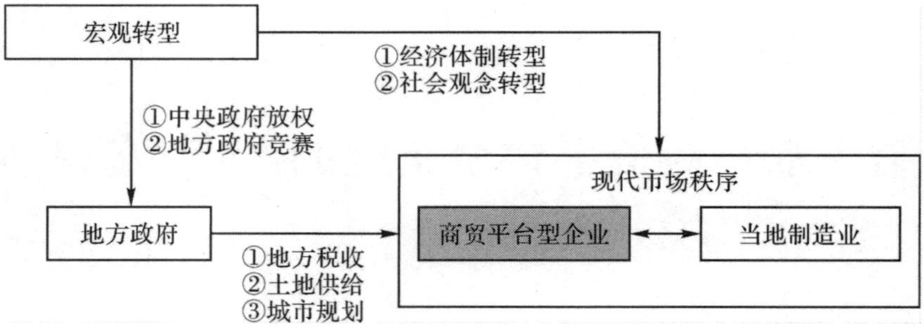

图 3-1　宏观转型对商贸平台型企业发展的影响示意图

3.1　转型期地方政府与商贸平台型企业

3.1.1　转型期地方政府的特征

在 20 世纪 80 年代中期,中央政府开始对地方政府实行财税包干的政策,这表明中央通过财权下放,将大量的经济管理职能交由地方政府。随着地方政府拥有较多的经济管理职权,其对当地经济的控制力不断增强。钱颖一和温格斯特等人将我国中央与地方的经济分权结构称为 M 型体制结构,其特征为:地方政府享有的事权较大,而且可控制的资源规模也较大。分税制后,虽然地方和中央之间在收入权配置上发生了很大的变化,但在支出权配置上却变动不大,具体反映在地方财政支出占总财政支出的比重上,分税制前后该比重稳定在三分之二以上,远高于美国等联邦制国家。因此,改革开放后,中国地方政府实际上就像一个个子公司那样在实施自己的行为。(周业安等,2004)转型期地方政府在国民经济中所表现出的特征可以从国情文化和改革过渡两个角度展开解读。

(1)国情文化

长期以来,我国作为一个幅员辽阔、人口众多的发展中大国,各地经济发展极不均衡,在历史上就有“中央集权,诸侯割据”的统治文化。在封建社会,生产力、科技水平都很落后,中央对地方的控制手段远没有现在发达。但是在秦始皇统一全国后两千余年的历史中,我国大多数时间都是以一个统一大国的形式存在。其中,独特的统治文化在化解中央与地方之间的权力矛盾时一直起着较为特殊的作用,这一文化根源于我国传统的儒家思想——“中庸之道”,即在中央集权统治与地方独立发展之间寻找一个解决平衡点。中央集权与地方诸侯割据的权力分配体制在我国历史上有着长久的生命力和历史车轮的惯性。地方政府在促进各地经济发展方面发挥重要作用,是在新的历史时期对上述文化的继承和发展。

在现阶段,同样因为地理和人口的因素,中央政府直接干预地方经济的成本过大。首先,中央政府想要全面控制微观经济,必须要建立一整套庞大而且复杂的“层级管理体系”,在这个体系中如果中央的经济职能过分集中,那么中央的管理效率必然降低。其次,各地经济发展的不均衡,迫使中央政府对各地实行差别化的经济政策。由于地区间的实际情况千差万别,中央政府很难实施具体的、全国性的统一政策,需因地制宜地实施不同的经济政策。同时,中央政府与地方政府是信息不对称的,地方政府往往对当地的具体情况比中央政府有着更精确的掌握。因此,由地方政府调配经济资源,效率将会比中央政府更高。改革开放后,中央政府对各地实施了差别化的经济政策,中央政府首先给予经济特区优惠政策,随后将此类权力下放到各省,各省又进一步将某些权力下放到了地级市。浙江作为特例,率先将权力下放到了县并将财政拨款直接到县,形成了“省管县”模式。这种模式也为前文所提到的义乌小商品市场的发展创造了条件。

(2)改革过渡

改革开放后,我国经济体制处在由计划经济向市场经济转型的过渡时期。随着1978年之前的指令性经济体制被打破,经济市场化的改革不断深入,中央政府对全国经济的控制力逐渐减弱。

如果在我国宏观转型初期,中央政府直接把配置微观资源的权力全部下放到具体的企业,显然会带来一些暂时难以解决的问题。首先,市场竞争中的微观主体还没有成熟起来,国有企业竞争机能先天不足,而民营企业在我国经济中所占份额十分有限,同时市场经济的各种法规制度很不健全。在这种情况下,如果将大量的企业直接推向市场竞争,很容易造成市场失效,出现国民经济混乱的局面。其次,在转型初期,国有企业无论从数量还是产值上看,均是我国最重要的微观经济基础,但国有企业的剩余索取权界定模糊,在缺乏有效监管的情况下,将权力落实到企业管理层,易诱发腐败,造成国有资产流失。可见,在市场经济建设的初期阶段,中央政府面临着两难的选择：若仍保留微观资源配置的职能则不符合市场经济的基本要求，而将其直接下放至企业，又会出现种种难以解决的问题，导致资源浪费，市场机制失效。所以，中央政府利用过去计划经济时代就已经形成的组织资源，由地方政府替代中央政府完成微观经济的管理职能是最佳选择，因此，地方政府的经济管理职权逐渐增加，而这种地方性的职权显然将与地方经济发展密切结合。

地方政府在获得了相当多的经济管理权后，普遍产生了一种“地方诸侯”心理，在规划发展战略时，也普遍从实现地方利益最大化的角度出发，将本地区的短期经济利益置于中心，形成了各类“地方保护”。我国在20世纪八九十年代涌现出来的许多有着地方经济特色的商贸平台型企业就与当地的“地方保护”有着较大的关联。当进入21世纪后，随着全国统一市场秩序的逐渐形成，这类有着显著地方特色的商贸平台型企业就较少涌现出来，且对当地经济的影响力也逐渐减退。

地方政府虽然获得了放权，但后续的问题是，当时的地方政府是否具备了全面管控好当地经济的能力。

3.1.2 地方政府与商贸平台型企业的缘起

地方政府作为区域经济发展的主导者，必然要在经济发展战略制定、产业宏观政策引导和公共产品提供等领域扮演重要的角色，在推动本地经济发展方面更起着重要的作用。根据亚当·斯密的理论，任何国家（地区）经济的繁荣都来源于本区域内人们的共同努力，表现为人均财富的持续增长，而后者源于个人劳动和自由交易得以转化为现实的收益。曼瑟·奥尔森（2005）将政府权力引入经济增长的分析之中，并创造出一个关于长期经济增长的重要概念——“强化市场型政府”（Market-augmenting Government）用来概况那些成功实现了本国（地区）繁荣的政府的共同特征。奥尔森认为，经济繁荣有两个必要条件，其一是“要有对所有人都稳定的且界定清晰的财产权利和公正的契约执行权利”，其二是“没有掠夺行为”。在人类的组织中，只有政府才拥有这样垄断性的强制权力，能最大可能地为“所有人”提供这两方面的保护，所以“好政府”在经济繁荣的过程中起着至关重要的作用：从财产权的界定，到契约签订的监管，再到契约执行的保护等。15世纪后，欧洲的商品交易活动之所以首先在伦敦、巴黎、莫斯科等城市集中并大幅增长,不仅是因为政府为那里的交易活动提供了场地,更重要的是,当地政府对城市内的个人财产和私人契约提供了更好的保护。[①]

一个政府如果无法为其行政辖区内的交易活动提供有效保护,将极大地降低该地区的人们通过勤劳努力增加收入的积极性,从而抑制区域经济活动的发生。但是,在某些时候或某些领域,如果政府无法向人们提供充足的与"保护交易"的公共产品时,那应该怎么办呢?首先来看看这样的情形是否会发生。比如,在法制观念淡薄的落后地区,许多合法的交易本应受到政府强制力的保护,但是由于官员腐败或者司法资源有限,交易参与人的合法收益就有很高的被掠夺可能性;又比如,在跨区域的小型商业活动中,涉案金额不大的商业诈骗犯罪可能屡屡发生,但由于调查和执法成本过高,政府无力直接保护所有此类受害人的权益。上述事实表明,政府有时确实无法向人们提供"保护交易"这种至关重要的公共产品。既然政府无法充足提供,而经济活动又需要这样的保护,那显然在市场经济中,除了政府,还需要这样一种类型的组织——商贸平台型企业,让它发挥积极作用帮助政府更广泛地保护各种各样的交易需求。

关于政府行为的边界,自由市场经济的信奉者坚持亚当·斯密的观点:政府只要在经济活动中尽到"守夜人"的本分——保护个人财产和私人契约就足够了,过多的干涉将滋生腐败,造成资源配置效率的下降。但是在一个经济体内,仅仅由政府来履行"守夜人"的职能就足够了吗?政府需要帮手吗?从现阶段商贸平台型企业的实践看,答案是肯定的。如在我国改革开放的头十年,专业市场率先在国内经济发展较为落后的浙江地区迅速兴起,表明在地方政府执法力量有限的条件下,专业市场平台为供需双方提供了一个有保障的实体交易环境。近年来,阿里巴巴集团的淘宝网及与其配套的支付宝的快速扩张,表明淘宝网的B2C/C2C平台在政府无暇顾及的小额异地交易领域,为供需双方提供了一个安全、低成本的虚拟交易环境。诸如此类的证据,显示了商贸平台型企业在促进交易需求由潜在需求转向现实需求方面的重要作用,如图3-2所示。

---

① 费尔南·布罗代尔:《十五至十八世纪的物质文明、经济与资本主义(第二卷)》,生活·读书·新知三联书店1993年版,第8—21页。

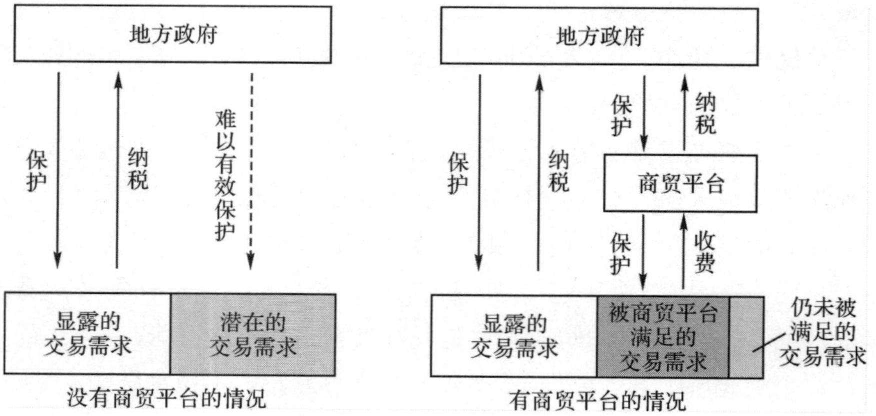

图 3-2　商贸平台促进交易发生的作用

既然经济繁荣源于社会分工和商品交换的共同推动，那么一个地区在经济快速发展的过程中必然伴随着大量交易需求的涌现。交易的发生是需要保护的。我们知道任何政府为繁荣经济向个人提供的种种保护措施都是有成本的，所以政府向管辖区内的企业或个人征税。奥尔森甚至将政府的征税行为类比为某地"固定活动范围的匪帮"在征收它的"保护费"。显然，任何政府都必须保护合法的交易活动，而交易参与者则向政府履行了纳税的义务，事实也是如此：对交易过程直接或间接征税是大多数政府收入的主要来源。类似地，当商贸平台为交易双方提供某种保护并促成交易发生时，也向交易参与者收取一定的费用。当然，以企业法人形式存在的商贸平台也是市场经济中的一员，自然需要向政府履行纳税的义务。不妨把这个过程描述为，政府向商贸平台提供了"一级保护"，而商贸平台则向依赖于平台的交易参与者提供了"二级保护"。政府提供服务边界的最基本范围是土地，所以形成了城市，为城墙之内的居民提供所有权（占有权、使用权、获益权、处置权）的保护，其中最主要的是保护公民财物可合法转让的权利，这种保护力量建立在法律（立法、司法和执法）的基础上。商贸平台型企业也提供了类似的保护——从技术层面上，如果说政府在法律基础上征收的保护费是一般意义上的税收——法律税，我们不妨将商贸平台型企业在技术上提供种种服务而收取的"保护费"称之为技术税。

3.1.3 商贸平台型企业产品的"准公共性"

商贸平台型企业的功能与政府在繁荣经济中的作用类似,表面上,它们都不直接参与商品流通环节,只为商品的自由流通提供了时空上的集聚地;本质上,它们都向交易双方提供了一个有保障的交易规则集合。但是,这并不意味着商贸平台型企业是对政府存在的一种替代,恰恰相反,其存在本身就建立在政府强制权力的基础之上,是政府强制权力在市场经济中的延伸和补充。一些交易在商贸平台之外难以实现(或实现成本较高),但是在商贸平台上,生产者、商家与采购商、消费者之间就愿意并且能够达成交易。与政府保护交易时凭借法律所赋予的强制权力不同,商贸平台型企业主要通过技术性手段,消除交易过程中的种种不确定性因素,从而让更多的潜在交易需求得到释放。商贸平台型企业的典型做法是,把原本分散在各地的产品供应者和采购者在现实空间或虚拟空间上集中起来,为他们提供种种与降低不确定性相关的"保护交易"的服务。有时,商贸平台型企业甚至作为独立法人与地方政府直接谈判,要求政府对其平台上的所有交易活动提供比平台外更有力的保护,这也降低了单个参与者获得政府保护的成本。[①] 作为回报,商贸平台型企业协助政府在平台上开展征税活动,而这部分新增的税收很大程度上是因为商贸平台型企业的存在而为政府所带来的。

福利经济学认为,公共产品(Public Goods)是相对私人产品(Private Goods)而言的特殊产品,具有非竞争性和非排他性的特点。一般商品多为私人产品,既具有竞争性(Competitiveness)又具有排他性(Exclusiveness)。竞争性是指市场中的产品"价高者得",当具有竞争性的产品被某个消费者使用时,其他消费者就无法使用到这个产品了,这也意味着,竞争性商品必须增加供给量及随之增加的供给成本才能满足更多的需求;排他性是指某件产品在使用的同时,这件产品的所有者具有有效的手段阻止其他人享受到他在使用这种商品时带来的收益,这就确保了产品的

① 比如,当单个店面商户要求当地工商局帮助其打击不正当竞争行为,也许工商局并不会迅速采取行动;但是如果该在百货商场中经营,通过商场出面要求工商局采取行动,商户的要求往往能较快得到回应。

所有者可以向希望使用这件产品的消费者收费。为了避免“搭便车”现象的广泛出现而导致社会上这类产品的供给不足，进而导致社会总福利水平的下降，政府应该向全社会提供产品而不是私人企业。准公共产品是指仅具有其中一方面显著特性，即非排他性显著或非竞争性显著，而另一方面特性不明显的产品。以下我们对商贸平台型企业的公共产品特性展开分析。

在双边市场环境中，商贸平台型企业至少面对两类高度关联的客户(Agent)：作为商品需求方的采购者和作为商品供给方平台上的商户。此外，在许多商贸平台型企业的周边，还集聚着一些外围的商户，他们也同时分享着被平台所集聚的大量采购者所带来的交易机会。[①] 商贸平台型企业向采购者或顾客提供的服务主要包括两大块内容：一是基于物业实施的；二是基于专业技能的。

基于物业实施的服务具体是指商户、消费者各种直接可见的外部因素。如商品分类与摆放、商品价格标识、购物环境、人(货)流通道、短程物流配送、休憩娱乐配套等等。在上述服务中，最重要的服务是看似简单实则关键的商品分类与摆放，俗称“划行归市”。许多采购者之所以选择在某个平台上采购商品，最重要的是因为在平台上所展示的各类别商品被商贸平台型企业有选择地排列在了平台上的不同展示(有形或无形的)空间内，方便采购者在短时间内对大量同类型商品进行样品比较和价格洽谈，从而大大节约了采购时间，特别是当大量老采购者对平台布局熟悉后，整个平台上的交易效率将进一步提升。另一方面，作为商品销售者的商户，当同一行业内大量同类商品长期摆放在一起展销时，他们能第一时间了解同行产品的各种信息，并获悉消费者对行业内各种新产品的反馈信息，从而有助于商户及其背后的生产企业迅速做出生产反应。

基于专业技能的服务具体是指平台企业自身经营层面的内部因素。如平台所采取的系统、方法、程序和营销技巧等与商业技术相关的服务，以及平台上的理念、惯例、规则、操作和经验等与商业文化相关的服务。上述服务是商贸平台型企业在长期发展过程中，与依托该平台的经销商

① 在国内许多大型专业市场周边的沿街民房都被改造成为有商业用途的专业街，在这些专业街中的经营户也能在一定程度上享受商贸平台型企业发展所带来的溢出效益。

在不断磨合、互动中累积形成的，商户为适应和学习这类服务投入了有形或无形的专用性资产。因此，对长期合作的商贸平台型企业产生了很强的“黏性”。这种专业技能是商贸平台型企业能够跨区域开展连锁经营的重要原因。例如，红星美凯龙在全国各地新开建材专业市场，总有大量合作制造商品牌入驻，类似的还有苏宁电器、颐高数码等。

商贸平台型企业提供的上述两大类服务，如表3-1所示。对已经进入平台的商户而言，大部分服务是不存在竞争性的，但是在关键的稀缺服务方面仍有一定竞争性，如专业市场中人流量大的商铺、购物网站的页面显著区域等；大部分服务具有排他性，当某个商铺被摆放商品后，其他人显然不能同时使用这个商铺。对商品的采购者或普通消费者而言，商贸平台作为一个开放性的平台所提供的服务既不具有竞争性也不具有排他性。此外，对于围绕在商贸平台周边的商户，他们也能在一定程度上享受到平台所带来的服务的好处，并且这类服务只有一定程度的竞争性和非排他性，如获取同类商品的各种信息、物流配套、休憩娱乐、公共服务及各类生活配套设施等。

表3-1 商贸平台型企业的“公共产品”性质分析

<table>
<tr><th>产品特征
服务对象</th><th>服务举例</th><th>是否有竞争性</th><th>是否有排他性</th></tr>
<tr><td>平台内的商户</td><td rowspan="2">(1)商品分类与摆放
(2)商品价格标识
(3)购物环境
(4)人(货)流通道
(5)短程物流配送
(6)休憩娱乐配套
(7)公共服务配套
(8)生活配套
(9)商业技巧服务
(10)商业文化服务</td><td>有一定弱竞争性：主要体现在商品展示位置的好坏</td><td>有排他性</td></tr>
<tr><td>采购者</td><td>无竞争性</td><td>无排他性</td></tr>
<tr><td>平台周边的商户</td><td>(1)商品价格标识
(2)短程物流配送
(3)休憩娱乐配套
(4)公共服务配套
(5)生活配套</td><td>在市场周边的商位不拥挤时，没有竞争性</td><td>无排他性</td></tr>
</table>

正是基于商贸平台的公共产品特征，法国、日本的政府已将部分的商贸平台（主要是农产品类交易平台）的建设纳入公益性事业之中，发挥政府在其建设、管理、投资等方面的作用。我国政府对农产品批发市场也有类似的规定："农产品批发市场是公共事业，以服务农业、农民和城乡消费者为宗旨。其设立及业务项目有各级政府规划确定，并提供支持。"①

3.1.4 地方政府与一些商贸平台型企业的"天然"联系

商贸平台对许多地方经济的发展有着重要作用，所提供的产品或服务具有很强的"公共产品"性质。因此，在我国改革开放后发展起来的部分商贸平台型企业与当地政府存在着"天然"联系。

一是在改革开放之前就与当地政府关系密切的商业企业，主要是当地城市商业系统内的百货公司，后经各地多轮改制，这些百货公司大多已经转变成为以商铺租赁、销售提成为主要经营手段的城市零售商，如大连友谊、武汉中商、广百股份等等。这些企业大多数位于北上广等一线大城市、省会城市或重要的计划单列市。目前，大部分企业仍在本地政府有管辖权的范围内开展经营活动，近年来，也有少部分这类企业开展跨地区的连锁化经营。

二是在改革开放后，由各地方政府工商部门兴办的专业市场，1993年后，部分这类专业市场被改制成股份公司。本书引例中的"商城公司"即是这类企业的代表。1983年，国务院发布了《城乡集市贸易管理办法》，明确了各地工商部门对当地专业市场的管理权，②但是该办法没有指出各地工商部门是否可以参与到各地专业市场的建设与经营中。因此，许多地方政府，主要是县、乡一级政府，在发展工业缺乏基础的条件下，为了繁荣地方经济而兴建了这类市场，当地工商部门负责建设并参与市场的日常运营。1993年，为规范市场管理秩序，国家工商行管局出台了《国家工商行管局关于商品交易市场登记管理暂行办法》（国家工商行

---

① 资料来源：农业部颁发的《农产品批发市场建设与管理指南（试行）》（农市办〔2004〕10号）第五条。

② 《城乡集市贸易管理办法》规定："城乡集市贸易行政管理的主管部门是工商行政管理机关"，"凡参加城乡集市贸易活动的单位和个人，均须遵守本办法的规定"，"上市商品要划行规市，参加集市活动的单位和个人，要到指定地点交易，不得在场外交易。"

管局令1993年第13号),要求作为市场主管部门的各地工商部门不得参与专业市场的投资建设与日常经营。[①] 随后,这类专业市场被改为国资的股份公司,除义乌外,柯桥中国轻纺城、海宁中国皮革城、路桥中国日用品商城等都是其中的典型代表。

三是由当地商户集体兴建的专业市场,但是在其发展的某一个阶段,地方政府对其持股,并参与到企业的重大决策中。

在上述商贸平台型企业中,地方政府往往是企业的控股股东,或者说是实际控制人,这就给地方政府直接参与商贸流通领域的经济活动提供了平台,其不仅可能通过各种补贴帮助商贸平台型企业,甚至还可以通过行政手段直接限制或打击当地企业的竞争对手。

3.1.5 地方政府对商贸平台型企业的扶持性政策

综上所述,地方政府对与本地的商贸平台型企业实施扶持性政策是十分自然的。在改革开放之初,这种扶持性政策主要体现在政府税收和市场秩序维护方面;近年来,这类地方性扶持政策更多地体现在了与稀缺商业用地资源相关的土地使用权转让和城市规划方面,以及促进商贸平台与当地制造业联动发展方面。

(1)平台内市场秩序的维护

一般而言,在规模较小且相对偏远的城市,地方政府这种本地化的政策倾斜就越明显。在改革开放之初,浙江的许多地方政府兴商的政策倾斜和直接参与商贸平台的组建,对商贸平台发展起到了加速作用。这是因为商贸平台的形成和发展,对增加地方政府的财政收入,启动和加快区域工业化和经济发展所起的作用是非常明显的。上述政策倾斜很大程度上体现在了当地的工商、税务、执法等行政部门对其的特别关照中:在平台内部,对外地商品和商户取消歧视性的差别;在税收方面,直接或以包税制方式间接地大幅度降低税率;在社会治安方面,通过重点保护为本地

---

① 《国家工商行管局关于商品交易市场登记管理暂行办法》规定:"市场登记管理机关是国家工商行政管理局及地方各级工商行政管理局。各级工商行政管理机关在同级人民政府的领导下,负责对各类市场的登记注册和监督管理","企业、事业单位、机关、社会团体以及城镇的居民委员会、乡村的村民委员会均可参与开办市场。"由此可见,各级工商行政管理局作为政府主管部门,被明确排除在了市场建设和运营主体之外。

平台上的交易活动提供安全保障；在监管和行政执法方面，对销售假冒伪劣商品等违法行为较为宽容，甚至有意进行保护；在信用保障方面，政府部门和市场中介组织充当三边规制结构中的仲裁者角色，为市场交易活动提供一种不是建立在地缘关系和血缘关系基础之上的信用保障；等等。在当时的社会发展背景和体制环境下，地方政府无法为整个社会市场交易活动营造一个较为理想的公平、自由和安全的体制环境，但是，在自身利益驱动下，地方政府往往在商贸平台内的小范围里提供制度性保护。对于这类制度落差优势，郑勇军(2003)将其形象地概括为“市场特区”，意指在地方政府的扶持下，商贸平台型企业所提供的经营环境较其他经营环境更优越，即单位商品的交易成本更低。

(2)获取土地及相关资源

进入20世纪90年代中后期，地方政府对商贸平台型企业的扶持开始更多体现在了优质土地资源的获取方面。现实经济中，商贸平台型企业大都属典型的土地密集型产业，土地供应量的多少和土地价格的高低直接决定了市场的发展潜力和建设成本。土地资源，特别是适合开展商贸活动的交通便利之地是高竞争性资源，又因为其地理位置的固定性而具有高排他性特征。对于这类物品，西方市场经济国家为追求经济效率多采用私有产权的形式。中国的土地制度是政治制度、社会组织制度和财产法律制度“三结合”的产物，在所有权上为国家或集体所有，但是由于使用权的分离(住宅用地的出让年限为70年，商业用地的出让年限为50年)，在较长的使用权出让年限内，中国的土地资源也表现出私人资源的特征。许多建设专业市场的土地属于集体所有，没有明晰的产权主体，从有利的方面看，这使征收过程中的阻力大大低于私有产权性质的土地，为地区经济发展赢得了城市化和工业化的时间，在地方政府支持下，国内许多商贸平台型企业从决策到动工，再到建成开业的时间跨度非常短；对土地征收的补偿价格主要由政府确定，从而降低了开发费用，即城市化和工业化的经济成本；土地征收后再次出让的“招拍挂”带来的巨大增值收益成为地方政府财政收入的重要来源，为城市经济发展，特别是基础设施建设提供了重要的财政支持。

从城市规划的角度看，城市核心区块的土地资源是高度的稀缺性资源，其单位面积的货币化价值会随着城市的发展而不断增加。因此，某些大城市中原国有商业系统内的商贸平台型企业完全可以凭借其在计划经济时代就已经占据的“黄金宝地”坐享城市化发展后的商业价值升值,以杭州最重要的零售商圈武林商圈为例,作为其组成核心的杭州大厦购物中心、杭州银泰购物广场和杭州百货大楼均为原杭州市国有商业系统的资产,其他城市核心商圈的情况也大抵如此。此外,大部分地方政府在考虑新城区发展规划时,也倾斜于将大型居住区周边配套的优质商业地块交由本地国有企业开发,除国企与政府的天然关联外,很多地方政府的“一把手”也担心将优质商业地块交由民营企业,会有涉嫌收受贿赂的嫌疑。虽然我国土地使用权的出让采取了“招拍挂”制度,但是一个公开的秘密是,对于某些政府扶持重点项目的用地,地方政府会通过严格限制土地拍卖参与人的条件,甚至约谈非中意参与人的方式,确保土地以较低价格被特定参与人竞得。

鉴于土地资源的使用具有高度的排他性,一旦某地大部分的优质商业地块都掌握在本地某家大型商贸平台型企业的手中,该企业显然会在该区域内形成很强的局部垄断势力;而且由于它们以远远低于实际市场成交价的价格获得了大量土地。因此,其在落实项目的建设方案时,只需将相应的土地资源用于抵押,便能很容易地从各类商业银行获得长期低息贷款。

(3)促进当地制造业与商贸平台型企业联动发展

在人类社会进入工业化时代之后,任何地方经济的发展主要依靠制造业和服务业的推动,且两大产业之间互为推动力量。亚当·斯密曾提出“分工受市场范围的限制”这一命题,即所谓的“斯密定理”,后来,经济学家杨格进一步论证了“分工的程度又决定着市场的范围”,即“杨格定理”。表面上看,两者似乎是一个逻辑上的循环论证,本质上,“斯—杨定理”的内在含义表明了分工的深化与市场的拓展是一个相互促进的过程。

从我国制造业集群的发展过程来看,在生产大量集中的专业化产业区内,往往会同时出现商贸活动的集中,其突出表现就是当地大型专业市场的出现。国内许多制造业产业集群发达的地区,都出现了专业市场与之共生共荣的现象,如广东古镇的灯具世行、广州花都的箱包市场、海宁中国皮革城、永康中国科技五金城等都与当地的制造业直接联系,这保证了它们的市场成交量、新品首发率、产品种类数、销售辐射面、价格话语权等在国内同类专业市场中的影响力。专业市场为当地制造业集群内的产品生产者和集群之外的产品需求者提供了开展交易必需的空间载体。同时,需求者的集聚,带来了关于各地需求市场的消费者偏好信息,以及产品的款式、色彩、质量、价格等信息。随着贸易在空间上的集聚,并落点于专业市场中,专业市场发展大大促进了支撑贸易的基础设施的投资扩张:贸易的集聚地由最初的马路市场逐渐发展到现在的大规模、现代化的专业市场,以及还有为专业市场配套而建的仓储、停车场、道路、供水设施、供电设备、饭店、宾馆等外围硬件设备。更重要的是,商贸平台发展后所引发的"大市场"效应,加速了当地制造领域的分工发展,提升了当地的经济发展水平。

因此,无论是从商贸平台本身发展带来的好处,还是其促进当地制造业集群发展所带来的好处,都会诱使地方政府对当地的商贸平台型企业采取政策倾斜。

3.2 转型期市场秩序与商贸平台型企业的发展

调整中的市场秩序是我国转型期的基本特征,也是我国商贸平台型企业发展的大环境,同时,商贸平台型企业既是这个市场秩序中游戏规则的遵循者,也是我国市场秩序建立和完善的推动力量。

3.2.1 市场秩序的概念与内涵

旧制度经济学的代表人康芒斯(1962)认为,秩序是"一切经济学家用确定性这个名义所假定的那种有规则的预期,我们为了目前的用途,简单地叫它秩序"。新制度经济学的代表人诺斯(2008)认为,秩序是"一个社会的博弈规则,或者更规范地说,它们是一些人为设计的、形塑人们互动关系的约束,从而秩序构造了人们在政治、经济或社会领域里交换的激励"。在马克思的理论框架中,市场秩序实质上是价值规律的作用机制(洪银兴,2005),市场秩序的作用是在实现利益和谐的基础上,尽可能地创造并实现社会整体利益和个体利益的最大化(纪宝成,2004)。由此可见,秩序存在的重要目的在于消除不确定性,而市场秩序的意义则在于尽可能地消除交易过程中的不确定性因素,从而降低整个社会中市场经济价值规律发挥作用的运行成本。

显然,市场秩序是建设现代市场经济的重要内容,但市场秩序的建立和完善不可能是"一蹴而就"的。从亚当·斯密到哈耶克,他们都强调市场秩序的建立必须是一个自然形成的过程。市场秩序形成于动态的竞争过程。亚当·斯密(1776)认为,市场秩序是由人的本能冲动(理性经济人)构筑的一种自我调节的自发秩序;哈耶克(1968)认为,应该把它视为一个发现事实的过程,因为我们事先并不知道那些决定着竞争者行动的事实,而不诉诸这种过程,这些事实就不会为人所知或利用。因此,建立市场秩序的基本途径就是促进竞争,只要竞争是充分的,那么市场秩序就会自然形成。但是,凯恩斯、诺斯(2008)等学者对上述观点提出了批判性观点,他们认为,除了自发秩序外,政府可以在市场秩序形成和完善的过程中发挥作用。改革开放以来,我国的许多地方政府就在这方面发挥了积极作用。

需要强调的是,市场秩序的形成是一个过程,如果仅仅靠自发形成,则需要相当长的时间,其间会遇到一系列的制度摩擦,造成市场秩序的混乱。西方市场经济发达国家的发展历史表明:一个区域内的市场发育水平越低,其市场秩序就越混乱,各种假冒伪劣、偷税漏税、恶性竞争等行为就越有可能发生。只有随着良好市场经济秩序的建立,商品交易的过程才能逐步走向规范有序。

从市场经济发达国家的市场秩序看,其内涵是由一系列规则所构成的,至少包括以下内容:产权规则,对市场主体由物的使用所引起的相互认可的行为关系进行条件与保护的一系列规则;契约规则,明确了契约主体资格、契约权责内容和履约机制的各市场主体之间的一系列规则;竞争规则,维护各市场主体之间的平等交换、公平竞争关系的规则的总和。

现阶段市场经济发达国家的市场秩序问题,大多是"市场失灵"的原因所造成。比如,自然垄断、外部性、公共产品等,这些问题的解决从机理上而言,只能通过政府的介入加以解决。但是,我国改革开放后,特别是1992 年开始实行市场经济改革之后所面临的市场秩序问题,则主要是市场内部的基本秩序问题,突出表现在市场主体混乱、市场交易行为混乱、市场管理混乱和市场理念混乱等方面。因此,在我国转型期出现的市场秩序混乱现象并不是对已有的市场秩序的破坏，而是市场秩序还没有建立。(洪银兴，2005)我国商贸平台型企业正是在这样一个经济转型时期——我国市场秩序不断完善的过程中成长起来的企业。

3.2.2 我国市场秩序的建立完善与商贸平台型企业的发展

改革开放以来，我国市场秩序就处在不断变化发展的进程中，到目前为止，我国市场秩序建设主要由三部分内容构成：非正式制度变迁、正式制度构建和统一、开放的大国市场环境的形成。当然，交通基础设施的进步、现代通信技术的发展等硬环境的改变，也对我国市场秩序的建立和完善起到了正面的促进作用。

(1)非正式制度变迁：我国商贸平台型企业发展的基础环境

非正式制度变迁是指人类在长期交往中形成的价值观念、伦理规范、道德观念、风俗习惯、意识形态等方面的总和，其中意识形态占主导地位。非正式制度渗透在社会生活的各个方面，并对人们的行为进行着有效的规定，它不仅是正式制度得以确立的"习俗"基础，也是正式制度发挥作用的必要条件。

从先秦的"重商"到后秦的"抑商"，中国传统社会文化的主基调是"崇本抑末""重义轻利"[①]和"平均主义"[②]。据此，中国封建社会产生"轻重论"之说，其核心思想是要求政府对商业活动采取限制政策。抑商思想之所以能沿袭几千年，是因为商业的存在和发展对封建社会的经济基础和上层建筑的冲击。从这个意义上说，抑商实质上是封建统治阶级维护其自身统治的工具。但是也要注意到，我国古代沿海地区对待商业的态度与儒家传统的"重农抑商"思想有着较大区别，如浙江在唐宋时期已有商船出海贸易，古书记载："唐宋市舶，遥达海外。"明清时期出现了主张"通

---

① "崇本抑末"亦称"重农抑商"，始于春秋，基本完备于汉。这一思想的宗旨是重视农业，以农业为立国之本，而对工商业以有害的"末业"加以限制。"崇本抑末"作为一种经济思想文化，先后经管仲、商鞅至韩非，成为一种较为完整的思想体系。"义"和"利"本来是统一的，但春秋末的儒家代表孔子却把两者对立起来，战国时的孟子更提出"仁义而已矣，何必曰利"(参阅《孟子·梁惠王上》)。西汉董仲舒进一步发展了孔、孟的"义利观"，认为："正其谊不谋其利，明其道不计其功。"(参阅《汉书·董仲舒传》)

② 平均主义是手工业和小农经济的产物，该思想要求平均享有社会一切财富。

商惠工"、反对"重农抑末"的浙东学派文化,并在近代历史上产生了著名的龙游商帮和宁波商帮。非正式制度一旦形成,就会长期延续下去,其变迁速度非常缓慢,即使正式制度已经发生了变迁,非正式制度的某些因子也会保持下来形成一种制度惯性。农村集市是新中国成立之前,我国千百年来民间传统商业活动的主要形式和载体。在改革开放后,当民间商业活动不再被禁止,商贸平台型企业的雏形——各类农村集贸市场便迅速在广东、福建、浙江等沿海省份大量涌现,甚至"货担郎"这种古老的游商也重新开始走街串巷,唤醒了人们对传统商业习俗的记忆。时至今日,各类传统的商业基因在现代化的城市商城、网络交易平台上依然处处可见并发挥着作用。

即使在西方市场经济发达国家,商业领域的非正式制度仍然广泛存在并调节着商人活动的行为规则。凡是在长期中形成的东西,在短时期内都是难以消除的,可以预见,在许多年内,大量传统的商业习俗依然将对我国商贸平台型企业及在其之上经商的各类商户产生影响。与此同时,我国还需加强与现代市场经济相适应的非正式制度建设,重点培养契约与信用意识、市场经济精神,加强市场道德建设,促进市场交易从关系经济向契约经济的转型。

(2)正式制度的构建:我国商贸平台型企业运行的轨道

如果说市场秩序中的非正式制度强调的是"自律",那么正式制度则凸显了"他律"的重要性。正式制度的构建主要由各种法规、政策构成。随着我国各项社会主义法规的不断完善,目前已经形成了以《反垄断法》《反不正当竞争法》《价格法》等法律作为主体的市场秩序法律体系,商贸平台型企业的活动也越来越有法可依、有章可循。

1980 年,国务院发布了《关于开展和保护社会主义竞争的暂行规定》,这是我国关于维护市场竞争秩序最早的行政性法规。该法规首次提到反行政垄断的任务,对开展和保护社会主义竞争的必要性、打破地区封锁和行业垄断、采取合法手段进行竞争等问题做了原则性的规定。

1987 年,国务院颁布了《价格管理条例》,认定"企业之间或者行业组织商定垄断价格的行为"是违法行为。

1993 年《反不正当竞争法》施行后,国家工商管理局制定了《关于禁止仿冒知名商品特有的名称、包装、装潢的不正当竞争行为的若干规定》

《关于禁止侵犯商业秘密行为的若干规定》《关于禁止商业贿赂行为的若干规定》《关于禁止串通招标投标行为的暂行规定》等六部法规,对市场竞争中企业的不正当行为做出了明令禁止。

1993 年 10 月颁布的《中华人民共和国消费者权益保护法》,明确了消费者在市场交易活动中所享有的合法权益,经营者为消费者提供其生产、销售的商品或者提供服务所必需遵守的法律规定。

1997 年 12 月颁布的《中华人民共和国价格法》,明确了经营者进行价格活动的权利和义务,并详细规定了八种不正当价格行为。

1999 年 3 月颁布的《中华人民共和国合同法》,进一步有效保障了市场经济活动中,合同当事人的合法权益。

2002 年,国务院颁布了《商标法实施条例》。其中,对商贸平台型企业中部分商户侵犯注册商标专用权的行为做出了法律层面的规范。

2003 年,发改委发布了《制止价格垄断行为暂行规定》,对经营者操纵市场价格、滥用市场支配地位的价格垄断行为做了具体规定。2008 年 8 月 1 日,《反垄断法》正式开始实施。这两者共同对处于强势地位的商贸平台型企业滥用垄断势力的相关行为做出了规范。

上述各项法律法规,与国家宏观经济政策、商贸流通业的产业政策等共同构成了对我国商贸平台型企业,以及商贸平台上各类商户具有硬约束力的正式制度环境。

(3)统一、开放的大国市场环境的形成:我国商贸平台型企业竞争力的来源

商贸平台型企业的竞争优势主要建立在规模经济和范围经济的基础上。[①] 我国作为一个幅员辽阔、人口众多的大国经济体,统一的大国市场本应成为我国经济发展的重要优势,但是由于市场分割,主要包括地区分割和城乡分割,我国在打破计划经济体制后的较长一段时期内,统一的全国性市场并没有建立起来,许多垄断现象是属于计划经济时期预留下来的政府行政垄断,竞争性的全国市场实际上在许多领域没有形成。在 1993 年《反不正当竞争法》施行后,国务院出台了《关于禁止在市场经济活动中实行地方封锁的规定》,旨在抑制和打破当时的地方主义;2001 年

---

① 相关论述见本研究第 4 章第 1 节。

在中国加入世贸组织前夕,国务院又出台了《关于整顿和规范市场经济秩序的决定》和《关于禁止在市场经济活动中实行地区封锁的规定》,它们都对滥用行政权力限制竞争行为做出了限制,上述法律法规为我国商贸平台型企业跨地区发展创造了有利的法律和政策环境。

统一市场的形成是一个逐步推进的过程,一般首先是在经济发展程度接近、商业文化习俗类似的相邻区域形成一个较大范围内的统一市场。在此基础上,各大区域市场层层扩张,相互辐射和渗透,最终形成覆盖全国的统一市场。在此过程中,不仅需要中央政府协调、地方政府消除"诸侯心态",更需要大量作为微观经济主体的企业积极参与,以市场为导向,跨区域发展。近十年来,以跨地区连锁经营为特征的商贸平台型企业不断涌现和壮大,主要有连锁大型超市、连锁专业电器卖场两类,它们不仅在全国各大主要城市开设标准化门店,甚至深入到三、四级城市和农村市场[①],有力地推动了国内统一市场的形成。

1992年7月,国务院颁布《关于商业零售领域利用外资问题的批复》,我国商贸流通领域开始对外资有条件、有限制地放开。2001年12月11日,我国正式加入WTO,按照中国加入WTO后3年内开放商业零售市场的承诺,从2004年12月11日开始我国取消对外商投资商业企业在地域、股权、数量和设立方式等方面的限制,流通业整体全面对外资开放。全面对外开放后,一方面,商贸平台型企业开始面临跨国商贸巨头更严峻的挑战[②];另一方面,也为其进入国际市场提供了必要条件。内外贸一体化的基础是建立国际国内统一的市场秩序,其中与建立完善市场秩序相关的原则主要包括非歧视原则、贸易自由化原则、公平贸易原则与透明度原则四项。从长远看,只有遵循国际市场秩序,在更广阔、更开放的市场环境中竞争,我国商贸平台型企业才能在管理、技术应用等硬实力层面提升竞争力。

---

① 根据全国连锁行业协会公布的资料,我国连锁行业百强企业的门店总数从2000年的8 408个增至2007年的105 191个,年均增加近13 826个门店。

② 根据2011年《中国统计年鉴》,2010年限额以上零售业企业中,外商投资企业共836个,商品销售额4 543.8亿元,资产总计2 071.6亿元,主营业务收入3 724.9亿元,主营业务利润543.2亿元,主营业务利润率14.58%。其中,沃尔玛、家乐福、麦德龙、伊藤洋华堂、万客隆等跨国零售巨头都已基本完成在国内各主要市场的布点。

3.2.3 商贸平台型企业对我国市场秩序建立的作用

与俄罗斯和东欧的“休克式”经济转轨不同，在我国“渐进式”的经济转轨时期，各级政府既是新市场秩序建立的推动者，同时也是旧秩序中的制度供给者，为了维护既得利益很有可能阻碍新市场秩序的建立。因此，各级政府在建立良好市场秩序的过程中，往往面临着两难的处境：政府一方面要利用自己作为国民公共利益代表的权威性，履行市场秩序的完善、监管与维护职能；另一方面，还要适时调整政府与市场行为的边界，在价格机制能有效发挥作用的领域主动退出，减少行政干预，不“与民争利”。处理好两者间的矛盾关系，是我国转型期建立、完善市场秩序的难点也是关键。因此，需要某种介于政府与私人企业之间的特殊组织形式对某些领域“模糊处理”——在尽量减少对经济活动直接干预的条件下，降低市场经济中由于“不确定”导致的摩擦成本。

为什么商贸平台能取得成功，对各类商户和采购者有着如此巨大的吸引力呢？这是因为与平台之外的交易活动相比，在平台上开展的交易活动能显著降低其交易成本。商贸平台型企业作为一种交易制度的提供者，向市场提供了某种“技术保护”，降低了不确定性，促使潜在的交易需求被释放出来。罗纳德·海纳(1983)指出，不确定性是各种可预测性行为的根源，由于存在“C-D之差”——个体能力与所决策问题的难度之间的差距，人们便会去构造某些规则以限制选择的灵活性，从而把选择引致更小的行动集，这种规则就是“制度”。在现实中，当某种制度创新被续存下来，成为具有广泛性的制度安排时，就说明这项制度安排能够有效减少交易过程中的“不确定性因素”，节约交易成本。商贸平台之上的繁荣，表明它是一项能有效降低商品在流通环节中交易费用的制度安排。诺斯(2008)延续了罗纳德·海纳的研究思路，提出了事关“制度创新”的一个本质问题：谁制定了规则，规则为谁制定及它们的目标是什么？并给出了答案：人类通过不断的制度创新以消除种种不确定性，从而促进市场交易成本的不断降低及与之相关的社会福利的不断增加。根据福利经济学的观点，当交易成本为零时，“帕累托最优”是可以实现的，显然在其他条件不改变的情况下，不确定性越少，交易成本越低，社会福利越高。

为了进一步研究制度变迁是如何减少不确定性的，诺斯由浅及深地从五个层次分解"不确定性"的概念。第一层:给定现有的知识存量,可以通过增加信息的方式来减少的"不确定性"。第二层:在现有的制度框架中,可以通过提高知识存量的方式减少的"不确定性"。第三层:只有通过改变制度框架才能减少的"不确定性"。第四层:只有通过重构人们的"信念"才能创造条件而减少的"不确定性"。第五层:为那些人类至今无法解释的"非理性"信念提供佐证基础的"不确定性"。

从商贸平台在市场经济中的实际表现看,其至少在前三个层次有效降低了市场运行中的"不确定性",甚至在事关民族共同"信念"的第四层次也有所影响。

首先,从第一层看,商贸平台内部,大量进入者在平台上集中并开展具有高度"外部性"(Externalities)的活动(主要包括搜寻商品信息、商品交易、获取行业信息等)。因此,对单个进入者而言,他在平台内开展商贸活动相较他在平台以外的市场中开展活动,可以更迅速更广泛地"增加信息",从而提升作为个体的每个平台进入者——商户的"知识存量",这当然有利于他们做出更接近"理性人"的选择,促使社会整体的交易效率向着"帕累托最优"接近。

其次,从第二层看,商贸平台内部的激烈竞争加速了社会整体"知识存量"的增加进程。福利经济学的理论基石是竞争性的市场环境能实现"帕累托最优"。大量同类产品或服务集聚于平台企业所提供的开放式环境(可能是实体形式的场馆,也可能是虚拟的电子商务平台),迫使平台内已有的产品或服务的提供者——商户必须要不断开展产品创新、功能创新、服务创新、外观创新、工艺创新等活动,才能更好地适应需求者以赢得竞争。在此过程中,平台内"知识存量"的增加还具备循环形式的自我强化特征,随着各种创新活动的不断涌现,更多的需求者被吸引到这个平台上来开展购买活动,这又吸引了更多的提供者来到这个平台上参与激烈的产品和服务的竞争,从而进一步刺激了平台上的创新活动并最终加速"知识存量"的提升过程。

再次,从第三层看,商贸平台的发展促进了当地经济体制的市场化改革。为以价格自由浮动为供需调节信号的流通制度安排显然改变了原有计划经济下的商品流通格局。因为最初的商贸平台作为由当地政府主管部门兴办的国有企业,大大减少了各类平台进入者——商户的心理顾虑,他们更愿意到这类有着“官方背景”的平台中开展各种市场交易。对地方政府而言,在商贸平台型企业的范围内率先形成“市场特区”也符合我国政府“摸着石头过河”的市场化改革需要,这种在政治大体制不变情况下的流通制度突破,既增强了“商品流通”的供需灵活性,又消除了流通渠道变革过程中政治风险方面的不确定性因素。

最后,从第四层看,商贸平台在我国这片古老土地上的蓬勃发展至少在一定程度上改变了普通民众关于“权力集中”的信念。在此,虽然无意扩大以义乌小商品市场为代表的商贸平台对中国近三十多年来社会经济变迁之影响力,但不可否认,发展市场经济所需的社会信念基础是建立在“权力分散”上,至少是“经济权力分散”的基础之上的。一个清楚的事实是,当商贸平台内及商贸平台之间以价格为主要竞争形式的种种博弈过程,渗透到老百姓工作生活的方方面面时,经济活动中千百年来所强调的以社会地位关系为纽带的“人格化交易”,已经逐渐被以经济地位关系为纽带的“非人格化交易”所取代。

亚当·斯密曾说过:“在人类社会的大棋盘上,每个个体都有其自身的行动规律,其和立法者试图施加的规则不是一回事。如果它们能够相互一致,按同一方向作用,人类社会的博弈就会如行云流水,结局圆满,但如果两者相互抵触,那么博弈的结果将苦不堪言,社会在任何时候都会陷入高度的混乱之中。”商贸平台型企业作为一项制度安排,它与市场交易各方的基本利益诉求相一致,这有效消除了交易的不确定性,降低了市场交易的成本,在我国经济由计划经济向市场经济转轨的过程中发挥了重要作用。

3.2.4 一个案例:我国“零供”市场秩序走向规范的过程

“零供”市场处在流通领域内的批发环节,是指以制造企业、区域经销商、代理商等为主的产品供应商(即商户),与以城市百货、连锁超市、连锁家电卖场为主的产品零售企业之间的市场。其中,后者是我国商贸平台型企业的典型代表。在短缺经济时期,供应商与零售企业之间的主要矛盾是商品供应量少与需求量多,因此供应商处于强势地位。近年来,随着生产的发展,商品丰富,批零一体化经营,部分强势零售企业与供应商之间出现了争利关系。双方为了各自的利益在业务交往过程中产生了一系列纷争,并一度出现了较为混乱的市场秩序。但是随着各级政府部门、行业协会等力量的介入,以及“零供”双方的共同努力,我国“零供”市场秩序正逐渐走向规范,具体过程如表 3-2 所示。

表 3-2　我国“零供”市场秩序走向规范的过程

时间	行动主体	具体内容
2001 年之前	供应商	许多供应商多次就连锁超市的进场费问题向有关部门投诉,逐渐引起社会上对零供关系与进场费问题的广泛关注
2001 年	地方政府	上海市商业委员会(现改为“上海市商务委”)及市领导专门组织连锁公司召开了“规范企业行为,发展连锁经营”座谈会
2001 年 9 月	行业协会	上海连锁商业协会向全市连锁超市、大型综合超市、便利店企业发出了十点倡议,要求规范连锁公司采购行为及收费标准
2002 年	地方政府	温州工商部门就以《反不正当竞争法》为依据,将当地四家超市在 2001 年 1 月到 2002 年 8 月期间向 60 多家供应商收取的 235 万元费用视为“商业贿赂”
2002 年 9 月	地方政府	上海市商业委员会(现改为“上海市商务委”)、上海市工商行政管理局发布了《关于规范超市收费的意见》(沪商委〔2002〕210 号),同时上述两部门共同推荐了《超市收费合同示范文本》。该示范文本列举了新品进场费、特殊上架费、促销广告费和返佣(利)四项项目费用
2002 年 11 月	“零售企业”的行业协会组织	在中国连锁经营协会举办的第四届连锁业大会上,作为供货商的宝洁(中国)有限公司客户业务发展部副总监翟锋认为,工商分属不同领域,是友非敌,合作是双向的,在以利润为本的基础上,两者完全可以做到强强联合 上海光明乳业股份有限公司保鲜事业部总经理周振翔则表示,超市的“压榨”推动了生产厂家降低成本,提高效率,能使企业更好更快地发展 零售商代表陈述了零售商收取一定费用的合理性后,对论坛做了一个“结论”,那就是要不要收费的问题无须讨论,而怎么收费及如何规范收费的问题应该继续讨论 这次会议可被视为连锁超市、卖场企业为维护其利益的会议

续 表

时间	行动主体	具体内容
2003年6月	供应商行业协会	上海炒货行业协会旗下12家会员单位联合行动，采取“暂停供货、暂停签约”的办法来抗衡家乐福收取进场费的行为。但这一事件并没有改变零供关系的格局，也不可能改变
2004年8月	供应商联盟	8家厨卫电器供货商组成“反苏联盟”，集体向苏宁电器福州店拒付没有事先告知就擅自摊派的促销费用。其后有报道称，苏宁电器依托自身强大的实力和影响力，以谈判、分化、离间等手段最终成功瓦解了“反苏联盟”，并顺势发动攻势
2004年初	中央政府	国家税务总局《关于商业企业向货物供应方收取的部分费用征收流转税问题的通知》（国税发〔2004〕136号），此规定从当年7月1日开始执行，表明政府从税法上确认了进场费的合法性
2004年5月	个体零售企业的突发性事件	出现了普马（普尔斯马特超市）长沙分店抢货事件。成立于1997年、拥有40多家店铺、年销售额达40亿元的连锁超市公司，欠债20多亿元后因资金链断裂而一夜毙命，广大供货商成为直接受害者。这就是震惊全国的“普马事件”
2004年11月	中央政府	商务部专门成立了调查小组，开始实施制订进场费具体细则的计划
2005年8月	“零售企业”的协会（背后其实代表了中央有关部门的意见）	部分大型零售企业收到了一份来自中国连锁经营协会的电子邮件，要求对《零售商与供应商进货交易管理办法（征求意见稿）》提出意见 供应商对此欢欣鼓舞，但担心无法落到实处；零售商感到这是一个缺乏公平与公正的办法 专家学者态度暧昧，既认同进场费的合理性，但也对某些大型连锁企业乱收进场费的行为提出批评意见
2006年4月14日	地方政府	浙江省工商局对外公布了“商业贿赂十大案例”，苏宁电器以赞助费、返利款、促销费和场地费等名义，向两家供应商收取费用，被判定已构成收受商业贿赂的事实
2006年10月	中央政府	商务部网站上公布了《零售商与供应商进货交易管理办法（征求意见稿）》。这个征求意见稿显露出明显的单方面保护供应商利益、限制零售商利益的倾向
2006年10月	中央政府	2006年10月12日，商务部、发改委、公安部、税务总局、工商总局联合发布了《办法》，自2006年11月15日起施行

续　表

时间	行动主体	具体内容
2006年10月后	零售企业	《办法》对连锁超市、卖场等商贸平台型企业的行为产生了重要影响,主要表现在三个方面: ①规范了合同文本,使收费更公开、明示与约定 ②大部分连锁企业主动取消了《办法》所规定的禁止收费项目,如续签合同费、店铺改造装修费、店庆费、新店开业费等 ③将合同约定的最长付款期调整为《办法》规定的60天
2006年	行业协会	中国连锁经营协会组织起草了《零供购销合同范本》,这也是一个非强制性的示范文本

资料来源:笔者根据相关新闻报道资料自行整理

由表3-2可见,我国"零供"市场秩序走向规范是一个渐进的过程。首先必须认识到,我国正式提出建设社会主义市场经济是在1992年,"零供"市场属于我国经济领域的全新内容,该市场中并无已有的商业惯例可循。"零供"市场秩序混乱的局面最先出现在我国市场经济较为发达的上海、浙江等地区,部分利益受到损害的供应商率先向当地的工商部门提起申诉,上海的政府部门对有关零售企业进行了"约谈",而浙江的政府部门则利用已有的法律法规,对涉嫌不正当竞争的有关零售企业进行了处罚。然而处于强势地位的零售企业,一方面对供应商联盟进行打压、瓦解,另一方面在行业协会的组织下,通过各种渠道,强调其收取进场费行为的合理性,甚至中央税务部门的法规也从税法上间接明确了进场费的合法地位。但是,这并没有从根本上扭转"零供"市场秩序的混乱局面,"零供冲突"反而有愈演愈烈之势,于是中央政府开始专门对相关问题展开研究,对相关领域进行全面调查。在全面摸底调研的基础上,2006年10月在直接主管部门商务部的牵头下,联合发改委、公安部、税务总局、工商总局等中央部门发布了《办法》。至此,我国"零供"市场首次有了专门的法规对其秩序进行规范。

规范市场秩序的目的不是打压市场中的某一方,而是整个市场的长久繁荣。在上述"零供"市场秩序规范的过程中,表面上看,零售企业的盈利会受一定的影响,但事实上,与此同时,中央政府对相关行业出台了一系列扶持性政策,如2005年8月国务院发布《国务院关于促进流通业发展的若干意见》,提出了要推进国有流通企业改组改制,加快培育大型流通企业集团,推进连锁经营快速发展,鼓励发展物流配送中心等。从2000年到2007年,全国连锁行业百强的销售总额从980亿元增至10 022亿元,百强企业零售总额占社会商品零售额的比例从2.9%提高到11.2%。由此可见,在我国"零供"市场秩序不断规范的过程中,零售企业的发展得到了保障,其市场势力进一步增强。

3.3 转型期产业集群与商贸平台型企业的研究[①]

本章前两部分的研究,分析了商贸平台型企业宏观发展环境的两大主要因素:地方政府因素与市场秩序因素。其中,前者与我国商贸平台型企业的最初形成,以及当前的公司治理密切相关;后者与我国商贸平台型企业的长远发展密切相关。由于我国现行的政治经济体制,在今后的很长一段时期内,地方政府仍将在我国商贸平台型企业的公司治理中发挥重要作用;同时,随着我国改革向"深水区"迈进,国内市场秩序将会日益完善。下文通过模型分析在我国市场秩序不断完善的大背景下,商贸平台与当地产业集群之间的关联性,以及这种关联性对地方政府政策制定的影响。

3.3.1 模型的背景

改革开放三十多年来,在浙江的义乌、柯桥、海宁等地涌现出一批辐射全国乃至全球的商贸平台。这些市场的成交量、新品首发率、产品种类数、销售辐射面、价格话语权等指标在国内乃至世界商贸交易市场中名列前茅。比较当前浙江不同区域的经济发展水平,我们发现这样一个事实:但凡出现了有影响力的大型商贸平台型企业的地区,即为服务业较为发达的地区,其各项经济发展指标均较为靠前。这是因为商贸业是服务业的基础,通过商贸平台所汇聚的巨大商流、资金流、物流、人流、信息流为当地金融业、物流业、餐饮服务业,乃至研发设计业都带来了广阔的发展

---

① 本部分内容已经发表在《商业经济与管理》2010年第7期。

空间。与之相关的一个显著现象是,每一个专业市场型商贸平台发展的背后往往都有一个强大的制造业产业集群与其共同成长。柯桥中国轻纺城有萧绍地区的化纤产业和纺织产业两大产业为其支撑,永康中国科技五金城的发展也是建立在永武缙地区千亿级五金产业集群的基础之上,义乌中国小商品市场的繁荣则直接催生了义乌及其周边地区的饰品、玩具、袜业、衬衫等轻工产业园区的快速发展。可以说,"工贸联动"——产业集群与商贸平台的互动发展,是以"块状经济"为特色的浙江产业发展的基本特征与主要优势。前者在生产领域形成规模经济效益,获得制造成本优势;而后者在贸易领域形成规模经济效益,获得交易成本优势。

迈克尔·波特(1990)认为,具有竞争优势的产业在空间上表现出集聚的特征。笔者认为,"集聚"既包括作为生产基地的产业集群所引致的制造业集聚,也包括作为商贸平台的产业集群所引致的服务业集聚。那么对于一个地方经济而言,究竟是商贸平台本身的交易效率更重要,还是商贸平台所服务的对象——产业集群的制造成本更重要呢?抑或是两者同样重要,只是在不同的发展时期,两者重要性有所差异。以下通过构建一个包含了两个地区的商贸平台和产业集群的模型对这一问题展开分析。

笔者在模型中引入一个重要概念——运输成本。地理经济学家认为,由空间因素产生的成本包含两部分内容:一是因纯粹地理上的运输费用而产生的成本;二是源于不同地区之间的制度、文化差异而产生的成本。"所有这些都涉及随着距离而增加的成本……这种成本既可能是空间距离,也可能是政治文化或社会距离。"(S. 布雷克曼、H. 盖瑞森、C. 范·马克惠克,2004)本书使用"运输成本"统称由这两类"距离"所产生的成本。因此,在模型中用"运输成本下降"来概括我国改革开放以来市场秩序建设和完善所带来的转变:"地方保护"倾向的日益趋缓,交通基础设施建设的快速发展,数字通信技术的日新月异,各种统一标准的出台和完善等等。

3.3.2 模型的构建

本书的模型将商贸平台内单位商品的交易成本与区域之间的运输成本相分离,分别用 AC 和 W 表示。由于历史因素的影响,不同商贸平台内的交易效率有高低之分。为简化研究，模型不考虑生产要素的转移和制造部门的规模经济问题。

（1）研究条件

在模型中有两个地区，分别记为地区 i，$i=1,2$。每个地区都有一个商贸平台，M_i 表示地区 i 的商贸平台，两个市场上的供给和需求分别来自制造商和采购商。对模型的研究条件做如下假设：

在 M_1 和 M_2 中交易的是同一种商品①，且这两种商品可以在两个地区之间流动，但是存在运输成本；M_1 和 M_2 的潜在市场容量相近，且都是完全竞争市场；生产要素在两个地区之间无法流动，因此制造商本身无法转移；不考虑技术进步的作用。

模型中包含如下变量：

SC_i 表示地区 i 所生产的包含了制造商正常利润的产品生产价格，反映当地制造业的效率，$SC_i>0$。

W 表示两地之间的单位商品运输成本，反映区域之间的经济融合程度，$W>0$。

AC_i 表示 M_i 的单位交易成本，反映专业市场的交易效率，$AC_i>0$。

P_i 表示在 M_i 中商品的成交价格，商品的成交价格由商品的生产价格、交易成本和两地间的运输成本组成。

S_i 和 D_i 分别表示 M_i 中商品的供给量和需求量。

（2）制造商行为

用 R_{mn} 表示地区 m 的制造商前往地区 n 销售产品所得的收益，那么可以将地区 1 的制造商前往地区 2 的 M_2 市场销售产品的收益表示为：

$$R_{12}=P_2-AC_2-W \tag{3-1}$$

地区 1 的制造商在通过本地的 M_1 市场销售产品所得收益表示为：

$$R_{11}=P_1-AC_1 \tag{3-2}$$

又因为商贸平台内是完全竞争的，制造商没有垄断利润，可得：

$$P_1=AC_1+SC_1 \tag{3-3}$$

---

① 需要说明的是，现实中专业市场内交易的商品品种十分丰富，如义乌小商品市场中销售的产品就多达几十余万种。本文主要研究两个专业市场之间的竞争关系，故只讨论一种商品交易集聚的情况，以简化分析过程。

将式(3-3)代入式(3-2)可得：

$$R_{11}=SC_1 \tag{3-4}$$

同理，对于地区 2 的制造商，存在如下等式：

$$R_{21}=P_1-AC_1-W,R_{11}=P_1-AC_1,P_2=AC_2+SC_2,R_{22}=SC_2$$

显然，$R_{12}>R_{11}$，是地区 1 的制造商将愿意前往 M_2 销售产品的充分必要条件。结合上述等式得：$R_{12}>R_{11}\Leftrightarrow AC_2+SC_2-AC_2-W>SC_1\Leftrightarrow W<SC_2-SC_1$。

所以地区 1 的制造商愿意前往 M_2 销售产品的充分必要条件可以表示为：

$$W<SC_2-SC_1 \tag{3-5}$$

同理，地区 2 的制造商愿意前往 M_1 销售产品的充分必要条件可以表示为：

$$W<SC_1-SC_2 \tag{3-6}$$

显然，不等式(3-5)和式(3-6)给出的条件是相悖的。由此可知，两地间制造商的流动方向是单向的。不难看出，制造商的行为取决于两个地区生产成本方面的差异。区域经济学家对此的表述是，“对于运输问题的每个最优解，空间 S 上任何两个不同的区位间商品运输至多有一个方向。换言之，交叉运输总是无效率的”。(彼得 · 尼茨坎普，2001)

(3)采购商行为

用 C_{mn} 表示地区 m 的采购商前往地区 n 销售产品所支付的成本，那么地区 1 的采购商前往地区 2 的 M_2 市场上购买产品所支付成本可以表示为：

$$C_{12}=P_2+W \tag{3-7}$$

由于假设了集贸式市场组织内的市场是完全竞争的，采购商在本地市场上购买商品所支付的成本等于当地市场价格：

$$C_{11}=P_1 \tag{3-8}$$

显然，$C_{12}<C_{11}$ 是地区 1 的采购商愿意前往 M_2 购买产品的充分必要条件。结合上述等式可得：$C_{12}<C_{11}\Leftrightarrow P_2+W<P_1\Leftrightarrow W<(AC_1-AC_2)+(SC_1-SC_2)$。

因此，地区 1 的采购商将愿意前往 M_2 购买产品的充分必要条件可以表示为：

$$W<(AC_1-AC_2)+(SC_1-SC_2) \quad (3\text{-}9)$$

同理,地区 2 的采购商愿意前往 M_1 购买产品的充分必要条件可以表示为:

$$W<(AC_2-AC_1)+(SC_2-SC_1) \quad (3\text{-}10)$$

显然,不等式(3-9)和式(3-10)给出的条件也是相悖的。由此可知,两地间采购商的流动方向是单向的。不难看出,采购商的行为由两地间生产成本的差异和交易成本的差异共同决定。

3.3.3 模型的均衡分析

每个地区内的商贸平台 M_i 达到均衡的条件是存在某个价格使得供给和需求相等,即 $S_i=D_i$。以下笔者围绕地区 1 的商贸平台 M_1,分析两地市场在交易成本 AC_1,AC_2 不变的情况下,随着两地间经济融合度的提高(运输成本 W 由高到低),地区 1、地区 2 制造商和采购商的不同行为,以及他们的行为对两个商贸平台的交易量所产生的影响,进而判断交易集聚的方向。假设由于某些偶然原因,M_1 的交易成本较低,即$AC_1<AC_2$。

(1)地区 1 的制造商在生产方面具有成本优势

如题可知:$SC_1<SC_2$,又因为 $AC_1<AC_2$,所以 $(AC_2-AC_1)+(SC_2-SC_1)>SC_2-SC_1$。

①当 $W>(AC_2-AC_1)+(SC_2-SC_1)$ 时,显然有 $W>SC_2-SC_1$,虽然地区 1 生产方面有优势且市场 M_1 的成本较低,但是由于运输成本太高,地区 1 的制造商不会前往地区 2 的 M_2 市场上销售商品,而地区 2 的采购商也不会来 M_1 购买商品。此时,两地交易量之间的流动被运输成本所隔绝,两地市场都处于均衡状态。

②当 $SC_2-SC_1<W<(AC_2-AC_1)+(SC_2-SC_1)$ 时,由于运输成本大于两地的生产成本之差,地区 1 的制造商不会向地区 2 销售商品,但是由于地区 1 比地区 2 在生产和交易方面都更具有效率,足以抵消较高的运输成本,因此地区 2 的采购商会前往地区 1 的 M_1 市场采购商品。此时,两地的市场是不均衡的,地区 2 的需求将向地区 1 转移,商贸活动将向地区 1 的市场组织 M_1 集聚。

③当 $W<SC_2-SC_1$ 时,由于 $AC_1<AC_2$,显然有 $W<(AC_2-AC_1)+$

$(SC_2 - SC_1)$,此时,地区 1 的制造商将前往地区 2 并通过 M_2 销售产品,而地区 2 的采购商将前往地区 1 并通过 M_1 采购产品。这意味着,地区 1 的供给将向地区 2 转移,同时地区 2 的需求也将向地区 1 转移。均衡的最终结果是,M_1 市场上的价格出现上升,M_2 市场上的价格出现下降。因为两个市场上的供给和需求都发生了反方向的变动,所以不能直接利用供给和需求曲线确定交易转移的方向。为此,需要进一步分析供给和需求的改变程度。在供给方面,地区 1 制造商在 M_2 销售产品与在 M_1 相比的收益差 $\Delta R_1 = R_{12} - R_{11} = SC_2 - SC_1 - W$;在需求方面,地区 2 采购商在 M_1 采购产品与在 M_2 相比,两者成本差为 $\Delta C_2 = C_{22} - C_{12} = (AC_2 - AC_1) + (SC_2 - SC_1 - W)$,显然 $\Delta R_1 < \Delta C_2$。又因为商贸平台内商品供给弹性较小,而需求价格弹性较大①,所以 M_1 供给下降的幅度将小于需求增加的幅度,因此,商贸活动仍然向地区 1 的市场组织 M_1 发生了转移,交易在 M_1 的集聚将被增强。

在上述过程中,虽然地区 1 的供给向地区 2 发生了转移,地区 2 的需求向地区 1 转移,但最终交易向 M_1 集聚。因为两地市场上的大部分产品都由地区 1 的制造商提供,M_1 成为一个产地型的中心市场。综上所述,得到以下结论:

结论 1:当一个地区的商贸平台具有交易成本的优势,且制造商具有生产成本方面的优势时,随着两个地区之间运输成本由高变低,交易将不断向这个地区的市场组织集聚。

(2)地区 1 的制造商在生产成本方面处于劣势

如果地区 1 的制造商在生产成本方面处于劣势,即 $SC_1 > SC_2$,又因 $AC_1 < AC_2$,所以 $SC_1 - SC_2 > (AC_1 - AC_2) + (SC_1 - SC_2)$。

①当 $W > SC_1 - SC_2$ 时,由于 $AC_1 < AC_2$,显然有 $W > (AC_1 - AC_2) + (SC_1 - SC_2)$,那么地区 2 的制造商不会前往地区 1 销售产品,而地区 1 的采购商也不愿意前往地区 2 购买商品,两地间的交易往来被隔绝。此时,市场 M_1 的价格为 P_1,使得 $S_2 = D_2$,市场 M_2 的价格为 P_2,使得 $S_1 =$

① 因为对制造商而言,其产品供给量更多地取决于外生的要素禀赋和技术水平,供给的价格弹性较小;而在商贸平台内,产品相似度高,竞争充分,采购商对价格十分敏感,需求的价格弹性较大。

D_1，两个市场都处在孤立的均衡状态。

②当 $SC_1 - SC_2 > W > (AC_1 - AC_2) + (SC_1 - SC_2)$ 时，由于地区 2 在生产成本方面具有优势，地区 2 的制造商将前往地区 1 销售其产品；但是由于 M_1 比 M_2 所具有的交易成本的优势，不足以抵消运输成本和两地生产成本的差异，地区 2 的购买者仍将在本地市场 M_2 上购买产品，两个地区市场上原有的均衡被打破。地区 2 的制造商将减少对地区 2 的供应量，以满足其在地区 1 销售的需要。因此 M_2 的供给向 M_1 转移，最终均衡的结果是商贸活动向 M_1 集聚。

③当 $W < (AC_1 - AC_2) + (SC_1 - SC_2)$ 时，由于 $AC_1 < AC_2$，显然有 $W < SC_1 - SC_2$。这表示，地区 2 的制造商愿意前往地区 1 销售商品，地区 2 的采购者也愿意前往地区 1 购买商品。这意味，M_2 的供给和需求都向 M_1 发生了转移，因此最终结果是，商贸活动向 M_1 集聚。

在上述变化过程中，由于两个地区市场上的供给和需求（卖方和买方）都在 M_1 集中，M_1 成了一个集散地型的具有市场势力的商贸平台。综上所述，得到以下结论：

结论 2：当一个地区的商贸平台具有交易成本的优势时，即使该地区的制造商在生产成本方面处于劣势，随着两个地区之间运输成本由高变低，交易仍将不断向该地区集聚。

3.3.4 小结：商贸平台型企业对地区经济发展的作用

通过模型分析，可以发现，随着我国市场秩序的不断完善（模型中用“运输成本降低表示”），商贸活动将不断向那些具有较高交易效率的商贸平台型企业内部集聚，那些交易效率不高的商贸平台将走向衰退，从而导致地方服务业竞争力下降。良好的市场秩序是某个商贸平台型企业的市场势力得以形成的必要条件和重要的外部因素，随着市场秩序的完善，那些强势平台型企业的地位被不断巩固。更重要的是，某个地区的商贸平台型企业是否具有良好的交易效率，是它能否成为贸易集聚地的充分条件：在拥有商贸流通的交易效率优势之下，即使该平台缺乏较强的地方产业支撑，它也能发展成为一个集散地型的强势商贸平台型企业，并显著带动该区域经济发展。

在 20 世纪 90 年代中期之前，义乌及其周边地区的小商品产业并不发达,但是却凭借建立在当地"联托运市场"上的运输成本优势和平台内在的交易效率优势,发展成为全国最大的小商品集散中心,并形成了"买全国,卖全国"的市场辐射格局。前来义乌采购小商品的上海商人曾经感叹道:"在义乌买上海生产的英雄牌钢笔比在上海买还要便宜!"华中地区最大的小商品市场——武汉汉正街市场已在一定程度上成了义乌小商品市场的次级市场,每年都有上千名商户经常前往义乌采购商品。从长远发展的角度看,当一个商贸平台能够获得本地产业集群足够的支持(有制造成本优势),那么它将有可能成为一个产地型的商贸平台,为本地集聚制造企业创造条件。例如,进入21世纪后,随着与小商品产业相关的生产要素在义乌及其周边地区不断集聚,当地的小商品设计、制造行业也快速成长,并已经形成规模优势。目前,义乌小商品市场已基本演变为一个产地型的商贸平台,该市场每年3 000亿元左右的交易商品中有60%的产地是义乌及其周边地区①,如果将贸易本身的规模经济、范围经济因素考虑进去,则会更加增强该结论的说服力。

与义乌形成鲜明对比的是同处浙江的台州路桥,当地始建于1982年的路桥小商品批发市场是全国最早的商贸平台之一②,在20世纪90年代中期,路桥中国日用品商城曾是在全国范围内有着重要影响力的商贸平台,而且路桥及其周边黄岩、椒江、温岭等地的制造业基础也比义乌要发达许多。但在2000年之后,路桥商贸业的影响力被越来越多地局限在台州本地范围内。究其原因,在于地方政府整合市场资源不力,当地缺乏有实力的大型商贸平台型企业,市场投资主体有国有、民营、村办、混合所有制四种类型,各自为政,结果是全区商户资源被长期分散在了几十个小规模的商贸平台之中,无法发挥规模经济和范围经济优势。③ 缺乏有影响力的商贸平台,还进一步给当地中小企业的产品销售带来了负面影响,目

---

① 根据义乌小商品市场公布的数据,其2011年市场成交量为512亿元,但是笔者对义乌当地政府部门调研后得知,义乌全市商品的实际交易规模在3 000亿元以上。

② 在1982年6月,路桥永村投资4万元,圈地4 360平方米,设立596个摊位,建起了全省最早的专业批发市场,当年市场商品成交额565万元,收回摊位租金5.54万元。参见王怡云:《制度创新与区域发展——台州路桥创业创新实证分析》,浙江人民出版社2009年版,第14页。

③ 资料来源:笔者对路桥专业市场的实地调研。

前当地有制造优势的日用塑料产业、汽车用品产业等大量通过义乌小商品市场销往国内外，本地商贸平台基本无对外辐射能力。近年来，路桥区政府在认识到了与义乌发展的巨大差距后，已经决心以国有的路桥中国日用品商城公司为项目建设者和后期经营者，启动总建筑面积为300万平方米的路桥西市场园区建设项目。

上述对比表明，在我国转型的过程中，随着市场秩序的日益完善，对于地方政府而言，打造高效率、低成本的商贸平台比单纯追求制造成本优势更有利于地方经济的繁荣。不过需要说明的是，完全由地方政府控制的商贸平台型企业在公司治理层面也可能存在缺乏管理层激励、地方本位主义倾向严重等问题，本书将在第5章第4节展开讨论。

第4章　商贸平台型企业的战略:产业组织分析

本书第3章的研究表明,我国商贸平台型企业在我国宏观转型中表现出了很强的成长性,部分企业的规模迅速扩大。这仅仅是因为地方政府扶持的原因吗?如果说义乌"商城公司"的成长可以部分归因于地方政府的扶持,那么苏宁电器、阿里巴巴集团这些企业近年来的高速成长显然不能用这一原因进行解释。这就需要我们进一步运用产业组织理论,从战略层面对这类企业成长的共性问题展开研究。

以安德鲁斯为代表的设计学派认为,战略形成是一个将企业内部条件与外部环境进行匹配的过程。[①] 企业应对外部市场挑战的有效做法是制定与其市场环境相匹配的发展战略,关键在于对企业所处的外部市场环境的分析。对企业外部市场环境的研究主要从企业与同业竞争者的关系,以及企业与其客户之间的关系展开,而这两者也正是产业组织理论所关注的核心问题。Tirole(1988)将产业组织定义为对市场运行的研究,特别是不完全竞争市场运行的研究。Clarkson 和 Miller(1982)将产业组织理解为市场为何以现有的形式组织起来,以及这种组织又是如何影响市场运行的。一般认为,产业组织是指提供同一或具有密切替代关系商品的生产者之间的垄断竞争关系,是对市场中企业垄断与竞争关系进行的具体描述和说明。在贝恩等人为代表的哈佛学派提出"SCP"范式后,

---

① 安德鲁斯和安索夫共同形成了战略研究的统一范式,但两者的侧重点是不同的。以安索夫为代表的计划学派强调企业战略管理的计划性和可控制性。

以“垄断与竞争”研究为核心的产业组织理论[①]成为我们研究企业所处环境，进而提出其发展战略的关键所在。Richard(1967)曾说：“市场结构之所以重要，是因为市场结构决定了该产业制造商的市场行为，这种行为又决定了产业竞争力的好坏。”近年来，在过去被认为属于竞争性市场结构的商贸流通领域内，出现了像沃尔玛、麦德龙、家乐福这样的巨无霸企业，在国内，苏宁电器、国美电器也屡屡与供应商之间发生“零供冲突”，这都表明商贸流通业内已经形成并存在较强的垄断因素。因此，有必要运用垄断及其相关理论分析我国商贸平台型企业与其同业竞争者之间的关系，进而分析其企业的基本战略。

以平台型企业为研究对象的双边市场理论，是近二十年来产业组织领域新兴的热点领域。与传统产业组织理论(仅分析买卖双方的市场势力)所假设的单边市场环境不同，在双边市场理论所立足的市场环境中，“平台”通过促进两种或多种类型顾客之间的接触和交易实现了网络外部性，并从中获取利润。双边市场理论的开创性工作由 Tirole 和 Rochet (2003)，Caillaud 和 Jullien(2003)及 Armstrong(2005)等学者完成，其理论体系形成的标志是 2004 年在法国产业经济研究所(IDEI)和政策研究中心(CEFR)联合主办的“双边市场经济学”会议。如图 4-1 所示，商贸平台型企业所处的市场由供给一边的商户(代表各类制造商、供应商、经销商)，以及需求一边的消费者或采购者所组成，属于典型的双边市场结构。外部市场环境也是(广义)公司治理的重要内容。因此，运用双边市场理论有助于我们解释商贸平台型企业的战略指向，以及这类企业在公司治理方面(见第 5 章)的特殊性。

---

① 虽然此后芝加哥学派的“可竞争理论”对“SCP”范式提出了强烈质疑，认为“SCP”范式与现实不符，也是不完善的，市场行为同样会反作用于市场结构，并且市场绩效也会对前两者产生作用。例如，一家企业掠夺性的“低价”策略，可能会迫使其他竞争者退出市场，从而改变原先的市场结构。但是，这并不妨碍我们利用其对垄断因素的分析框架研究我国商贸平台型企业的市场势力问题。

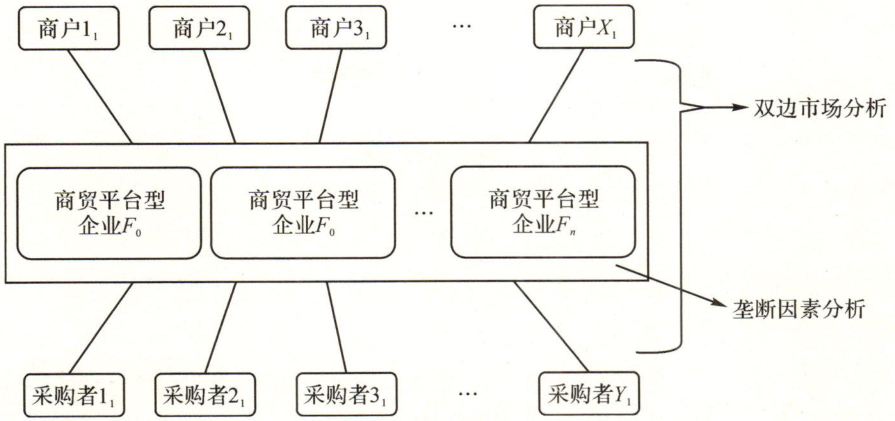

图 4-1　商贸平台型企业的产业组织环境示意图

本章研究以产业组织理论为基础,分别从垄断和双边市场两个角度分析商贸平台型企业的产业组织结构。在此基础上,通过构建一个双边市场环境中的商贸平台型企业行为模型,研究商贸平台型企业战略层面的发展策略——市场势力扩张过程及其影响。

4.1　商贸平台型企业的市场势力构成:垄断因素分析

促使企业形成垄断的因素(简称“垄断因素”)是企业打造核心竞争力的基本立足点。企业战略的主要任务是增强企业(以市场占有率为主要指标)的市场势力[①],市场势力建立在“垄断因素”的基础上。以下从“垄断因素”出发,分析商贸平台型企业的市场势力构成。

商贸平台型企业是流通业的中坚力量,是市场活动中交易的供给方与交易的需求方建立连接关系时所必须依赖的平台化组织,不同于单个独立的流通中间商。在现实中,这类企业的经营活动体现出规模经济和范围经济的特征,具备形成垄断势力的基础条件。产业组织理论将垄断依据成因不同分为行政垄断和自然垄断两种类型。学术界曾认为,流通

① 企业战略的目标也包括提高利润率、提高技术水平、提高品牌美誉度等等,但是所有其他目标的实现都是建立在一定的市场势力基础之上的。一言概之,对于企业发展而言,市场势力不是万能的,但没有市场势力是万万不能的。

业的技术要求不高、资金需求量小，因而企业进出的“门槛”较低，所以流通业内并不明显存在会导致自然垄断形成的因素。西方产业组织理论之所以对流通产业的市场结构、组织和绩效没有引起足够的关注，是因为在发达国家的成熟市场经济条件下，流通产业不明显存在制造商进出的人为垄断和自然垄断的壁垒，但是在市场经济不发达或尚未完成体制转轨的国家，其流通产业内存在导致垄断的因素和垄断现象。因此，可以用“局部垄断的市场性竞争”来描述中国现阶段流通产业的产业组织。（何大安，2008）

对此，笔者表示部分认同，商贸平台型企业的出现与存在是我国流通业内存在“局部垄断”的有力证据；但是，笔者并不认同“成熟的市场经济条件”是发达国家“不明显存在制造商进出的人为垄断和自然垄断的壁垒”这一因果论述。① 首先，我国作为尚未完成体制转轨的国家，某些地方政府的保护性政策使得国内流通领域的“局部垄断”现象更为扎眼，但体制转轨只是构成“局部垄断”的原因之一。更重要的是，商贸平台型企业具有企业和平台的双重属性，从现实情况看，无论是企业内部的技术经济性，还是基于平台层面的网络外部性，都有助于商贸平台型企业增强其垄断势力，甚至在电子商务领域已经发展成为自然垄断的趋势。企业性要求商贸平台型企业利用规模经济、范围经济在内的各种手段追求利润最大化，体现了企业内部的技术经济特征；而平台性要求商贸平台型企业在为交易的双方提供“媒”服务时集聚了更多的成员数量和交易总额。

下文以“垄断”概念为出发点，进一步从企业内部的技术经济性、外部的网络经济效益、人为垄断因素，以及信息技术的作用等方面，对我国商贸平台型企业的市场势力展开分析。

4.1.1 企业内部的技术经济性

企业内部的技术经济性是商贸平台型企业形成垄断势力的一般原

---

① 据报道，美国以百思买为首的家电连锁，占据美国的市场份额超过85%；在我国，2008年苏宁、国美等家电连锁超市总销售收入约在2 500亿—3 000亿元，占据整个约8 000亿元市场份额不足40%；但同时，苏宁、国美在我国市场经济最为发达的一线城市却有着80%以上的市场占有率。数据来源：http://www1.gome.com.cn/red/info/detail.jsp? Pid=344223。

因。在不考虑政府规制的前提下,“一家独大”的自然垄断无疑是企业追求内部技术经济性的最佳结果。自然垄断指因产业发展的自然需要而形成的垄断现象,西方经济理论界曾分别从三个角度对自然垄断成因进行解释并得到了三个重要的概念:规模经济(马歇尔,1890)、范围经济与成本劣加性[①](鲍莫尔、潘札和威利格,1982)。张五常(2011)认为,其要点是“如果一种物品的产量增加,其平均成本不断下降,在同一市场内不会有多过一个生产供应者,这是因为只有一个生产者的产量愈大,其平均成本愈低,其他生产者参与进来会遭淘汰。只有一个可以生存,是垄断,但因为产品没有独特之处,只是平均成本不断地下降会淘汰或杜绝其他竞争者”。与一般的自然垄断企业类似,商贸平台型企业的发展壮大也十分依赖于规模经济和范围经济。

(1)规模经济的影响

规模经济是指企业的单位生产成本也可以随着生产总量的增加而趋于下降。从规模经济角度看,几乎在商贸平台型企业出现的所有领域,市场竞争力最强的企业往往就是市场占有率最高或影响力最大的企业,如连锁家电卖场领域的苏宁、国美,第四方物流领域的传化物流港,商贸平台领域的义乌小商品市场、柯桥中国轻纺城。为了尽可能多地吸引更多的商户入驻商贸平台,这些商贸平台型企业都在平台上集成了商贸活动相配套的金融、物流、研发、设计、咨询、商务、酒店、娱乐等多样化的综合服务,以更好地满足不同类型的商户需求。因此,在规模经济的要求下,商贸平台型企业所在产业的进入壁垒也越来越高。近年来,各地商贸平台类项目的建设规模和投资额都在不断攀升。除了引例中提到的义乌小商品市场的建设,2008年启动的昆明螺蛳湾国际商贸城目前已经成为我国中西部地区规模最大、辐射东南亚的商贸平台,其项目总投资320亿元,规划总占地面积约5 705亩,规划总建筑面积达882万平方米,其中

---

① 成本劣加性是指单一垄断企业供应整个市场的成本小于多个企业分别生产的成本之和。笔者认为,成本劣加性将垄断状态与非垄断状态下的成本直接进行了比较,只要单个企业垄断市场的社会成本最小,该行业就仍然是自然垄断行业,但是导致成本劣加性的基本逻辑与规模经济和范围经济是一致的,即通过扩大单一产品数量或产品种类摊薄了总成本中的某一部分,所以本文不对商贸平台型企业内的成本劣加性现象加以赘述。

主体市场部分总建筑面积约 300 万平方米。这表明，如果一家企业缺乏强大的项目运作团队和雄厚的资本实力，就难以迈过商贸平台型类项目的“最小规模经济”门槛。

(2)范围经济的影响

范围经济是指一个企业生产多种产品的成本低于几个企业分别生产它们的成本。从范围经济的角度看，几乎所有的商贸平台型企业都认识到了引入多类别商品，并对不同类别商品进行清晰分类、合理摆放的重要性。“划行规市”不仅有助于采购者在商贸平台上快速询盘、比价，还有助于那些有集中采购(多种相关商品)需求的采购商提高采购效率。早在 1993 年，义乌“商城公司”的管理者就通过“划行归市”，将当时市场内所有摊位的 1 万多个品种商品划为服装、针织、小百货三大块，分门别类归口到 13 个交易区，要求商户按市场内 20 多类专业化商品按行业申报登记，集中安排摊位就市。此举不仅给前往义乌小商品市场购物的采购商和消费者在比较、挑选同类商品时带来了便利，也刺激了市场中同类商铺经营者之间的竞争，为小商品市场实现范围经济创造了有利条件。

在信息社会中，范围经济对商贸平台型企业成长的重要性可以由克里斯·安德森(Chris Anderson，2006)的长尾理论(the Long Tail)进行解释。他认为，只要存储和流通渠道足够大，非主流的、需求量小的商品——“冷门商品”(Misses)的总销量也能和主流的、需求量大的商品——“畅销商品”(Hits)的销量相匹敌，如图 4-2 所示。2005 年，阿里巴巴集团以当时看来不可思议的高代价收购雅虎中国①，其主要目的之一是获取雅虎公司当时全球领先的搜索引擎技术，因为出色的搜索引擎技术能使消费者在成千上万种商品网页信息中，迅速找到他真正想要的商品信息，这同时也大大提高了不同供应商获得竞争对手信息的效率，刺激了各细分的产品行业内竞争，实现了平台内范围经济的正外部性溢出。

---

① 2005 年 8 月，阿里巴巴集团召开发布会宣布收购雅虎中国全部资产，并获雅虎 10 亿美元投资，同时雅虎获阿里巴巴集团 40%的股份和 35%的投票权。

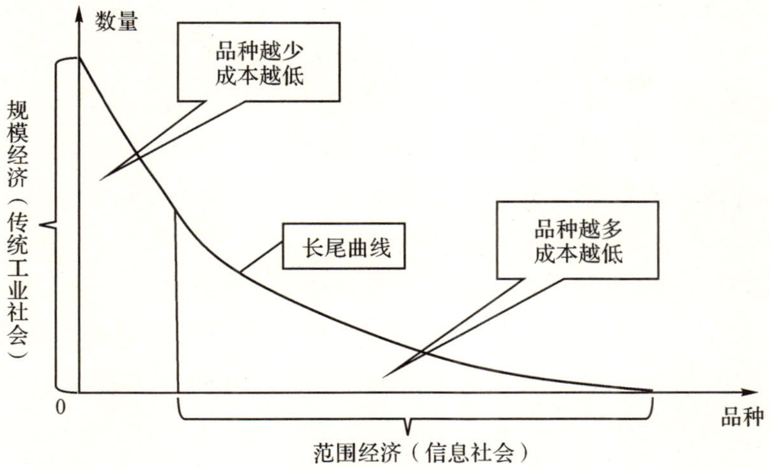

图 4-2　商贸平台上的长尾曲线图

4.1.2　企业外部的网络经济效益

外部的网络经济效益是商贸平台型企业形成垄断势力的根本原因。规模经济、范围经济等因素主要作用于商贸平台型企业经营管理的内部，但是现实经济中的商贸平台规模之所以能够不断发展壮大，更关键的一点是，它能够吸引到足够多的商户和采购者在其平台上展开交易活动。要理解商贸平台之上各种价值的形成，需要借助到“网络外部性”及由此产生的“网络经济效益”这两个概念。

(1)网络外部性

外部性(又被称为溢出效应)的概念虽然自马歇尔在 1890 年的《经济学原理》中提出已有 100 多年，但是真正得到深入研究还是缘于将外部性理论与网络产业的研究相结合，在产业组织理论的网络经济学的研究中，网络外部性的概念得到了广泛关注。奥兹·谢伊(2002)将网络外部性定义为：当某产品对某消费者的效用随着采用相同产品或可兼容产品的消费者增加而增加时，就出现了正的网络外部性。具体而言，网络外部性由“成员外部性”(Membership Externalities)和“使用外部性”(Usage Externalities)两部分构成。其中，成员外部性是指与所有借助该平台发生业务往来的参与人相关的外部性，它与参与人的数量密切相关，消费者只需加入网络，成为其中的成员，而无须对产品进一步消费，就会对其他消费者(包括已经加入平台和没有加入平台)的消费行为、决策产生影响。而使用外部性则是指利用该平台所实现的交易量的外部性,它与整个平台的交易总额密切相关,平台上的交易量越大,使用频率越高,在规模经济、范围经济等因素作用下,其平均到每个用户的成本就越低。显然,成员外部性是一种事前的外部性,而使用外部性直接降低了网络的运营成本,属于事后外部性。

马歇尔提出的外部性概念,不仅对制造企业集群有极强的解释力,同样也适用于解释商贸流通领域中小企业的集聚行为——获取彼此的正外部性。当大量中小商户集聚在一起开展经营,自然而然就引出一个问题——由谁来为这些中小商户提供它们所需的基础性服务,以及在基础性服务之上的增值性服务。以传统的商业街区为例,中小商户所需要的基础性服务主要是由城市政府提供的城市规划、城市建设和城市管理三部分所满足,而增值性服务则由相应的金融、物流、住宿、餐饮、娱乐等各类企业自发的周边形成。在现代经济中,提供上述服务的主体更多的是本书的研究对象——商贸平台型企业。大量中小企业之所以愿意在某个商贸平台上集聚,并向平台所有者支付更高的租金,是因为在该平台上,它们能够获得比平台外更多的正外部性。

网络一般是指由多个节点和连接构成的网状系统,节点和连接是构成网络系统的最基本要素。(罗仲伟,2000)在商贸平台上的大量商户和消费者,彼此间错综复杂的商业联系构成了一个看不见但却发挥着巨大作用的网络。一个网络,其网络效益的大小主要由节点和连接的数量和质量决定,同时也受到网络结构的密切影响。流通活动所涉及的三流——商流、信息流、资金流在商贸平台的网络上不停地传输,在这个网络中,商户就是节点。一般而言,节点的数量越多,网络的价值就越大,功能也就越强;节点的质量越好,其信息接收和发射的效率、准确性就越高。连接的数量越多,从而连接的密集、连接的效率就越高;连接的质量好,同样也可以提高网络传递的效率和质量。在同类网络中,某种结构的节点越多,连接密集程度越高,结构越复杂,网络的效应或功能也就越强。网状的要比环形的、双向的要比单向的网络结构具有更高的网络效应或功能。正是在上述作用机制下,网络经济才能够比非网络经济更好地创造价值,并帮助网络上的每一个节点吸收其他节点所创造的外部性。上述逻辑也同样适应于商贸平台型企业与其客户所形成的网络体系。

(2)网络经济效益

李怀(2004)认为,基于网络经济性所产生的网络经济效益是现代经济中促成自然垄断的重要因素,并提出其两大重要特征。其一,“从成本的角度看,网络经济效益表现为极高的固定成本和较低的边际成本两者所形成的平均成本曲线异常陡峭,表明网络经济的平均成本曲线下降急剧并在一定区间内永远下降”。如对于目前的淘宝、京东等网上商城,或者对没有招满商户的实体市场平台而言,新增客户对其经营成本的影响几乎可以忽略不计,以至于当前的大型电子商务平台在设计之初就自然而然地将全世界作为其目标市场。其二,“从效益的角度看,网络的外部性和溢出效应,应与规模之间呈现非线性的指数化变化特征”。反映网络的价值与节点之间关系的梅特卡夫法则(Metcalfe Law)认为,网络的价值(效率的体现)等于网络节点(规模)的平方,即网络的节点在按照算术级增长的同时,网络的价值会以几何级数的方式增长。在商贸平台领域的竞争往往有以下过程:最初某家企业在客户数量规模上的优势会被不断放大,并促使整个市场形成“一家独大”的格局。

综上所述,网络经济效益这一概念无疑很好地概括了商贸平台型企业的经营特征。需要说明的是,与一般的电信、供水、供电等公用事业公司的传统物质型网络相比,笔者认为,商贸平台型的网络与之最明显的差别就是,前者的网络是产权意义上的企业内部的网络,而后者的网络则是产权意义上的不属于企业所有的外部网络。商贸平台型企业只是在两类客户发生商品交易活动时起到“媒”的作用,那些看不见摸不着的“商流网络”连接则发生在商户——采购者或顾客(相对于商贸平台或城市零售企业)、运输公司——运输需求企业(相对于第四方物流基地)、网商——网上顾客(相对于电子商务平台)之间。

4.1.3　人为因素

前面两部分所讨论的内容可简单概括为内部或外部的技术经济对商贸平台型企业垄断势力形成的作用。接下来讨论导致商贸平台型企业的垄断势力被分割、强化,并呈现出“局部垄断”特征的人为垄断因素,主要有“地方政府保护”和“消费者市场差异”两大因素。

(1)“地方政府保护”因素

在中央集权的体制下,我国地方政府的压力虽然主要来自上级考评,但也很大程度上来自当地居民和市场主体的意愿。发展当地经济和稳定当地社会秩序都需要大量的资源,在资源有限的条件下,地方政府相互之间围绕资源展开竞争(周业安、冯兴元、赵坚毅,2004),由此形成了各种“地方保护”现象,关于“地方保护”的成因和表现与地方政府对商贸平台型企业的扶持性政策密切相关,详见本书第3章,这里不再赘述。以下仅分析“地方保护”因素对“局部垄断”形成的影响。

如图4-3所示,假设某家商贸平台型企业经营的平均成本曲线AC为U型,并不符合平均成本不断下降的自然垄断的特征,但是,由于地方政府的保护,使得外部同类企业难以进入当地市场。如果用Q^*表示当地市场的总容量,那么至少在$(0,Q^*]$的区间范围内,这家商贸平台型企业的经营成本仍是满足AC不断下降的技术要求。

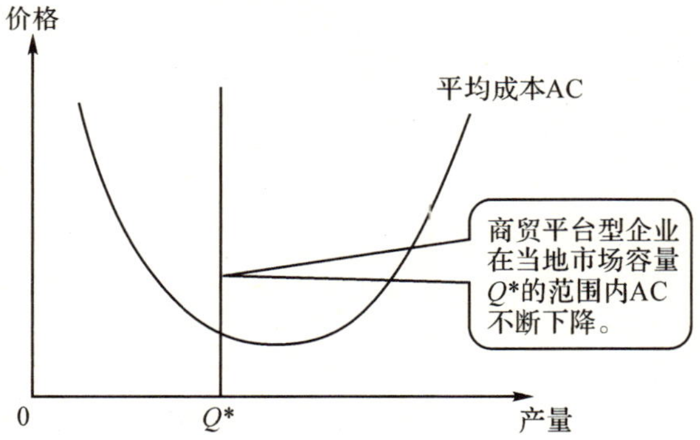

图4-3 地方政府保护下的“局部垄断”的形成原因

(2)“消费者市场差异”因素

消费者市场差异因素是指与当地消费者偏好、消费者市场容量相关的因素。从1996年下半年开始,商品市场总体买方市场态势就已形成,1998年上半年开始,国内市场供不应求的商品品种消失,多数商品转为供求大体均衡。(纪宝成,2003)此后,消费者市场对商贸平台型企业经营活动的影响日益显著。不同区域消费者购物偏好的差异,显然增加了外地商贸企业的市场“进入壁垒”。以下分析消费者容量对“局部垄断”形成的影响。

以零售领域为例,如果一个地方消费者市场总体规模较小,同时与周边地区因为路途较远而互通不便,也会形成区域性的“局部垄断”。沃尔玛发展初期在美国市场上所获得的成功很大程度上就可归因其成功的市场扩张策略:率先进入了一批便宜的中小城市零售市场。在 20 世纪 60 年代,人们通常认为折扣店只能在 10 万或以上人口的城市中才能成功经营,但沃尔玛的创始人山姆·华尔顿不同意这种看法并决定在美国西南部的小镇上开店,到 1970 年已经有 30 家沃尔玛开设在阿肯色、密苏里和俄克拉荷马的小镇上。一个 10 万人口以下的小镇所具有的市场容量并不太大,但却足够容纳下一个大型折扣店,并能让它获得一定的利润。到 70 年代中期,当其他连锁店的经营者意识到这一点时,沃尔玛已经大量占领了这样的市场。对于小镇来说,开出一家折扣连锁店可以盈利,但如果开出两家来,有限的市场容量会使两家都亏损。沃尔玛的策略就是先发制人,力图抢先一步,在其他小镇开设分店。在七八十年代的美国,已有企业的扩张和新企业的进入及扩张使得折扣零售的竞争越来越激烈,全行业利润下降,而大折扣连锁店——包括像金斯(King's)、柯凡脱斯(Korvette's)、猛犸连锁店(Mammoth Mart)、W. T. 格兰特(W. T. Grant)和沃尔考(Woolco)这样的巨型公司都纷纷倒闭。但是沃尔玛在 1986 年赚取了 4.5 亿美元利润;到 1993 年已有 1 800 多家分店并赚取 15 亿美元的年利润。①

上述过程可以用博弈论中的“首先行动优势”进行解释,在序列博弈中,首先做出策略选择和采取行动的参与者(Player)有时可以占据有利地位,并获得较多利益,这是因为,首先行动造成了一种既成事实,为使利润最大化,另一方必须根据首先行动一方的策略来选择自己的策略。如图 4-4(a)所示,在在位者已经率先进入某地市场的前提下,挑战者意识到如果其也进入同一领域,在位者必然会发起斗争(因为对在位者而言,斗争的收益 6 要超过不斗争的收益 4),所以理智的挑战者会选择不进入(因为对挑战者而言,不进入的收益 0 要好于进入的收益 −2),显然,该序列博弈的子博弈精炼纳什均衡(Subgame-perfect Nash Equilibrium)结果是挑战者不进入,将市场完全让给在位者独占。在博弈过程中,如图 4-4(b)所示,即使在位者妥协获得的收益比较大(在位者妥协的收益 8 好于

---

① 数据来源:笔者根据网络公开资料整理。

在位者斗争的收益 6)，但是在位者为了获取最大化的利润 10，往往会采取可置信的威胁逼迫挑战者不敢进入，如在位的商贸平台型企业可事先就向其商户承诺，一旦本地区出现了第二家同类型的平台，就降低 30% 的摊位租金。

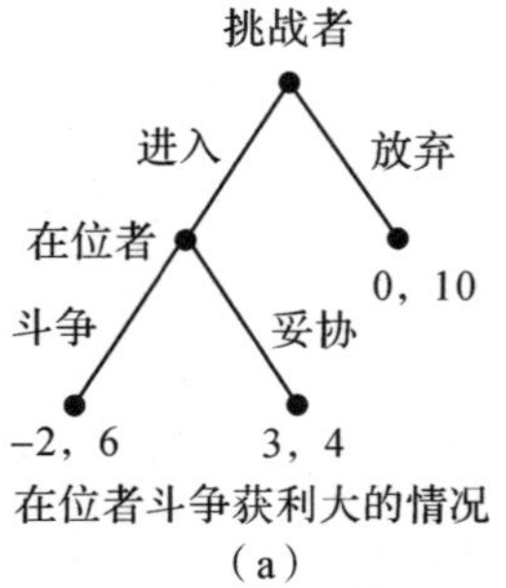

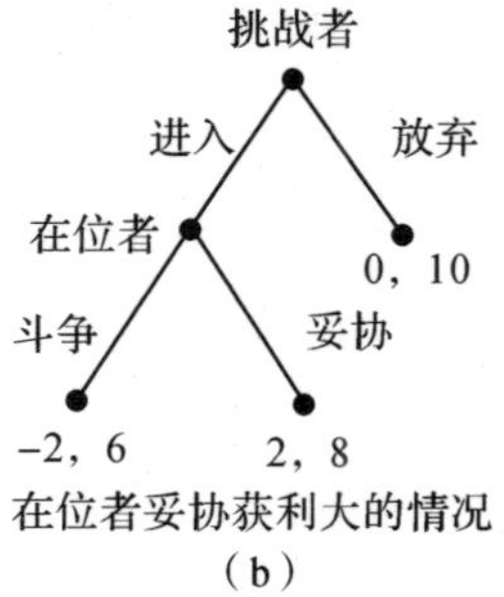

图 4-4　挑战者与在位者的序列博弈

4.1.4　现代信息技术发展的影响

在现代科技被广泛应用于商贸流通领域的 20 世纪中期之前，商贸平台型组织虽然也呈现出发展壮大的趋势，但是从技术角度看，因受制于信息交换的成本高、商品物流速度慢两大因素，商贸平台型组织的影响力和辐射范围往往被限制在了一个较小的空间范围内。(郑勇军、邱毅，2006)但是近年来，随着信息和交通技术的日新月异，上述两大因素对商贸平台型企业发挥规模经济和范围经济的制约已经越来越少。此外，信息技术的发展对商贸平台之上网络关系的形成，以及网络经济效益的发挥也起到了明显的促进作用。

最近三十多年来在信息技术的影响下，国内外的一批大型流通企业在"产—供—销"产业链上的地位由从属转为主导。由于零售商所提供的并不是有形的产品而是无形的服务，表 4-1 从服务营销的七个方面分析了零售领域发生的营销控制权的转移。

表 4-1　从服务营销的"7P"理论分析营销控制权的转移

营销因素	传统中小零售企业	现代大型连锁零售企业
产品(Product)	被动接受制造商的产品	根据零售企业自身定位和经营效益最大化的原则选择不同制造商的商品，注重开发自有品牌商品

续　表

营销因素	传统中小零售企业	现代大型连锁零售企业
价格（Price）	被动接受制造商对产品的建议零售价	根据市场竞争的需要灵活制订商品价格,向制造商收取通道费,并要求获得一定的收入分成
促销（Promotion）	遵循制造商的促销方案	有零售企业自身的促销方案,并要求制造商配合参与
渠道（Place）	作为制造商销售商品的多种渠道之一	形成了由零售企业自身控制的全国性或区域性的销售渠道网络组织
人员（People）	零售企业店员配合制造商的营销方案	零售企业营销人员管理制造商委派的促销专员
过程（Process）	制造商主导营销过程	零售企业主导营销全过程
展示（Physical evidence）	按制造商的品牌陈列,并接受制造商对商品陈列的建议	根据零售企业自身经营定位、促销活动的需要,自主对店面区域进行区隔,实施按商品类别的差异化展示

资料来源:笔者自行整理。

虽然发生上述变化有消费者势力崛起①的重要原因,但不可否认信息技术力量在背后的推动作用②。相对于生产商来说,零售商拥有强大的信息网络,有条件更好地运用信息技术挖掘其掌握的消费者信息。宝洁公司与沃尔玛产销联盟的推动者普里切特曾表示,大型零售企业比制造商能更好地了解消费者的偏好和商品周转情况,这是因为沃尔玛大幅度改善了企业的内外部沟通体系,不仅通过扫描装置搜集了大量的信息

① 消费者势力的崛起对零售商地位的提升有着积极的促进作用。从零售商与生产商之间关系的演变历史来看,在紧缺经济条件下,生产和供给能力成为产业链的核心要素,因此,当时供应商在产业链中占据优势地位;而进入了相对过剩时期,产业链的核心要素转变为消费和零售,进而表现为货架稀缺和渠道稀缺,从而导致零售商凭借与消费者的接近能力在产业链中占据了主导地位。

② 也有学者对这一问题的看法与笔者不同,(何大安:《中国流通产业组织中的局部垄断》,《学术月刊》2009 年第 11 期,第 11—17 页)提出"第一、二次产业的技术进步会导致规模经济,规模经济会致使平均成本降低,从而会形成垄断,但由于流通产业的技术因素主要反映在管理层面上……流通产业中的技术因素(管理技术水平)的提高一般不会扩大局部垄断的范围……"。对此观点,笔者认为,技术因素特别是信息、交通技术的进步会增强商贸流通领域的规模经济、范围经济,乃至提高商贸流通内某些领域的"局部垄断"范围。

数据，而且发展了能灵活运用并挖掘这些数据的技术。

沃尔玛自 1962 年建立起第一家连锁商店以来，随着销售业务的不断增长及连锁店铺数量的快速上升，物流配送滞后的瓶颈便开始逐步显现。由于美国是一个幅员辽阔的国家，如何提高配送效率、降低配送成本。是每一家零售商首先要考虑的问题。沃尔玛采用的是建设“集中配送中心”的思路，于 1970 年在公司总部所在地建立起第一个配送中心，到 2005 年 4 月为止，沃尔玛已在全球范围内建立起多达 110 个的现代化物流配送中心。这些遍布世界各地、面积庞大、功能全面的配送中心是沃尔玛营销商品的集散地，先进的信息通信技术的应用是保证其高效运作的基础和前提。为了确保供应商与各连锁店的供求同步，沃尔玛与供应商的计算机系统实现联网，共享商品需求、库存、生产制造等各方面的信息。供应方可以了解其商品的销售情况，并能对未来生产进行预测和安排，从而保证了市场需求信息的全面和准确，也减少了不必要的博弈成本；对各连锁店而言，信息的共享使得商品的供应更加稳定、可靠和高效。

早在 20 世纪 70 年代，沃尔玛就创新性地提出了所谓“接驳式转运”(Cross Docking)概念，利用分布众多的物流配送中心，整合固定地理范围的零售商店订单，实现整合式配货。这种接驳式转运必须在精准的物流信息管理下才能进行，因此沃尔玛很早就开始了物流管理、购物及存货管理系统的整合工作，并结合 POS 系统、仓储管理，妥善管理存货并收集顾客习性信息，再利用其广大的配销中心迅速对需求做出响应。这种无缝的、点对点的物流运行模式使得沃尔玛的供应链连接得十分顺畅，产品从工厂到商店货架的整个物流过程平滑、快捷、高效。从沃尔玛的发展历程可以看出，沃尔玛的成功实际上得益于长期积累所建立起来的高效的物流管理体系，而物流管理体系的高效运营离不开现代信息通信技术所发挥的独特作用。[①]

显然，沃尔玛作为商贸平台型企业的典型代表，其竞争力在很大程度上与技术密切相关，甚至比一般的传统制造企业更依赖于现代信息技术的发展。对于国内的像阿里巴巴集团、京东商城这样完全依赖互联网集

---

① 姚国章:《沃尔玛的物流运行体系及其电子化演进》,《南京邮电大学学报(社会科学版)》,2007 年第 1 期,第 15—22 页。

聚现实供需的电子商务平台而言,其平台竞争力更是直接取决于其信息技术水平的高低。由此可见,当人类社会的信息化进入"大数据"时代,商贸平台型企业的垄断势力有着进一步增强的趋势。

4.1.5　不同企业市场势力的分类

商贸平台型企业的市场势力是在其内部技术经济因素、外部网络经济效益和人为垄断因素等的作用下形成的,考虑到上述变量的变化,不同领域的商贸平台型企业竞争力的外在表现——市场势力有着较大差异。

总体上看,当前我国部分商贸平台型企业在某些领域呈现垄断趋势,这主要建立在自然垄断的基础之上。其中,规模经济、范围经济等因素对商贸平台型企业产生的影响与对一般自然垄断企业无异。外部网络经济效益是商贸平台型企业垄断势力得以形成,并不断增强的根本因素,也是其与传统的自然垄断企业最明显的差异。近年来,信息技术的大发展强化了其内部的规模经济、范围经济,也促进了网络经济效益的充分发挥。人为垄断因素,"地方政府保护"与"消费者市场差异"即是商贸平台型企业的市场势力在一定区域内被"局部强化",同时也是商贸平台、城市零售商业等在全国市场范围内被分割并形成"局部垄断"的主要因素。进一步,还可根据商贸平台型企业自然垄断因素和人为垄断因素的强弱,将我国商贸平台型企业划分为四种类型,如图 4-5 所示。

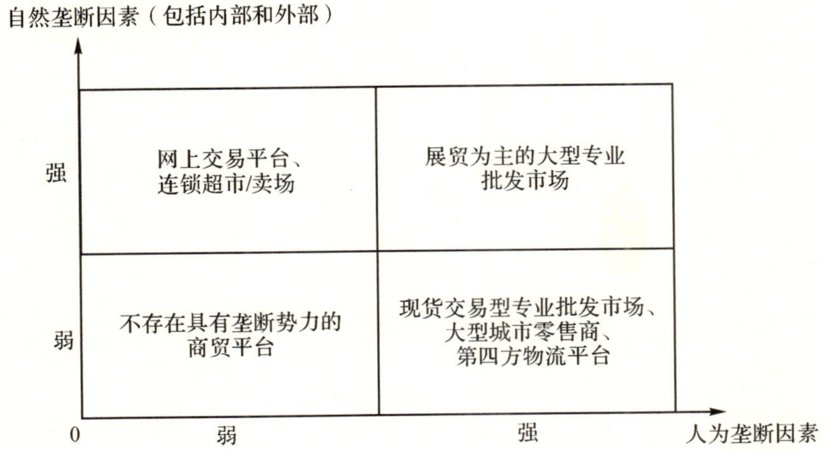

图 4-5　我国商贸平台型企业根据垄断因素的区分

第一类，自然垄断因素很强，同时人为垄断因素对其作用不明显。这类企业主要是某些经营大型电子商务平台的企业，以及连锁超市和连锁专业卖场。比如，在我国 B2B 电子商务平台领域内，就已经形成了高度接近双寡头垄断的格局：由阿里巴巴集团和慧聪网共同占领 3/4 左右的市场份额；这类企业中的另一形式是连锁超市和连锁专业卖场。从现状来看，由于我国市场总体容量巨大、各地市场差异性显著，所以这类企业的市场势力还被区域分割，有一定的局部垄断特征；但是从国外沃尔玛等企业的成长经验看，随着全国性统一市场的逐步建立，若干大企业的实力不断增强，一些领域内的兼并重组将不断发生，未来很有可能出现由若干家垄断势力很强的大企业共同控制全国市场的寡头垄断局面。

第二类，既有很强的自然垄断因素促进其扩大规模，又有明显的人为垄断因素帮助其巩固市场势力。这类企业主要是指以产品展贸为主的大型商贸平台的运营商，如义乌小商品市场、柯桥中国轻纺城、水头中国石材城等等。近年来，这类商贸平台上的商户实力不断增强，许多商户由传统的现货经销商转为贸易公司，平台上的商铺以展示样品为主，且随着信息技术的发展，远程贸易在平台中变得十分普遍，自然垄断因素作用突出。此外，这类商贸平台还往往受到当地政府的倾力扶持，且与地方产业集群的联系密切，因此人为垄断因素明显。从长期看，这类商贸平台型企业将继续保持其竞争力，在其所服务产业内的市场地位和垄断势力也将维持很长的一段时期。

第三类，自然垄断因素不强，但是在人为垄断因素的作用下，在某个区域范围内形成了局部垄断。这类企业的经营领域主要包括现货交易型的商贸平台、第四方物流港、大城市的本地零售企业，以及其他需要政府部门特许经营的商贸平台。考虑到这类企业已经掌控了当地最稀缺的商业用地资源、许可证资源等，与这类企业相比，潜在竞争者的"进入壁垒"很高。因此，在未来较长的一段时期内，他们仍可在当地范围内维持其局部垄断。

第四类，自然垄断因素和人为垄断因素都不强的小型商贸平台，如城市的农贸市场等，这类平台没有形成垄断势力，不是本书关注的内容。

4.2　商贸平台型企业市场结构的特殊性:双边市场分析

科斯(1937)曾经提出企业与市场是可以相互替代的,双边市场理论更进一步强化了这个说法:企业可以通过连接供给一边和需求一边的两类群体,将潜在的交易需求转化为现实,从而创造一个新的市场或扩大原有的市场边界,这类企业就是平台型企业。

4.2.1　商贸平台型企业的双边市场环境

双边市场(Two-sided Market)这一概念最早被用于平面媒体行业,源自1833年美国掀起的“一便士报纸”运动,至今已有180多年的历史。与“双边市场”相关的早期研究主要集中在“配对”方面,如婚姻中介、学校选择(Gale & Sharply,1962)、房屋中介(Gabrielle & David,1985)等现实问题中。虽然研究者没有直接给出双边市场的概念,但是他们注意到有这样一类特殊市场:一边的存在与另一边的存在是互为前提的(后来这在双边市场理论中被称为“鸡与蛋”的问题),因此,需要某种形式的组织——“平台”参与进来,以提高两边的“配对效率”。近十年来,多位学者从价格结构(Rochet & Tirole,2001)、平台价值(Armstrong & Wright,2005)和平台与客户之间关系(Chakravorti Roson,2005)等角度定义双边市场,从其基本特征看,作为一个双边市场至少应满足以下三个条件:

①存在一个中介性平台,对两边的客户发生联系起到积极的促进作用;

②平台两边的两组客户之间互相依存、互相影响;

③中介性平台对两边客户具有分别定价的能力。

上述三个条件表明,平台是双边市场之所以存在的核心,平台的价值和收益来自它使双边客户相结合后所创造出的新价值——网络外部性。

商贸平台型企业所处的产业组织环境属于典型的双边市场,在其所构建的有限度开放平台之上,供给一边和需求一边的网络外部性被有效地释放出来。需要强调的是,商贸平台型企业是平台的构建者或运营商,而非平台的全部，其提供的核心是一个保障两边客户安全交易的基础平台，在依附于商贸平台的第三方机构所提供服务的协助下，将供给一边的商户和需求一边的消费者汇聚到了一起，促使他们之间发生各种交易活动，如图 4-6 所示。从供给一边——商户的角度看，他们通过向商贸平台型企业支付通道费，获取了进入供给市场销售产品的权利；从需求一边——采购者的角度看，他们有了一个可以集中选购商品的需求市场。商户和采购者的成员数量越多，以及商户与采购者之间的交易量越大，商贸平台所形成的网络外部性也就越明显。

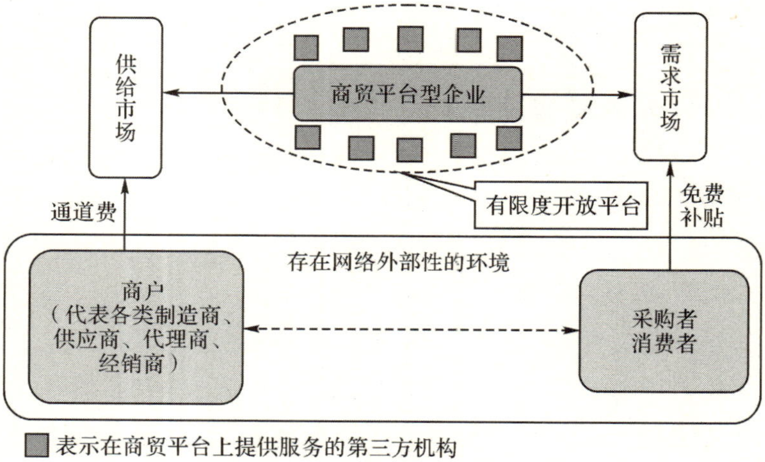

图 4-6　一个典型商贸平台型企业所创造的双边市场示意图

4.2.2　商贸平台型企业的平台特征

随着信息技术的发展和社会化分工的深入，双边市场越来越多地体现到经济生活的方方面面，由最初的报纸等传媒行业发展到了金融、通信、计算机操作系统、电子商务、城市零售等多个领域。基于平台（企业）在双边市场中的核心地位，学者对双边市场的分类都以平台的不同特征为其分类依据。因此，这些学者的研究在事实上也从不同角度给出了平台特征。以下分别从平台功能（Evans，2003；Hagiu，2004）、平台产品类型（Kaiser & Wright，2004）、平台收费对称性（Evans，2003）、平台所有权

(Roson,2004)和平台间竞争(Armstrong,2005)五个角度[①],概括我国六类常见商贸平台型企业的基本特征。

(1)平台功能的特征

Evans(2003)依据平台功能不同,将平台区分为市场制造者、受众制造者和需求协调者。

商贸平台型企业处于市场交易领域,其扮演的角色至少是"市场制造者"。对于某些市场势力较强的企业,它们也扮演着"需求协调者"的角色,对入驻平台的商户的品牌、价格、产品档次、产品类型、产品特色等设置各方面的"门槛"以更好地与其经营定位相吻合。同时,它们又根据自身的经营定位在吸引客户方面采取具有很强针对性的营销组合策略,以促进入驻商户的商品销售。事实上,大型商贸平台型企业的服务和商户的产品之间是基础产品和应用产品的关系,它们一同向双边市场中的需求方提供完整的产品组合。以一个以超市为基础的典型城市商业综合体为例,大型商品超市是它所提供的一个基础平台——向周围居民提供了购买各类生活用品的服务,以及交易所需的场地、停车等基础配套;但同时它还与其他商户或第三方服务机构向周围居民提供购物、电影、KTV、健身、美容、餐饮、休闲等其他与居民生活密切相关的商品或服务。

互联网上经营的商贸平台型企业意识到其提供的不仅是一个产品交易的平台,也是一个信息汇聚和发布的平台,如很多消费者登录淘宝网(www.taobao.com)、京东商城(www.360buy.com)并不是为了直接购物,而是为了比较不同商家的产品价格(业内称为"比价"),并了解产品本身和相关的信息(业内称为"询盘");很多商户在淘宝网开设网店不仅是为了在网上销售产品,也含有宣传其品牌、介绍其产品特色等宣传性目的。因此,无论是网上的C2C交易平台还是B2C卖场,都在现实中承担着"受众制造者"的功能。

(2)平台产品类型的特征

Kaiser和Wright(2004)根据平台产品的差异将双边市场分为目录服务市场、配对市场、媒体市场和交易市场。

从总体上看,所有的商贸平台型企业制造的市场都属于交易市场,其

---

① 这些学者对双边市场的研究观点和结论详见本书第2章文献综述部分。

中商贸平台、第四方物流、C2C平台还体现出很强的配对市场特征。此外，各类商贸平台在产品特征上也体现出较大差异。如专业（批发）市场中的产品有较强的专业性，并体现了当地的产业特色；城市大型零售商的产品以满足本地消费者的日用百货为主，产品类别以服装、饰品、中高档化妆品、家用电器等高价值商品为主；连锁超市中的产品也以日用百货为主，但更偏向食品、日化用品、办公用品等低价值商品；连锁专业卖场中的产品以家用电器、数码产品、电器类办公用品等为主；第四方物流提供的是与货运信息、运输能力、仓储转运等物流相关的服务；网上大型的C2C平台和B2C平台销售产品的范围覆盖广泛，综合性强；中小型B2C平台销售的产品以专业类、特色类为主，这与中小商贸平台类似。

（3）平台收费对称性的特征

Evans（2003）根据平台是否同时向两边客户收费，将双边市场分为对称市场与不对称市场。

随着我国大多数商品由“卖方市场”进入“买方市场”，在许多消费领域，采购商、消费者在商品流通中逐渐占据主导地位。与吸引商户相比，吸引消费者成为平台更需要也是更难做好的工作，所以商贸平台型企业大多数对消费者一边采取免费甚至是补贴的策略，不过某些定位于高端消费者、专业性较强或面对中小企业采购的商贸平台，也向需求一边收取了会员注册费以锁定消费者，如山姆会员店、麦德龙超市等。

（4）平台所有权的特征

Roson（2004）根据平台所有权的不同，将双边市场分为独立拥有平台的市场和纵向一体化平台的市场，并依据商位是否对后进入者具有排他性，将独立拥有平台的市场分为三类：开放平台所有权类、封闭平台所有权类和垄断平台所有权类。

我国的商贸平台型企业大都处于流通业的中间层，显然不属于纵向一体化平台，而是独立平台。由制造企业传化集团投资的第四方物流港是特殊个例，而且传化物流港主要是为满足其他企业的社会物流需要而提供服务的。此外，商贸平台、第四方物流、网上C2C交易平台这类没有能力直接向需求一边提供商品或服务的企业，都属于开放式的平台，它们对商户入驻都持欢迎的态度；而城市大型零售商、连锁超市、连锁专业卖场、网上B2C商城一般都有自身的经营定位和主打品牌，在商位饱和的情况下,供应商进入难度较大,更多的是封闭式的平台。

(5)平台间竞争(客户归属)的特征

Armstrong(2005)根据平台间竞争程度的差异,将平台分为完全垄断的市场、客户是单归属的有竞争瓶颈的市场、客户是多归属的有竞争性的市场。

平台上的客户之所以会形成单归属,与客户的转换成本高低有直接的关系。高转换成本将抑制客户从一个平台迁移到另一平台上的行为,从而形成一种“套牢效用”。(Jonse,Motherbaugh,Beatty,2000)这里的转换成本是指当客户在平台间转移时,产生的能够被客户感知到的经济和心理(效用)上的价值总和,主要包括连续成本、学习成本和沉淀成本等,连续成本是指由于客户的转换行动引起的权益和绩效的直接损失;学习成本是指客户在转换前发生的搜索、评估成本及转换后的行动、认知成本;沉淀成本是指客户在原有平台上为了建立和维持商业关系已花费的各种开支。

相对于能源、供水、通信等传统的高垄断行业,商贸流通领域的竞争性是较高的,但在市场的两边呈现出较大差异。作为需求一边的消费者或采购者往往倾向并且能够加入多个不同的平台,以选择价格最低、最适合自身的平台。作为供给一边的商户虽然也倾向加入多个平台,但是因受限于某些具有垄断势力的商贸平台型企业的要求,因此会(被迫)签订某些独家经营协议,如某连锁电器卖场企业会向某家生产企业要求以“买断包销”的方式独家销售该企业某些型号的产品,不允许同型号产品在其他销售渠道中出现。因此,某些城市大型零售商、连锁超市/卖场、网上B2C卖城的部分供应商就会具有单归属性。

表4-2分别从功能、产品类型、收费对称性、平台所有权,以及平台间竞争五个不同的角度,给出了我国六种常见商贸平台型企业的平台特征。

表 4-2　我国常见商贸平台型企业的平台特征概况

特征 平台类型	功能 (扮演角色)	产品类型	收费 对称性	平台所有权	平台间竞争 (客户归属)
专业批发市场	市场制造者	交易市场,配对市场,专业、特色产品	不对称	开放的独立平台	多归属

续 表

特征 平台类型	功能 (扮演角色)	产品类型	收费 对称性	平台所有权	平台间竞争 (客户归属)
城市大型零售商	市场制造者 需求协调者	交易市场;以服装、饰品、中高档化妆品等(高价值)百货商品为主	以不对称为主	封闭的独立平台为主	需求一边客户多归属,少部分供给一边客户单归属
连锁超市、连锁专业卖场	市场制造者 需求协调者	交易市场;连锁超市以(低价值)日用百货商品为主;连锁专业卖场以家电、数码产品为主	以不对称为主	封闭的独立平台为主	需求一边客户多归属,少部分供给一边客户单归属
第四方物流	市场制造者	交易市场 配对市场 与物流服务相关	不对称	开放的独立平台 少量纵向一体化平台	多归属
网上 C2C 交易平台(如淘宝网)	市场制造者 受众制造者	交易市场 配对市场 产品范围广	不对称	开放的独立平台	多归属
网上 B2C 卖场(如京东商城)	市场制造者 需求协调者 受众制造者	交易市场 综合性、范围广;也有部分专业性较强	不对称	以封闭的独立平台为主	需求一边客户多归属,少部分供给一边客户单归属

资料来源:笔者自行分析整理。

4.2.3 商贸平台型企业的双边市场结构

市场结构是产业组织理论研究企业战略的关键,市场结构特征基本上框定了企业战略可选择的子集。在现实经济中,可以从多个角度区分商贸平台型企业的双边市场结构,以下分别从基础结构、平台功能组成、流通渠道竞争、平台间竞争与合作的角度描述其市场结构特征。

(1)从基础结构的角度区分双边市场结构

基础结构商贸平台型企业双边市场结构的基础形式,即大量的买家(需求一边)和大量的卖家(供给一边)在平台中集中,买家和卖家之间是典型的"三现"交易,即现场、现金、现货交易,其结构如图 4-7 所示。在国内改革开放之初,较早的商贸平台经营普遍采取这种简单的双边市场结构。这种结构的优点是,与传统的行商制度或者买卖双方一对一的市场结构相比,它为双方提供了一个在时间和空间上“约定俗成”的交易场所,而且有专门的平台型组织(可能是企业形式的,也可能不是)维持平台上最基本的正常交易秩序,并为双方提供了基础性的物业服务,确保交易活动获得最简单的第三方保障。在这类市场结构中交易的产品具有高度的竞争性,业主单位收入主要来自入驻商户的摊位费。在我国居民的日常经济生活中,各类菜市场、城乡小商品市场等仍旧采用这种传统但适应性强的模式。

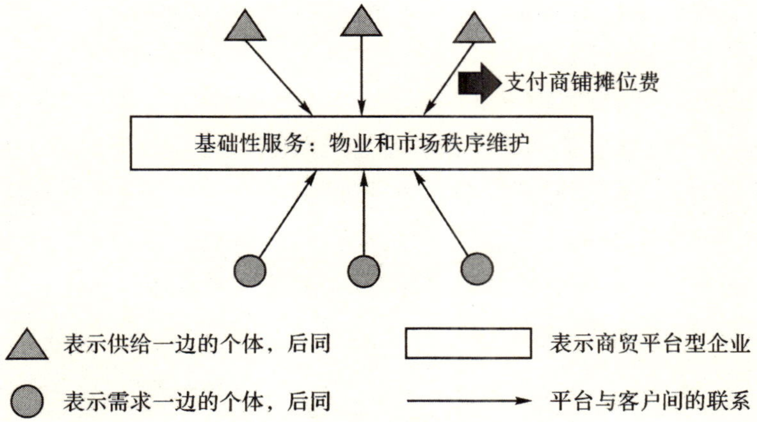

图 4-7 商贸平台基础结构

(2)从平台功能组成的角度区分双边市场结构

随着市场经济中分工的细化,简单基础结构的平台显然不能满足交易活动在质和量方面不断升级的需求。为更好地保障供需双边之间的交易活动,商贸平台需要将越来越多地与交易相关的功能包含进来,这些功能包括产品展示、信息发布、支付、物流、住宿、会务、餐饮、娱乐等等。因此,就需要有一个企业化的组织负责整个商贸平台的运营,有效地将上述多类功能纳入平台服务体系中,这也是商贸平台型企业产生的基础。

现实经济中,只有少数商贸平台型企业能够同时向客户集成提供上述的大部分服务,大部分商贸平台型企业只能直接提供产品展示、信息发布等较为基础的服务,而其他客户交易所需的配套服务则交由其他专业性的公司解决,或者由城市基础设施配套解决。一般而言,如果商贸平台型企业所处的城市较小或处在大城市郊区,基础设施不完善,那么相关的住宿、会务、参与、娱乐之类的功能就由企业在建设平台的时候一并解决；如果平台地处城市为国内一、二线城市的核心区，那么这些配套则多可依靠城市已有的配套或规划解决。

如图 4-8(a)所示为一个功能高度集成的商贸平台型企业，它将各种服务都尽可能地集成到了企业内部。如引例中提到的义乌小商品市场，在当地政府的支持下就尽可能地为双边客户提供多样化的服务。现实中，受制于国内的金融监管政策，国内的电子商贸平台型企业除了拥有在线支付牌照的阿里巴巴集团（支付宝）和腾迅公司（财付通），大部分企业无法自主地向客户直接提供支付功能。如图 4-8(b)所示是一个更为常见的结构，由商贸平台型企业出面与其他物流和支付企业合作，向客户提供其所需服务，在此提供物流服务或支付服务的，可能是一家或若干家独立运营的企业，也可能是一个经过资源整合的平台型企业的联盟。从大型商贸平台型企业的常见做法看，即使将相关功能交由合作单位配套，其也会规划设计一个风格统一的客户操作界面，让客户产生所有相关服务都是由该企业统一提供的良好用户体验，从而提高客户对该平台的满意度，并加深对平台的信任感。

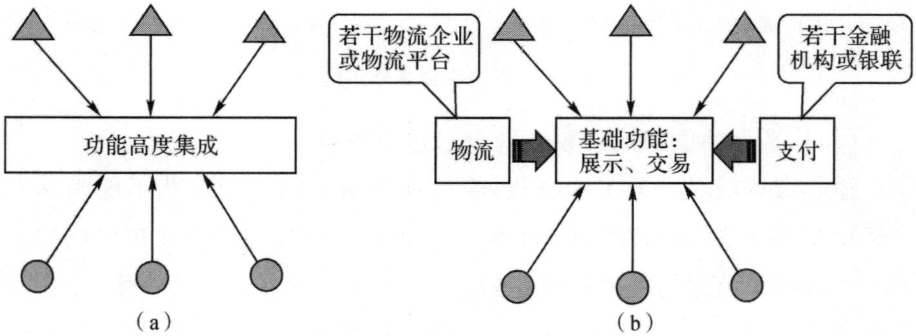

图 4-8 从平台功能模块的角度区分双边市场结构

(3)从流通渠道的角度区分双边市场结构

商贸平台中的某些商户，除了将所在平台作为商品销售的渠道，也拥有独立经营的与消费者直接对接的渠道，之所以会产生这种现象，既有该商户（背后是制造商）的综合实力较强的原因，也有其所在商贸平台辐射深度有限的原因。

国内的商贸平台最初是为广大中小卖家和买家提供服务的共享式交

易平台,其中开展经营活动的卖家即商户,大部分是实力较弱的中小制造商、经销商或代理商,但是随着时间的推移,小部分商户逐渐成长为知名企业,如在义乌市场平台上就诞生了新光饰品、浪莎袜业这样的知名品牌,这些知名品牌企业一方面依然在商贸平台中设有商铺,另一方面也开始在全国范围内自建营销渠道。此外,在互联网销售时代,随着阿里巴巴集团旗下的淘宝网、天猫商城在网上购物人群中的影响力不断扩大,一些有着传统销售渠道的知名制造商,如联想、优衣库、方太电器等也在天猫商城中开设了网上旗舰店。上述现象在国内规模越大、势力越强的商贸平台之上越来越常见,因为大平台虽然辐射面较广,但是存在辐射深度方面的缺陷。因此,商户通过自建渠道加以弥补,也可增强与平台企业谈判的筹码,其结构如图 4-9(a)所示。

随着某些平台市场势力的不断增强,高额的市场摊位费、名目繁多的通道费、销售回款的霸王条件等使得制造商在商品流通渠道中越来越丧失“主导权”。在这种状况下,供应商、制造商等自建渠道不仅是一种解脱,也是为了提高自身的市场控制力。制造商自建渠道有助于消除来自商贸平台型企业的压力,避免某些强势零售商因经销品牌多,一旦某个品牌利润较薄或者广告支持力度较小,它就会在销售中遭受冷落的现象发生。此外,目前国内一、二级市场因各类零售商的“价格战”而几乎没有利润,但是在市场容量相对较小、竞争不激烈的三、四级城市,大型零售商目前还较少触及。一些制造商、供应商为规避在一、二线城市的激烈竞争,大量在三、四线城市建设直销店,尽量减少对商贸平台的需要,同时也能增加企业销售利润。如 2004 年格力在与国美爆发“零供冲突”后,开始在全国范围内自建销售渠道,目前华帝、雅戈尔、TCL、美的、海尔等实力较强的制造商都非常重视自有营销渠道的建设。

值得一提的是,2012 年格力营业总收入突破 1 000.84 亿元,同比增长 19.84%,成为当年全国空调行业中唯一逆势而持续高增长的企业。究其原因,关键是在经济不景气的大背景下,苏宁、国美等电器卖场纷纷在全国范围内关闭门店,这同时也给格力的竞争对手美的、长虹等带来了不利影响。但是格力凭借其在全国范围内的近 1 万家专卖店和 3 万多个销售网点,有力地确保了产品的销售。

综上所述,商户绕过平台自建渠道的行为,可以被视作市场竞争对商贸平台型企业的外部治理——商户"用脚投票"。如果在双边市场中,平台没有能够建立起一个运作良好的商业生态系统,那么它的商户(背后是大型制造商的支持)会选择自建销售渠道。

还有一种相反的情况是采购商绕过平台,直接向平台后的制造商采购商品,其结构如图 4-9(b)所示。这种情况在专业性较强的商贸平台上较为普遍,如在柯桥中国轻纺城中,当一个面料采购商在通过该商贸平台与某个制造商建立合作关系后,便不再通过平台而是直接与该制造商联系采购商品。为避免这种情况发生,平台型企业需要不断引入新的更有竞争力的商户,或者鼓励商户积极开发新产品,吸引采购商经常性地访问平台,从而维持其在需求一边的用户数量。

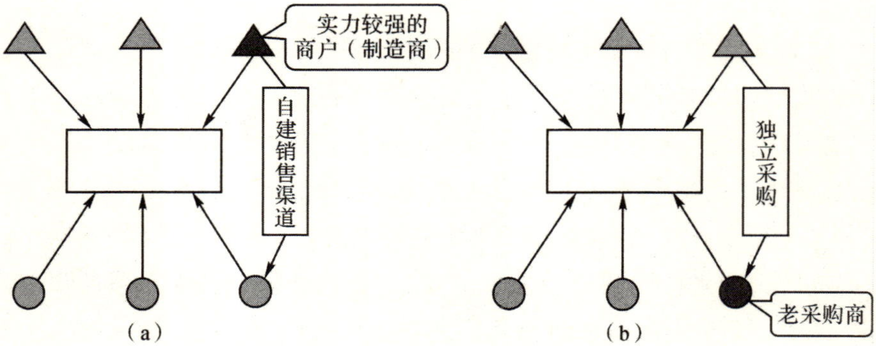

图 4-9 从商品流通渠道的角度看双边市场结构

(4)从平台间竞争与合作的角度区分双边市场结构

大多数商贸流通领域的双边市场领域都存在两个或两个以上的平台型企业,平台与平台之间会为了争夺客户而展开竞争,也会为了创造更多的共同利益而展开合作,从而形成不同的市场结构。

商贸流通领域中需求一边的客户,往往具有很强的多归属性质,所以大多数消费者、采购者都会倾向于加入所有的商贸平台选购商品。但是在部分商贸流通领域的双边市场中,供给一边的客户具有单归属性质,其结构如图 4-10(a)所示。这就带来了"竞争性瓶颈"问题(Armstrong,2005),即平台一边客户是单归属接入,而另一边客户则同时接入多个平台。如与沃尔玛签约的独家供应商,一旦选择加入沃尔玛的产品销售平台,就不被允许在其他零售平台上开展销售活动。此外,也有许多双边市场中供给一边的客户是多归属接入的,其结构如图 4-10(b)所示,如网上

C2C 交易平台上的大部分卖家,都可以在淘宝网、拍拍网等多个不同的平台上销售其商品。

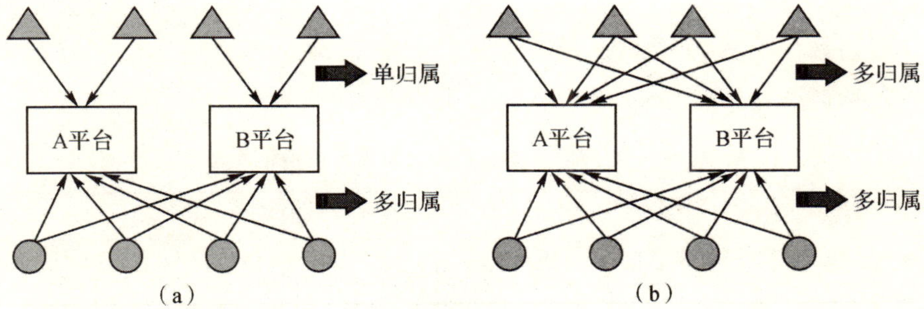

图 4-10　从平台间竞争与合作的角度区分双边市场结构

与之前所提到的商户自建渠道一样,平台间竞争也是商贸平台型企业的外部治理——商户"用脚投票"的重要内容,双边客户总是倾向于选择一个交易成本最低的平台。由于商贸流通领域的竞争性程度较高,大多数情况下双边客户都呈现多归属性,由此体现了市场外部治理对企业行为的约束作用。

商贸平台型企业之间的关系既有竞争也有合作,在图 4-10(a)的结构中,平台 A 和 B 之间完全可以通过共享供给一边的客户,扩大彼此的成员数量,产生更多的网络外部性。当平台 A 和 B 展开合作后,将会形成新的市场结构。商贸平台型企业既可能在供给一边,也可能在需求一边,或者是同时在两边,与其他平台型企业展开合作。如图 4-11 所示,平台 A 和 B 在供给一边,互相开放对另一方商户的接入,在现实中这有利于在行业内形成共同的标准,也有利于需求一边客户的选择。可以说,这种既有合作又有竞争的平台型企业间关系,有利于在该领域内形成一个较为合理的竞争结构。

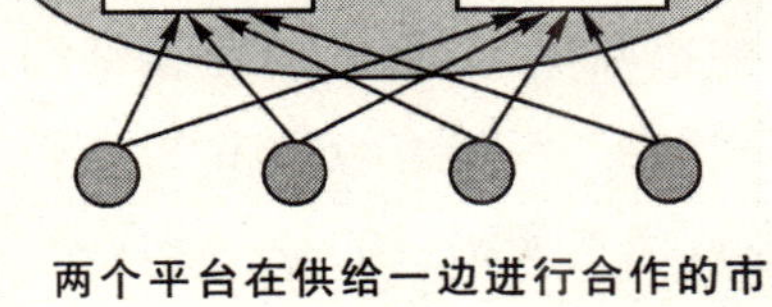

图 4-11　两个平台在供给一边进行合作的市场结构

(5)小结

对商贸平台型企业双边市场结构的分析,不仅明确了其结构的特殊性,也从中引出了商贸平台型企业在具体的企业经营层面所涉及的一些关键利益相关者,如表 4-3 所示。依次包括供给一边、需求一边、与商贸平台功能互补的合作单位、大型制造商、同业合作者。

表 4-3 商贸平台型企业经营层面的利益相关者

利益相关者	典型代表	对应的市场结构
供给一边	制造商、经销商	所有市场结构中
需求一边	采购者、普通消费者	
功能互补的合作单位	金融机构、物流企业	功能由多家单位提供的市场结构中
大型制造商	知名生产企业、大型经销商	存在制造商自建渠道的市场结构中
同业合作者	其他商贸平台型企业	有多个同类平台的市场结构中

4.2.4 商贸平台型企业的行为策略

商贸平台型企业发展战略必然体现在其所处市场结构之下的企业特殊行为方面。根据之前的分析,双边市场中的企业数量在产业链上呈"哑铃形"分布,供需两边客户数量多但个体实力普遍较弱;中间的平台型企业数量少且整体实力和信息优势明显。显然,这样一种市场结构十分有利于商贸平台型企业实施产业链上的纵向控制,因此,其行为策略与单边市场中的企业有着较大的差异,主要反映在不对称的定价结构、动态化的补贴策略与平台间联盟三个方面。

(1)不对称的定价结构

定价是任何企业经营活动中最重要的行为,直接关系到企业的收入和利润。根据 Rochet 和 Tirole 对双边市场的定义,平台对双边客户实施不对称定价是双边市场区别于单边市场的最重要标志,对一边客户的定价不可以参照其付出的边际成本,合理的价格结构在平衡双边客户的需求方面显得尤为重要。以商贸平台为例,其为生产者或经销商提供的是销售平台,而为采购商或消费者提供的是一个采购或消费的平台,理论上可以同时向两边收取费用,但从大部分商贸平台型企业所面临的现实竞争情况和一贯做法可以发现,商贸平台型企业在价格结构和盈利模式上是倾斜的,即很少向需求一端收费。因此,作为需求方的采购商、消费者大都可以免费甚至被补贴进入平台进行交易。

面对两边客户,平台型定价较单边市场要受更多因素的影响,主要包括以下这些:

①平台发展的目的。如果是公益性质的平台,其总价格水平将维持在较低水平,甚至免费;如果是以营利为目的的平台,则会尽可能制订高的总价格水平。

②平台垄断势力的强弱。在某个市场领域内,平台的垄断势力越强,它就越可以制订一个更高的总价格水平。

③平台基于交易量定价的能力。这与平台观察客户之间交易量的难易程度相关。如商贸平台类的平台型企业由于不知道商户与顾客之间的具体交易额,因此,其只能向每一个商户收取注册费——表现为固定的市场租金形式,而不是按商户和客户之间的交易量来收费。

④平台的某一边是否存在较强的外部性。如果双边市场中一边的外部性很强,则可向这边用户收取较高的费用。

⑤客户的单归属性和多归属性。在客户单归属的情况下,平台可以根据交易量向客户收取费用。在平台客户多归属的情况下,平台通过向消费者收取注册费可以起到排挤同类竞争平台的效果,如要求客户办理会员卡;或者对交易量大的客户给予更高的折扣和优惠,如果仅仅按照交易费收取,客户将倾向于尽可能多地加入不同平台。

⑥两边收费的难易程度。对平台某一边收费可能比较困难,如电视、报纸等媒体较难向一般受众收费,因此它们主要依靠向企业收取广告费来获得收入。

⑦平台一边的客户数量。由于两边客户之间存在网络外部性,两者在参与数量上存在正向的关系。一个商贸平台上现有的商户和消费者数量越多,交易量越大,未进入商户认为该平台可预期的盈利空间就越大,也愿意为接入支付更多的费用。

从双边市场中平台的费用收取方式看,可分为注册费、交易费、两步制收费三种。注册费是指平台在一个固定的时间段内对客户收取一个固定的费用；交易费指平台按照交易次数、金额向客户收费；两步制收费指平台只有先向客户收取注册费，才准许客户在平台上交易，平台按照客户的交易次数或交易金额收取费用。在现实经济中，虽然不同类型的商贸平台型企业都采取向需求一边倾斜的定价策略，但在具体定价内容上有较大差异，如表 4-4 所示。

表 4-4 我国商贸平台型企业两边定价的特征

收费对象 平台类型	供给一边：商户	需求一边：采购者
专业批发市场	注册费：按年的固定费用（与交易量无关）	免费停车等服务； 平台出资的购物折扣补贴
城市大型零售商	两步制收费：一次性固定费用＋不定期收费＋按交易量提成	部分客户收取会员费； 免费的停车、免费班车接送服务； 平台出资的购物折扣补贴
连锁超市/连锁专业卖场	两步制收费：一次性固定费用＋不定期收费＋按交易量提成	部分客户收取会员费； 免费停车、免费班车接送服务； 平台出资的购物折扣补贴
第四方物流平台	信息服务费＋物流服务费	免费发布货运需求信息
网上 C2C 交易平台	对小商户和个人免费； 对一定规模以上商户按两步制收费：收取通道费（广告费或保证金形式）＋按交易量提成	免费浏览各类信息； 免费订阅商品信息的推送服务
网上 B2C 卖场	两步制收费：一次性固定费用＋按交易量的提成	免费浏览各类信息； 免费订阅商品信息的推送服务

资料来源：笔者自行分析归纳。

在商贸平台中，平台企业一般只向商户收取固定且与交易量无关的注册费，俗称摊位费。与传统零售商主要是依靠“批零价差”获利不同，国内大部分城市零售商平台靠通道费获利。这是因为，近年来随着国内商品市场竞争的加剧，一方面各类商户（制造商、经销商）急于利用大型零售平台的终端通道快速扩大销售，他们想要借助平台的渠道销售商品，就必须支付一定费用；另一方面，零售平台的经营者也需要利用自己投资创建的销售网络获取更多利润并不断扩张。此外，现代城市零售商通过控制收银环节，清楚地知道每个商户的具体交易信息，因此也有条件实施较为复杂的收费模式，其中包括：一次性收取的固定部分，不定期收取的各种费用，根据交易量收取的提成，其中前两类相当于注册费。

近年来，随着网络商贸平台市场势力的不断崛起（2011 年中国网络零售市场交易规模达到了空前的 8 019 亿元[1]），部分网上 C2C、B2C 平台也逐渐以形式（广告费、产品保证金）向网上的商户收取通道费。当然，对于某些营业收入特别高或者十分强势的品牌，如宝洁公司旗下商品、苹果公司的产品，或是一些世界级的奢侈品品牌，许多商贸平台不仅对其免收通道费，甚至补贴其各种入驻平台所需的费用。

与此同时，大型零售商、连锁超市、连锁专业卖场等还向商户收取与交易量相关的交易费。上述商贸平台，通过掌控收银环节，对商户与顾客之间的各类交易信息十分清楚，并根据各商户交易量的高低，按事先约定的提成比例向商户收取交易费。事实上，交易费的具体形式有时较为“隐蔽”，如作为连锁家电卖场的国美、苏宁在对供应商的付款上通常采取延期付款、滚动压批结算等方式，将供应商的资金用于商业扩张，其占用资金量的多少也与产品交易量相关，属于交易费的范畴。

总体而言，除了商贸平台、第四方物流平台外，大部分商贸平台型企业都采取了两步制收费方式，即先收取与交易量无关的注册费，而后再收取与交易量相关的交易费。

（2）动态化的补贴策略

商贸平台型企业与单边市场中的企业一样，在其不断发展的过程中，需要动态地调整其市场策略，但是平台型企业同时面对两边市场中的客户。因此，动态化策略较为复杂，突出表现在要协调好两边之间的关系。

商贸平台面临两边的客户，在考虑其市场策略时面临着先撬动哪一边的问题，即“鸡与蛋”的问题。当平台上的商户或采购者很少的时候，商户在一定时期内到该平台上交易的获利将小于其他流通渠道的，就不愿意接入该平台。对需求一边而言，在产品价格、服务、距离等因素相类似的情况下，采购者更愿意选择规模较大、供应商较多、品牌较多的平台，当越来越多的消费者做出同样的选择后，商户也更倾向于选择这个城市商业综合体，并为进入这一平台支付较高的通道费。如果一家商贸平台型

---

① 资料来源：中国电子商务研究中心发布的《2011 年度中国电子商务市场数据监测报告》，第 8 页。

企业想要享受上述"外部性"的好处，其前提条件是要吸引到足够多的一类客户，然后才能考虑促成他们与另一类客户在平台上进行交易，并实现有效的交易量。

为快速实现网络经济效应，所有商贸平台型企业在发展初期都倾向于采取大力度的补贴定价策略，以迅速聚拢客户，其目的就是在短期内实现较大的成员外部性，进而为下一阶段使用外部性打下基础。商贸平台型企业在进入成长期后，会对其市场营销策略做出进一步调整，将平衡由一边转向另外一边；而商贸平台型企业进入业务模式相对稳定的成熟期后，则会逐渐减少乃至停止对双边市场的补贴，以增加企业利润。如图 4-12 所示，商贸平台型企业在发展初期为了吸引客户，都必须实现大力度补贴，而且许多新客户对平台仍不熟悉，处于观望状态，交易量也较小，因此呈现出高补贴率和负利润率并存的状况；进入快速成长期后，为继续实现客户的增长，平台型企业仍然需要实施较高的补贴率，但此时平台可以实现盈利；进入成熟期后，由于商位已经饱和，相应的交易承载量也接近极限，企业的补贴率开始显著下降，并向商户增加各类费用，此时平台利润率可稳定在较高水平。

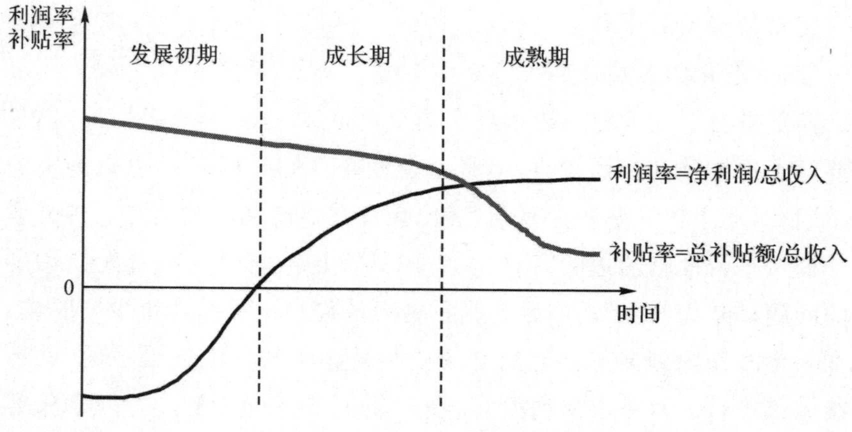

图 4-12　商贸平台型企业在不同时期的利润率与补贴率

虽然商贸平台型企业的定价在总体上仍是向需求一边的采购者或消费者倾斜，但在不同的发展时期，其市场营销策略的重点有较大差异，如表 4-5 所示。连锁超市在开业初期可能会对供应商收取较低的通道费用，但更多地将补贴力度放在消费者一端，向他们提供较大幅度的折扣让利、免费停车、免费接送等促销服务;而商贸平台在开业初期,则将大部分的补贴力度用在吸引各类商户入驻市场,只有商户多了,各种有特色、有竞争力的商品才会出现在商贸平台中,才能对采购商和消费者有长久的吸引力。

表 4-5　我国商贸平台型企业在不同发展时期的经营策略重点

发展阶段 平台类型	发展初期	成长阶段	成熟阶段
专业批发市场	以减免租金、装修补贴等方式,吸引经销商、代理商入驻商贸平台	通过广告吸引大量采购者、普通消费者	维持顾客数量,逐步提高各类商户的摊位费
城市大型零售商	通过广告提高零售平台的知名度、美誉度,吸引强势品牌入驻	通过各种倾向消费者的活动,吸引特定顾客成为其会员客户	不断引入新的有竞争力的品牌,促进交易量和交易费的提升
连锁超市/连锁专业卖场	举办各种低价促销活动,免费停车、开通免费班车,吸引顾客光临	积极调整供应商和入驻商品类型,以更好地满足顾客需要	向商户收取更高的通道费,多引进高单价商品,提高交易量和交易费
第四方物流平台	积极联系有货运需求的企业,发布各类货运需求信息	吸引有实力的运输公司设立办事机构	提高平台提供的各类物流服务的收费标准
网上 C2C 交易平台	大量广告宣传增强买家对该 C2C 交易平台的信任感	以免费和大量买家光临为"诱惑",吸引大量中小卖家开设网店;不断完善买家的购物体验,增强其平台依赖性	以广告费等形式是向部分高成交量的大卖家收取通道费
网上 B2C 卖场	发展特色商品; 吸引强势品牌入驻; 通过各种低价促销活动,吸引顾客光临	不断扩大商品类别,吸引一般品牌入驻	向入驻的一般品牌收取通道费,多引进高单价商品,提高交易量和交易费

(3)平台企业间的联盟

不同的商贸平台型企业之间展开联盟形式的合作目的是增强企业的竞争力,或是实现更大范围的网络经济效益。但是平台与平台之间的合作会产生一定的成本,从而对双方合作产生负面影响,造成这种成本的因素主要有平台之间的兼容性和接入费。

兼容性是平台之间开展联盟的必要前提。假设双边市场中现在有平台 F_1 和平台 F_2，如果平台 F_1 上的一边客户不仅能够和自身平台上的另一边客户进行交易，还能够与平台 F_2 上的另一边客户进行交易，且对于平台 F_2 上的客户也可以与平台 F_1 上的客户进行交易，那么我们称平台 F_1 和平台 F_2 之间具有兼容性。

进一步，还可以将兼容性细分为单向兼容和双向兼容。单向兼容一般发生在强势的商贸平台与弱势的商贸平台之间。例如，在我国的银行卡领域，拥有 ATM 机数量和网点优势的中国工商银行，就曾经非常不愿意与其他银行的 ATM 机实现联网。又如在 B2C 电子商务平台领域，拍拍网在发展过程中主动单方面认可淘宝网的商家信用等级，但淘宝网却并不认可拍拍网的商家信用。这类例子表明：强势平台往往不愿意和弱势平台兼容，因为这种兼容会使得弱势平台变强（纪汉霖，2006）。因此，在单向兼容模式中，强势平台上的客户不仅可以与同平台上的客户进行交易，也能较容易和弱势平台上的另一类客户进行交易。

此外，还可以根据在兼容过程中一个平台是否完全将另一平台上的客户纳入，而将兼容分为完全兼容和不完全兼容。在商贸平台中，这往往取决于商户的品牌实力，对于那些拥有优质品牌或商品的商户，更容易被其他同类型的商贸平台所接受。

接入费是平台互联所要考虑的成本因素。平台之间互通收取接入费一般出于两个目的：一是弥补提供互联服务的成本；二是出于竞争，通过收取接入费达到实现抑制竞争的目的。一般而言，相对强势的平台会要求另一方平台向其支付较高的接入费。

目前，我国商贸平台型企业间的联盟主要有三种合作类型。第一种是流通产业链上的纵向合作，如批发市场与第四方物流平台的合作：京东网与支付宝的合作。第二种是流通产业内同一领域内，不同业态之间的合作：淘宝网与义乌小商品市场之间的合作。第三种是流通产业内同一领域之间跨地区的横向合作，这种合作是建立在国内商贸流通业“局部垄断”的基础之上的，两个不同地区的商贸平台通过合作，把彼此平台上的一部分具有地方特色的有竞争力的商户资源介绍给对方，从而提升彼此的商品竞争：江苏常熟某羽绒服商贸平台与广州某女装市场之间的合作，前者的商户在冬季服装方面有竞争优势，而后者的商户在春秋装、夏装方面有竞争优势,且两者相距较远,客户重叠面较小,合作后双方在当地市场的竞争力都得到了增强。从总体上看,第一种和第三种合作可以增强合作平台彼此对客户的吸引力,从而增强企业的竞争力;第二种合作扩大了彼此的客户成员数量,从而为平台所在的双边市场带来了更多的网络外部经济性。

(4)商贸平台型企业战略的侧重点

商品流通过程主要由四个部分构成:信息流(商品信息的扩散)、商流(商品所有权的转移)、资金流(货币所有权的转移),以及物流(实体商品的空间转移)。上述四部分也构成了商贸平台型企业制订成长战略的关键点。

图4-13反映了商贸平台型企业的价值链。在双边市场中,商贸平台型企业实施规模扩张战略主要从上述四个领域展开。在一个商贸平台系统上,信息流、商流、物流、资金流这“四流”共同构成了一个完整的流通过程。“四流”互为依存,密不可分,相互作用。它们既有独立存在的一面,又有互动的一面。“四流”协同运作机制最初缘于运用马克思对商品流通的基本原理。商品流通是相对于生产与消费而言的,它是连接生产与消费的桥梁。从近年流通企业发展的实践看,通过整合平台上的“四流”,使其高效协同运作,已经是商贸平台型企业提升竞争能力、扩张企业规模的最重要手段。

传统专业市场、城市零售商在原本强调“商流”功能——商品交易的基础上,更关注其“信息流”功能——信息发布、商品展示,以及“物流”功能——商品运输、仓储;新兴的电子商务平台,如阿里巴巴集团平台,则在利用网络做好“信息流”服务的基础上,将长期发展的重点放在“资金流”和“物流”等领域。

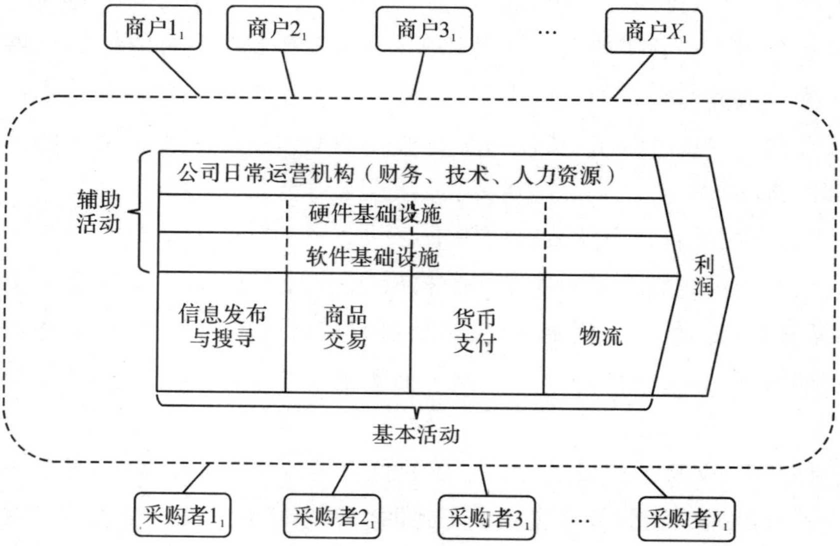

图 4-13 商贸平台型企业的价值链

资料来源：笔者根据资料总结。

迈克尔·波特：《竞争优势》，华夏出版社 1997 年版，第 37 页。

4.3 商贸平台型企业的成长策略研究

本部分研究在一个典型的双边市场环境中，一家具有“先天优势”[①]的商贸平台型企业，通过实施“低价”策略扩张规模实现市场势力的扩张过程，并进一步分析了其在形成“垄断势力”后，通过实施“垄断行为”——收取通道费，对商贸平台型企业自身、商户、消费者及其他势力较弱的同类平台企业的影响。该模型研究的目的在于，从动态发展的视角，揭示我国商贸平台型企业战略层面具有某种共性意义的成长策略。

① 这种“先天优势”来自政府保护、技术专利、先进管理等各方面，是对前文所阐述的各类“垄断因素”的高度概括，旨在表明它较其他同类平台有更强的盈利能力，因此其在实施“低价”策略时，仍可获得维持继续经营所需的正常利润。

4.3.1 模型的背景

本模型将所有依托平台开展经营活动,作为平台交易供给一边的各类主体,如制造商、供应商、代理商、经销商等统称为商户。在国内学者(吴小丁,2004;徐淳厚等,2006)对"零供关系"的研究中,一般认为,通道费概念属"舶来品",最早缘于供应商向零售企业缴纳的计算机编程费用①。具体而言,通道费是指商户除了商铺、柜台租金之外向商贸平台型企业支付的费用,包括进场费(新品进场所需支付的一次性费用等)、维持费(为维持产品销售业绩所支出的费用)和折扣等。主要包括前期的进场费,以及后续各类名目繁多的相关开支,如店庆费、广告促销费、上架费、展示费、管理费等等。近年来,国内许多在需求一边大打"价格战"的商贸平台,由于向商户收取了大量的通道费,获得了丰厚的隐蔽利润,并且在很大程度上抵消了低价销售带来的利润损失。

在现实经济中,收取通道费是具有垄断势力的大型商贸平台获得垄断利润的重要手段。国内外研究一般将通道费定义为零售企业向供应商收取的费用(赵峻镭,2011),国内外已有大量学者将零售商作为分析主体对通道费问题展开了研究。国内外学术界已经对通道费的合理性问题进行了大量研究,并主要以零售商为研究对象。"效率论"认为,收取通道费有助于提升流通产业链的运行效率;而"强权论"认为,收取通道费是零售商利用其市场势力抢夺利润的垄断行为,不利于市场开展有效的竞争;还有国内学者从我国零售企业盈利模式出发,提出通道费高低主要取决于供应商对零售商的综合毛利贡献率。但一个不争的事实是,越来越多的国内大型商贸平台商将收取通道费作为其获得利润的主要来源。这表明,通道费与商贸平台的垄断势力之间存在显著的相关性。在此,本部分研究对通道费定义的外延进行了拓展,提出通道费是商户向具有垄断势

---

① 在中国传统的商业销售流程中不存在通道费的概念。收取通道费的行为最初源于美国零售企业的销售活动开始借助于计算机和企业内部网络时,当时出现了新商品入库实施数据化管理所需的编程费用。对于这笔新增的费用,有零售企业提出应由供应商承担,大约是每种商品350美元,在供应商承担此费用后,零售商意识到他们向供应商收取费用是可行的,此后已经发展到每项单品1万至4万美元,通道费也由正常的操作费用上升为企业利润的重要组成部分。

力的商贸平台支付的所有费用总和。在此基础上，构建两个不同类型的商贸平台之间的价格竞争模型，通过分析一家具有优势的商贸平台型企业实施低价和收取通道费的行为，说明其对商贸平台型企业、商户和采购者的利益所带来的不同影响。

具体而言，这里的商贸平台型企业是指包括零售商在内的各种为促进商贸活动而提供中间性服务的平台组织；商户的概念也与源自西方供应商的概念有差异。在我国，依托各类商贸平台开展经营活动的主体具有更强的自主性。

商贸平台型企业向商户提供的服务，简单地说就是提供了销售商品的"通道"。因此，将后者向前者支付的费用统称为通道费，无疑更符合其字面含义。在现实经济中，商贸平台型企业的最主要收入就来自通道费，其经营活动也主要围绕通道费的最大化而展开。在义乌小商品市场等商贸平台中，通道费以固定的"年租金"形式存在；在城市零售企业或连锁卖场、超市中，通道费则由一次缴纳的固定费用与按销售额提成的线性费用两部分共同构成。

近年来，作为同一个价值链上的共同体的商贸平台型企业与商户，常常因通道费问题失和，甚至造成尖锐对立的事件：1999 年深圳百家供货商联合抵制百佳超市向供货商摊派 1 850 万元的装修费；2003 年 6 月，上海炒货行业协会旗下 12 家会员单位联合行动，采取"暂停供货、暂停签约"的办法来抗衡家乐福收取进场费；2004 年 8 月，8 家厨卫电器供货商组成"反苏联盟"，集体向苏宁电器福州店拒付没有事先告知就擅自摊派的促销费用；①2011 年初，路桥中国日用品商城在新一轮摊位投标后，整体租金水平大幅上调，引起部分商户到当地政府门前静坐示威；2011 年 10 月，由于阿里巴巴集团旗下的淘宝商城（现已改名为天猫商城）向部分商户大幅提高平台服务费和客户保证金，引起了他们的激烈抵制，这部分商户通过恶意购买、买后不支付、给差评等方式对淘宝商城的一些大商户进行围攻以发泄不满。

上述不和谐现象从一个侧面反映了本章之前分析的结论：我国商贸

① 周勇、池丽华：《我国零供关系发展过程述评》，《上海商学院学报》2011 年第 5 期，第 1—5 页。

流通业中确实存在着一批有着较强垄断势力的商贸平台,随着流通业的行业集中度越来越高,部分企业的市场势力不断增强,并出现了利用其在产业链上的纵向控制力实施垄断行为的事件。经济合作与发展组织秘书处曾经给零售业的"垄断势力"做出过定义:如果某零售商可以对至少一家供货商采取某项行动,使得给该供货商造成的长期损失在比例上明显大于对自己造成的损失,就表明该零售商拥有买方市场力量。(汪浩,2006)

不过对于某些具有相当影响力品牌的产品,商贸平台型企业往往收取很低或者不收通道费。如像义乌新光饰品这样优质特色产品的生产商只需要向入驻的商贸平台缴纳很低的租金,宝洁公司甚至不需要向零售商缴纳通道费。这种现象其实可以看作其强势品牌或特色产品的溢价效应抵消了他们本需要支付的通道费。此外,通道费的高低还与消费者需求密切联系,同样是不存在品牌效应的商品,其需求弹性系数越小,那么通道费也就相对越低。据调研,一般超市对乳制品收取的通道费率在3%左右,而对休闲食品收取的通道费率则在10%左右。

此外,我们在现实经济中,还观察到许多不具备很强竞争优势的商贸平台型企业也在收取种类繁多的通道费,这在很大程度上是为了"合理避税"。因为如果企业要求商户以折扣形式降价,企业将为这笔折扣款缴纳17%的增值税,然而如果以上架费、广告费、店庆活动费等名目繁多的通道费形式向商户收取,企业只需缴纳5%的营业税。① 本部分研究关注商贸平台型企业的垄断及其行为。因此,不分析减税等其他因素所导致的通道费。

4.3.2 模型的构建

假设在双边市场中存在一个具有优势的商贸平台,以及提供同类商

---

① 根据《中华人民共和国营业税暂行条例》和《中华人民共和国增值税暂行条例》的有关规定,家用电器销售:小规模纳税人增值税税率为4%,一般纳税人增值税税率为17%;家用电器维修:小规模纳税人增值税税率为6%,一般纳税人增值税税率为17%。培训业务收入、安装业务收入营业税税率为3%;代理收入、租赁收入、连锁店服务收入及广告位使用费收入等营业税税率为5%;其他服务收入的营业税税率为5%。城市维护建设税1%—7%,教育费附加3%—4%。

贸服务的其他平台。所有平台型企业均以利润最大化为目的，彼此之间进行价格竞争。具有“先天优势”①的商贸平台型企业，由于具有相对较大的盈利空间，有条件采用低价——“薄利多销”的竞争策略挤占其他平台型企业的市场空间。而且，面向采购者的低价策略有利于平台型企业打破“鸡与蛋”问题的僵局，在竞争最初的时候，平台型企业可以通过讨好其中一边的客户，增强另一边客户加入平台的积极性，从而推动平台的繁荣。还需要指出的是，在现实经济中，商贸平台型企业之间的低价竞争有时并不是直接反映在商品标价上，而是间接地反映在优势商贸平台型企业通过向采购者提供各种附加服务，从而节约采购者的综合购买成本上。该环境中的市场主体符合如下假设：

①在供给一边，有大量的商户提供可相互替代的商品，商品可以通过不同商贸平台的渠道销售给采购者；在需求一边，有大量的采购者存在，并在不同平台上购买商品。

②每个平台都对应一个偏好完全一致的消费群，每个消费群内的人数为连续的1，每个采购者都有1个单位的产品需求。采购者到其他平台上购物时，会产生一定的转换成本②。假设采购者到其他平台购物的转换成本均匀地分布在区间$[0,E]$上，其中$E>0$。

③市场由$n+1$个商贸平台型企业组成，分别记为：$F_0,F_1,F_2,\cdots,F_n$，其中$n\geqslant2$。F_0是具有“先天优势”的商贸平台型企业，其余都是弱势的商贸平台型企业。

④每个平台型企业所获取的总利润分别记为$L_0,L_1,L_2,\cdots,L_n$，$n\geqslant2$。

⑤每个平台型企业选择的策略变量为其向每个采购者销售一单位商品所获得的利润，记为$\pi_0,\pi_1,\pi_2,\cdots,\pi_n$，$n\geqslant2$。

⑥在不同平台上，采购者获得商品所支付的最终价格分别为$P_0,P_1,P_2,\cdots,P_n$，$n\geqslant2$。F_0之所以能够吸引到原本归属于其他平台的采购者前

---

① 优势商贸平台型企业“先天优势”主要表现在它较其他同类平台具有更强的盈利能力，因此其在实施低价策略时，仍可获得维持继续经营所需的正常利润。

② 转换成本存在的原因主要有两类：一是交通成本等客观因素；二是商贸平台型企业差异化经营等主观因素。本模型在此处关于转换成本的假设及数学处理参考了汪浩(2006)的论文，在此对其贡献表示感谢。

来购物,是因为它所销售的商品价格 P_0 最低,而且其价差要超过采购者的转换成本。

⑦在不同平台上,前来购买商品的采购者数量分别记为:Q_0,Q_1,Q_2,…,Q_n,$n\geqslant 2$。

⑧每个平台上都有大量势均力敌的商户在销售同质产品,市场竞争的最后结果是:商户向所有平台提供的单位商品的批发价都为 C,C 包含了这些商户的正常利润。

4.3.3 模型的均衡分析

(1)无通道费条件下的均衡分析

此时,商贸平台对所有的商户和消费者都不收取费用,即通道费为零。

首先,讨论平台之间的竞争行为。根据假设可知,平台 F_0 会采取"低价"的策略以吸引更多消费者,那么对于任意的 $i\in(1,\cdots,n)$,都会有 $\pi_i>\pi_0$,于是在 F_0,F_i 上销售商品的价格差为 $\pi_i-\pi_0$。

在有着"先天优势"的 F_0 低价的吸引下,原本在平台 F_i 上购物的消费者会有一部分转移到 F_0 购物,根据之前的假设,这部分消费者的数量可处理为$\frac{\pi_i-\pi_0}{E}$。因此,F_0 的总利润函数为:

$$L_0(\pi_0)=\pi_0\left(1+\sum_{i=1}^{n}\frac{\pi_i-\pi_0}{E}\right) \tag{4-1}$$

相对应地,弱势平台 F_i 的利润函数为:

$$L_i(\pi_i)=\pi_i\left(1-\frac{\pi_i-\pi_0}{E}\right),i=1,\cdots,n \tag{4-2}$$

通过对式(4-1)和式(4-2)的一阶求导可知(具体求导过程见附录2),它们利润最大化的条件分别为:

$$\pi_0=\frac{1}{2n}\left(E+\sum_{i=1}^{n}\pi_i\right) \tag{4-3}$$

$$\pi_i=\frac{1}{2}(E+\pi_0),i=1,\cdots,n \tag{4-4}$$

将式(4-3)和式(4-4)联立方程组,可求得在均衡状态下平台 F_0 和平台 F_i 上销售一单位商品所获得的利润分别为:

$$\pi_0^* = (\frac{1}{3}+\frac{2}{3n})E \quad (4\text{-}5)$$

$$\pi_i^* = (\frac{2}{3}+\frac{1}{3n})E, i=1,\cdots,n \quad (4\text{-}6)$$

考虑到消费者的购买价格由商户批发价与平台利润两部分组成，那么在平台 F_0 和平台 F_i 上，商品的销售价格显然分别为：

$$P_0^* = C+(\frac{1}{3}+\frac{2}{3n})E \quad (4\text{-}7)$$

$$P_i^* = C+(\frac{2}{3}+\frac{1}{3n})E, i=1,\cdots,n \quad (4\text{-}8)$$

对比式(4-7)和式(4-8)显然可知，平台 F_0 比其他平台 F_i 上的销售价格要低，两者的销售价格差为 $-(\frac{1}{3}+\frac{1}{3n})<0$，当 $n\geqslant 2$ 时，这表明，“低价”是其他平台的消费者向垄断性平台转移的诱因，如果平台数 n 越多，那么平台 F_0 所实施的“低价”将相对升高，但是它与其他平台 F_i 之间至少有 $\frac{1}{3}$ 的价格差。

在整个市场上，由于不同的平台对市场实施了分割，其各自拥有的消费者数量分别为：

$$Q_0^* = 1+\sum_{i=1}^{n}\frac{\pi_i^*-\pi_0^*}{E} = \frac{2}{3}+\frac{n}{3} \quad (4\text{-}9)$$

$$Q_i^* = \frac{2}{3}+\frac{1}{3n} \quad i=1,\cdots,n \quad (4\text{-}10)$$

对比式(4-9)和式(4-10)显然可知，平台 F_0 比其他平台 F_i 吸引了更多的消费者，且两者的数量差为 $\frac{n}{3}-\frac{1}{3n}>0$，当 $n\geqslant 2$ 时。可见，F_0“薄利多销”的低价策略为其赢得了更大的市场份额。

那么从利润的角度看，这对 F_0 是否划算呢？进一步将式(4-5)与式(4-9)相乘、式(4-6)与式(4-10)相乘可以求得，垄断性的平台 F_0 和其他平台 F_i 上所实现的均衡利润分别为：

$$L_0^* = n(\frac{1}{3}+\frac{2}{3n})^2E \quad (4\text{-}11)$$

$$L_i^* = (\frac{1}{3n}+\frac{2}{3})^2E, i=1,\cdots,n \quad (4\text{-}12)$$

对比式(4-11)和式(4-12),不难发现,F_0 相比没有实施“薄利多销”的其他平台 F_i 获得了更多的利润空间。

如果 F_0 并没有实施“低价策略”,而是与其他平台保持一样的价格,即 $\pi_i=\pi_0$,代入式(4-1)和式(4-4)后可知,此时 F_0 的总利润为:

$$L_0'=\pi_0=E \tag{4-13}$$

式(4-13)表明,在完全市场竞争的格局下,所有平台的最大化利润其实源于消费者的额外成本,也就是消费者由原先购物平台转移到一个新平台购物所耗费的总机会成本。

对比式(4-11)和式(4-13)之差可得:

$$D=L_0^*-L_0'=n\left(\frac{1}{3}+\frac{2}{3n}\right)^2E-E=\frac{(n-1)(n-4)}{9n}E \tag{4-14}$$

观察上式(4-14),很容易得出:

当整个市场上只有 2 家或 3 家平台时,即 $n=2,3$ 时,$D<0$;

当整个市场上有 4 家平台时,$D=0$;

当整个市场上的平台超过 5 家时,$D>0$;

且当 $n>2$ 时,有 $\frac{\mathrm{d}D}{\mathrm{d}n}=\frac{E}{9}\left(1-\frac{4}{n^2}\right)>0$。

这表明,在本模型中,如果 $2\leqslant n<4$,也就是说,当商贸平台型企业在整个市场上的占有率超过 25%时,它长期实施“低价”策略,虽然会扩大市场份额,但是也会对其利润产生不利影响;但是,如果 $n>4$,即当市场被许多的平台企业分割时,那么具有“先天优势”的商贸平台型企业就有足够多的利润诱惑,去实行一个“低价”的策略,这不仅可以扩大市场份额,而且能够获得较不实行该策略更多的利润。

通过上述分析,可以得出以下与产业组织相关的商贸平台企业的行为结论。

结论 1:在一个存在 2 或 3 家市场份额相当的平台市场(寡头竞争)环境中,如果一家商贸平台型企业有“先天优势”,虽然它可以通过“薄利多销”获得更大的市场份额,但是在没有通道费的条件下,从长期看,它将缺乏足够的动力去实行“低价”策略。

结论 2:在一个存在多家平台的(垄断竞争)市场环境中,如果一家商贸平台型企业有“先天优势”,即使不存在通道费,从长期看,它也有足够的动力去实行“低价”策略,其获得的好处包括:更大的市场份额;比其竞争者更丰厚的利润，而且其利润也比不实行“低价”策略更丰厚。

(2)存在通道费的条件下的均衡分析

根据前一部分研究所得的结论，会发现一家市场份额较小但是具有“先天优势”的商贸平台企业在最初的成长起步阶段，其仅仅通过“低价”策略，就能在增加利润和扩大市场份额两方面获得成长业绩。但是，随着它在消费者市场中的占有率不断提高，它继续实施“低价”策略的副作用开始显现：吸引更多消费者在利润方面带来的好处变得小于其“低价”行为本身给其带来的利润损失。但是，在“先天优势”和高市场占有率的双重作用下，这家商贸平台型企业显然已经具备了“垄断势力”，在这样的背景下，如果它想要继续扩大市场份额，同时又不降低利润，那么采取“垄断行为”，向商户收取通道费便成为它最有可能的选择。

在现实经济中，许多流通企业都或多或少地收取通道费。在模型中，为简化分析，假设只有一家已经拥有了“垄断势力”的商贸平台型企业 F_0 收取通道费，并且其收取通道费的数量只与商品销售数量呈线性相关，其费率记为 z，并全部用于补贴其商品价格。在其余假设条件不变的前提下，与之前分析类似，可以得到 F_0 的总利润为：

$$L_0(\pi_0)=\pi_0(1+\sum_{i=1}^{n}\frac{\pi_i-\pi_0+z}{E}) \tag{4-15}$$

弱势平台 F_i 的利润函数为：

$$L_i(\pi_i)=\pi_i(1-\frac{\pi_i-\pi_0+z}{E}),i=1,\cdots,n \tag{4-16}$$

上述平台利润的最大化条件分别为：

$$\pi_0=\frac{1}{2n}(E+\sum_{i=1}^{n}\pi_i+nz) \tag{4-17}$$

$$\pi_i=\frac{1}{2}(E+\pi_0-z),i=1,\cdots,n \tag{4-18}$$

在均衡状态下，则有：

$$\pi_0^{**}=(\frac{1}{3}+\frac{2}{3n})E+\frac{z}{3} \tag{4-19}$$

$$\pi_i^{**}=(\frac{2}{3}+\frac{1}{3n})E-\frac{z}{3},i=1,\cdots,n \tag{4-20}$$

比较式(4-5)和式(4-19)显然可见，通道费的存在增加了 F_0 的单位利润；比较式(4-6)和式(4-20)可见，对弱势平台而言，通道费的存在会造成它们的单位销售利润进一步下降。

仍然是考虑消费者价格由商户批发价与平台利润两部分组成。但是与之前相比,平台 F_0 获得了线性通道费并且使用全部的通道费用于补贴商品销售[已在式(4-15)中体现]。因此,在平台 F_0 和平台 F_i 上,商品的销售价格分别为:

$$P_0^{**}=C+(\frac{1}{3}+\frac{2}{3n})E+\frac{z}{3}-z=C+(\frac{1}{3}+\frac{2}{3n})E-\frac{2z}{3} \quad (4\text{-}21)$$

$$P_i^{**}=C+(\frac{2}{3}+\frac{1}{3n})E-\frac{z}{3},i=1,\cdots,n \quad (4\text{-}22)$$

如果我们将式(4-21)和式(4-22)之差,与前面的式(4-7)和式(4-8)之差做对比,显然,平台 F_0 比其他平台 F_i 上的销售价格差被进一步拉大了$\frac{z}{3}$。这表明,由于有了线性通道费,平台 F_0 在与其他平台 F_i 的价格竞争中的优势更明显;而且这种"低价"优势与之前的不同之处在于:"低价"成本全部是由商户以通道费的形式为其所承担。此外,由于在平台上开展经营活动的主体是大量的中小商户,其总数要比平台数量小得多;而且产品具有同质性,是一个完全竞争市场。因此,它们所付出的通道费只能来自降低自身正常利润的部分。

进一步对比式(4-7)、式(4-19)和式(4-21)不难发现,由商户承担的线性通道费中,$\frac{1}{3}$转化为具有"垄断优势"的平台 F_0 的新增利润,另外的$\frac{2}{3}$则通过平台 F_0 间接补贴给了消费者。

相应地,还可以求得在 F_0 和 F_i 平台上的消费者数量分别为:

$$Q_0^{**}=\frac{2}{3}+\frac{n}{3}+\frac{nz}{3K} \quad (4\text{-}23)$$

$$Q_i^{**}=\frac{2}{3}+\frac{1}{3n}-\frac{nz}{3K},i=1,\cdots,n \quad (4\text{-}24)$$

比较式(4-9)和式(4-23)可得,通道费的存在使平台 F_0 的市场份额进一步增加;比较式(4-10)和式(4-24)可见,通道费使得平台 F_i 的市场份额进一步下降。

将式(4-19)与式(4-23)相乘可以求得,F_0 平台上的利润为:

$$L_0^{**}=n[(\frac{1}{3}+\frac{2}{3n})E+\frac{z}{3}](\frac{1}{3}+\frac{2}{3n}+\frac{z}{3K})>n(\frac{1}{3}+\frac{2}{3n})^2E=L_0^* \tag{4-25}$$

由式(4-25)可知,与没有通道费的情况相比,平台 F_0 显然通过收取通道费实现了利润的增加。

同理,由于平台 F_i 上的单位销售利润 π_i^{**} 和消费者数量 Q_i^{**} 都下降了,因此其利润明显相对降低了。

通过上述分析,我们可以得出关于通道费给商贸平台型企业之间的竞争,以及消费者和商户造成影响的如下结论。

结论 3:通道费的存在,对于"垄断地位"平台而言是极其有利的,不仅提高了它的利润,还进一步增加了其市场份额。

结论 4:通道费的存在,对于弱势地位平台而言是极其不利的,为了与有垄断地位的平台竞争,它不得不降低销售价格,造成利润下降,同时仍然面对市场份额下降的局面。

结论 5:通道费的存在,对于消费者而言是福利的改进,对于在"垄断地位"平台购物的消费者而言,其购买成本的下降则来自商户提供的通道费;对于在弱势地位平台购物的消费者而言,其购买成本的下降来自平台之间的激烈竞争。

结论 6:通道费的存在,对于商户整体而言,是其正常利润水平的下降,其中大部分补贴给了在"垄断地位"的平台购物的消费者,剩余部分成为"垄断地位"的平台的新增利润。

4.3.4 研究结论的分析:垄断势力与垄断行为的自我强化

结论 1 和结论 2 表明,当某家商贸平台型企业在当地政府的支持下或掌握了某些先进技术,且相对其他的同类平台形成了竞争优势后,就有很强的动机采取"低价"策略扩大其自身市场占有率,而且只要它在整个双边市场上份额不超购 25%,"低价"策略还能帮助其提高营业利润。这可以解释国内不同类型商贸平台型企业的不同定价行为,那些在大城市核心商圈,并在该辐射区域内有着高市场占有率的零售企业,为了维持其利润水平,往往不愿意实行"低价"策略;与其相反,那些建在城市较偏僻地区的大型连锁超市、卖场则更倾向于实行"低价"策略以争夺同类企业的消费者。

结论3和结论4表明,当某家商贸平台型企业通过实施“低价”策略,提高了市场占有率,形成了“垄断势力”之后,这家企业为了在增加市场份额的同时,保持自身利润水平,在不受政策约束的情况下,几乎肯定会向商户收取通道费,因为这意味着,它一方面可以抢占其他平台的市场,另一方面还能增加利润。随着“垄断势力”平台市场占有率的提升,其他弱势平台面对利润下降和市场占有率下降的双重打压,在竞争中处于更加不利的地位,部分弱势平台将退出市场竞争或被兼并,该企业的“垄断势力”将被进一步增强。如近年来,国美通过先后兼并永乐电器、中大电器等同类连锁家电卖场,而不断提高其市场占有率。

结论5和结论6表明,收取通道费的垄断行为虽然在短期内会降低采购者购买产品的价格,增加采购者剩余,但是该行为的背后是大量商户正常利润的被侵蚀,最终会导致较为严重的“零供矛盾”、平台商与商户冲突等现象。也就是说,原本作为同一个价值链上的商贸平台型企业与商户因通道费问题造成失和,甚至尖锐对立的现象并非偶然,它是大型商贸平台型企业逐利性和其市场势力扩张的必然结果。

上述研究表明,在商贸流通领域内的垄断势力与垄断行为具有互为因果的自我强化机制,即“收通道费—市场势力增强(市场份额提高+企业利润增加)—继续收取通道费”。这也解释了为何国内外销售规模最大的商贸流通企业出现在连锁超市、卖场这类销售利润率低、竞争激烈领域。如国外的沃尔玛、麦德龙、家乐福等,国内的苏宁、国美等。相反,那些占据城市黄金商业地段的商贸平台,如杭州大厦、徐家汇等城市百货业态虽然单店销售额和单件商品的销售利润率高,但总销售额却较小。这是因为,一方面后者在其辐射范围内的市场占有率已经很高了,“低价”策略将给其利润带来损失,并且也难以显著提高其市场份额。另一方面,这些占据其所在城市黄金商业地段的城市零售商,由于在其他城市获得优质商业地块的难度很大,也往往难以复制其商业模式开展连锁经营。

同时,从政府规制的角度来看,以收取通道费为代表的商贸平台型企业的垄断行为,虽然从短期看也降低了消费者购买产品的价格,增加了消费者剩余,但是对于广大的中小商户和其他处于弱势地位的平台而言是一种掠夺和挤压。长此以往,既不利于商户(背后是中小制造企业)的发展，也不利于在流通领域内形成有效竞争的格局。因此，政府对部分商贸平台型企业利用其“垄断势力”实施垄断行为的现象应该引起足够的重视和关注。本书将在后续部分阐述对商贸平台型企业实施政府规制的政策建议。

第5章 商贸平台型企业的公司治理:利益相关者分析

无论是宏观层面的转型,还是产业组织层面的市场结构,都只是分析了我国商贸平台型企业发展的外部环境,但对现实企业问题的研究最终还需要落到企业视角——公司治理(Corporate Governce)层面。本书第4章从商贸平台型企业所处的产业组织环境分析,企业选择市场势力快速扩张的发展战略几乎是必然的,那么在这类企业快速成长的过程中,应该如何化解《企业法》中所涉及的各类相关主体之间的冲突呢?这就需要运用利益相关者理论,在公司治理层面展开研究。

从狭义、静态的角度看,公司治理表现为一种结构和关系,即公司治理结构(Corporate Governance Structure)。现代企业是一个由公司治理结构而不是由出资人个人来具体管理的组织。吴敬琏(1994)认为,公司治理结构是指由所有者、董事会和高层经理三者构成的一种组织结构。上述三者在该架构内形成一定的制衡关系:所有者将自己的资金交由董事会托管;董事会是公司决策的最高机构,拥有对高层经理人员的聘用、奖惩及解雇权;高层经理人员受雇于董事会,是董事会领导下的执行机构,在董事会的授权范围内经营企业。从广义、动态的角度看,公司治理表现为一个过程和治理机制,在这一治理过程中所涉及的主体至少可分为三个层次,如图5-1所示:一是在最外围的全社会的监督,包括伦理、制度、法律等大环境层面的监督;二是在中间层面的企业外部的重要利益相关者对其行为的约束;三是狭义的公司治理,是所有企业公司治理的核心领域,主要指股东大会、监事会、董事会与经理层人员之间的制衡。

本书从广义、动态的角度研究我国商贸平台型企业的公司治理问题,其中第一层次社会大环境对其公司治理的影响已在本书之前内容阐述,本章从企业利益相关者的视角出发,研究我国商贸平台型企业的公司治理问题,重点关注我国商贸平台型企业的利益相关者的界定与分类、多重身份下的利益相关者诉求、利益相关者参与公司治理,以及企业中关键利益相关者的控制权演化问题。

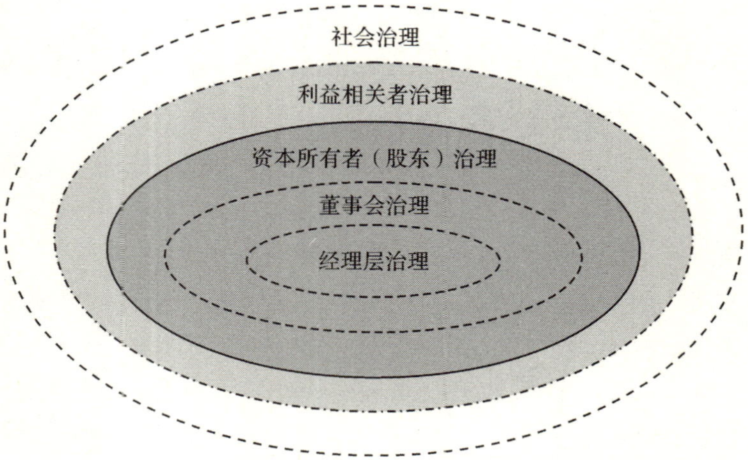

图 5-1　公司治理的层次划分

5.1　商贸平台型企业利益相关者的界定与分类

不同类型企业所涉及的利益相关者的类型、数量及其影响都有着较大的差异,企业与其外部的利益相关者关系复杂程度越深,就越需要关注利益相关者在公司治理中的作用。近年来,在我国商贸平台的新建与运营过程中,特别是专业市场领域,就出现了"盖得快、卖得快、死得快"的现象。某些商贸平台在建设之初,企业经营层为快速产生经济效益,就通过强力的促销手段,将商铺的产权或者是 20 年使用权大量卖给纯粹的投资者,而不是真正的商户,导致商贸平台在后期的经营过程中,商铺长期闲置,生意冷清,不得不停止经营或转作其他用途。造成这一现象的原因在于相关企业在经营的过程中只注重股东和经理层的短期利益,而较少考虑商户、社区等利益相关者的利益。相较于一般的制造企业,商贸平台型企业在公司治理中所涉及的主体更为复杂,如本书之前在产业组织环境分析中所提到的,地方政府、商户群体等企业之外的利益相关者都是影响商贸平台型企业发展的重要成员。因此,有必要从利益相关者的角度对我国商贸平台型企业的公司治理问题展开研究。

5.1.1　利益相关者概念与公司治理

(1)概念提出的历史背景

利益相关者概念的流行，不仅源于公司治理的需要，而且与公司治理问题的产生有着共同的历史背景：在20世纪初期之后，西方主要发达国家由职业经理层管理的大企业逐渐取代传统的家族企业成为国民经济中最重要的微观基础。伯利和米恩斯(1932)考察了当时美国200家最大的非金融企业的实际运作情况发现，许多股权高度分散化的企业往往被那些只有少数股权甚至没有股权的内部经理所控制，从此人们开始日益关注现代公司制企业所有权与控制权相分离背景下的公司治理问题。与此同时，利益相关者理论的基本出发点——企业社会责任问题也开始被学者所关注并被强调其重要性，[①]这是历史的巧合吗？

从企业责任角度看，利益相关者概念与福利经济学中的"社会成本"概念遥相呼应。西方发达国家大型企业的活动在为股东创造价值的同时，其行为也为全社会带来了显著影响，因此被要求承担更多的社会责任。虽然这在短期可能给企业的利润带来负面影响，但是从长期看，这对企业的成长和获利却是有利的。特别是大企业借助媒体的宣传，它们在社会责任方面的付出将在很大程度上转化为企业长期发展所必需的声誉资本。我们知道在企业所有权和经营权"合二为一"的传统家族企业中并不存在经营者的任期问题，家族企业负责人承担社会责任的个人行为也会被社会认为是其企业的行为，作为理性的家族企业负责人自然会从长远角度考虑企业的发展问题，关注与企业发展密切相关的群体利益，这也

---

① 20世纪30年代初，哥伦比亚大学教授 Adolf Berle 与哈佛大学教授 Merrick Dodd 在《哈佛法学评论》上关于"经理们到底是谁的受托人"(for whom are corporate managers trustees)展开论战。Dodd 从民意(Public Opinion)的角度宣称，企业不仅仅是一个营利的经济机构，还是一个社会服务组织，经营者应树立对员工、消费者、小区等公众社会责任感，"企业作为经济结构，既有营利功能，也有社会服务功能"。资料来源：Jesse H C, John C C J, Ronald J G, *Cases and Materials on Corporations*，中信出版社2003年版，第36页。

是许多早期家族企业的常见做法。[①] 但是，在“两权分离”的背景下，企业的管理层往往更注重其任期内绩效指标，忽视甚至不惜损害部分企业利益相关者的利益以换取短期的经济利益，可以这样说，将利益相关者引入公司治理有效地避免了职业经理人只注重其任期内的企业绩效的短视行为，从而有利于企业的长久发展。

(2)基于利益相关者的公司治理观

斯坦福研究所(SRI,1963)提出企业不仅仅是产权意义上的股东的企业，也是社会意义上的“利益相关者”的企业。安索夫(Ansoff,1965)进一步明确了利益相关者概念的范畴：“要制订理想的企业目标，必须综合平衡考虑企业的诸多利益相关者之间相互冲突的索取权，他们可能包括管理人员、工人、股东、供应商及顾客。”[②]此后，利益相关者概念被引入企业的战略管理领域，并逐步形成了一个较为完整的分析框架。利益相关者概念的提出，进一步激发了学者对“企业是谁的企业”这一问题的浓厚兴趣，学者对谁是企业真正的主人和企业责任展开讨论。基于“股权至上”的观点认为，企业具有一种而且只有一种社会责任——在法律和规章制度许可的范围内，利用它的资源和从事旨在增加它的利润的活动(佛里德曼，1986)；而利益相关者理论所持有的观点则是，公司不仅应对企业股东负责，还应对与企业有利益关系的群体，如员工、债权人、顾客和社区等负责。正如通用电气首席执行官 Ralph Cordiner 所说：“高层管理者是受托人，其管理责任是在股东、客户、员工、供货商、社区的利益之间求得最好的平衡。”[③]这两种治理观的主要差异如表 5-1 所示。

---

① 在 18 世纪末期，西方企业的规模普遍都还很小，承担社会责任的能力有限，但仍然有一些小企业的业主们经常捐助学校、教堂和穷人们；19 世纪后，有些企业已经初具规模，可以在一定程度上影响当地的经济、政治和文化生活，造船业和银行业的大亨斯蒂芬·杰拉德先生被认为是最早的慈善家之一，在 1831 年去世的时候，他已成为美国最富裕的人。在他的遗嘱中，他把价值 600 万美元的遗产都捐了出来，用于为孤儿们建立一所学校。美国石油大王约翰·洛克菲勒先生，他在 19 世纪后半叶积累起了巨额财富，但他在其有生之年共向社会捐款 5.5 亿美元，并设立了洛克菲勒基金以改善全人类的生活。

② 资料来源：Ansoff, *Corporate Strategy*, McGrawHill, 1965.

③ 转引张维迎：《产权、激励与公司治理》，经济科学出版社 2005 年版，第 111 页。

表5-1 “股权至上”公司治理观与利益相关者公司治理观的对比

	“股权至上”公司治理观	利益相关者公司治理观
企业所有者	企业的资本所有者(股东)	企业的利益相关者
企业责任	股东价值最大化	利益相关者价值最大化
经营者的目标	利润最大化	利益相关者的总效用最大化
企业本质(契约角度)	物质资本所有者与董事会、经营者、员工等公司内部成员之间契约关系的总和	企业的各类利益相关者在显性契约和隐性契约的共同作用下的连接体
剩余索取权与控制权分布	集中对称分布于物质资本所有者	非均衡地对称分布于企业的物质资本和人力资本所有者之中

资料来源:陈宏辉:《企业利益相关者理论与实证研究》浙江大学,2003年版。

在本质上,上述两种观点是可以统一的。衡量公司治理有效与否有三个指标:利润、共同剩余和社会经济福利。(刘汉民,2007)其中,利润可看作资本所有者(股东)的效用总和,共同剩余是指企业全体利益相关者的效用总和,而社会经济福利则是全体社会成员的效用总和。显然,这三个目标之间存在矛盾,但是在企业内通过合理的制度安排——公司治理,将尽可能地使上述三个指标都趋向最大,从而确保企业的均衡持续发展。

5.1.2 商贸平台型企业利益相关者的界定

(1)界定的标准:资产专用性

将利益相关者纳入企业公司治理的一个必要前提是界定利益相关者的范围。对企业经营有影响的群体有很多,经营者不可能考虑所有的相关者。Freeman(1984)立足企业战略,关注利益相关者对企业战略制订和实施过程的影响力,提出了一个包容面很广的概念,任何能够影响企业组织目标的实现或受这种实现影响的个人或群体。该观点与当时发达国家正在兴起的企业社会责任的观点不谋而合,受到许多经济学家的赞同,成为一段时间内界定利益相关者的一个标准范式。但是根据这一标准,企业经营者几乎要将企业经营之中遇到的每一个人视为利益相关者,显然不具备操作性。大卫·威勒和西北琶(2002)甚至将企业经营中所有可能遇到的人和物(包括人类、动物、环境等)都纳入企业利益相关者的范畴中,并根据其对企业的影响程度和是否具备社会属性这两个维度,将企业的利益相关者划分为四类:主要社会利益相关者、次要社会利益相关者、主要非社会利益相关者和次要非社会利益相关者。

事实上,企业与利益相关者之间最重要的联系在于资产专用性;换言之,企业的利益相关者应该是那些对企业进行了专用性投资并为此承担风险的人,正如 Clarkson(1994)对企业利益相关者的定义,在企业中承担了某种形式的风险的个人或群体。

威廉姆森(2002)认为,企业的投资行为可分为专项投资和一般性投资,其中前者所形成的资产专用性是为支撑某种具体交易而进行的耐久性投资,专项投资的风险在于如果合同不能如约履行或不得不提前终止,就难以在不牺牲价值的条件下改变这种专用资产的用途。从企业的角度看,企业的所有者更偏爱具有专用性的资产,因为可以通过"套牢"向要素所有者索取更多的准租金。反之,从要素所有者的角度看,要素专用性越强,所有者越容易在投资的过程中被"套牢",这意味着他要为企业的实际经营活动承担更大的风险,他也就越有动力参与到公司治理结构之中。如大型零售商向初次入驻的商户收取的进场费,从商户的角度看就是一种专用性方面的投资,如果后期商户选择不与零售商合作,它就无法在公开市场上转让这笔投资。因此,当大型零售商要求供应商支付店庆费、新品上架费等其他费用时,被"套牢"的商户将不得不向零售商支付。此外,商户为了熟悉特定商贸平台的规制,也需要对其员工进行大量的培训,这都构成了沉淀成本。

威廉姆森(2002)提出资产专用性至少可以分为四种不同类型:专用地点、专用实物资产、专用人力资产及特定用途的资产。商贸平台型企业经营中所涉及的资产专用性也可从这四个角度进行区分概括。

①专用地点。由于建筑迁建成本、消费者的购物习惯等原因,某些商贸活动中的地点一旦发生改变,将给企业带来显著的经济损失。如商贸平台、城市百货等实体经营的商贸平台在建成并投入运营后,要重建或迁址的成本是很高的,如果土地所有者要求提前收回土地使用权或临时提高租金,企业将蒙受重大损失。②专用实物资产,是指那些虽然在地理上可移动,但是实际用途非常单一的资产,其价值的产生必须与其他实物资产结合在一起。如生产专门零件的模具,这类专用资产在商贸平台中较为少见。③专用人力资产,是指企业的员工、客户在企业运营的过程中所

形成的专用技能,与“干中学”(Learning by Doing)因素密切相关,员工、商户与商贸平台之间的雇用或业务时间越长,这种专用性也就越强。④特定用途的资产,是指那些只能为某个客户提供价值的资产,这种资产不仅包括硬件设备,也包括软件设备。如商户根据商贸平台而专门定做的广告招牌、销售柜等设备,商户为了匹配商贸平台的软件系统而购买的软件。

除上述四个方面的资产专用性,还有几类较为典型的专用性:①股权投资专用性,是指上市的商贸平台型企业的大股东或机构投资者拥有大量企业股权而产生的“套牢”,当这些资产在公开市场大量抛售时,将导致股价下跌而造成资产损失。②债权投资专用性,是指以银行为代表的债权人将资金借给企业后,在一定时期内将无法再使用这笔资金,并将承担企业资不抵债且难以继续经营时无法完全收回资金的风险,严格来说,这属于特定用途的资产。③采购专用性,是指采购商在大量购买商品后,在产品分销、质量保证、技术支持等方面对企业所形成的依赖性。④消费专用性,是指消费者购买商品后在购买习惯、使用习惯、售后服务等方面对企业形成的依赖性。

基于资产专用性,笔者认为,与商贸平台型企业发展密切相关的利益相关者主要有股东、管理层、企业员工、地方政府、制造企业、经销商、代理商、采购商、普通消费者、社区等。企业与他们之间在资产专用性方面的联系如表5-2所示。

表5-2 我国商贸平台型企业与其主要利益相关者之间的联系

利益相关者	与企业之间的联系(资产专用性角度)	
	投入的(有形与无形)资产	资产专用性特征
股东	货币资本	股权投资专用性(仅针对持有较多股份的股东)
管理层	经营才能	专用人力资产
企业员工	劳动力	专用人力资产
债权人(银行)	货币资本	债权投资专用性
地方政府	土地	专用地点
制造企业	生产设备和人力	专用实物资产、专用人力资产

续 表

利益相关者	与企业之间的联系(资产专用性角度)	
	投入的(有形与无形)资产	资产专用性特征
经销商、代理商	销售设备和人力	专用实物资产、专用人力资产
采购商	采购所耗费的金钱、精力和时间	采购专用性
普通消费者	选购所耗费的金钱、精力和时间	消费专用性
社区	附近的环境	专用地点

资料来源:笔者思考与整理。

(2)实证研究的结果

笔者通过专家评分法界定商贸平台型企业的利益相关者,利用在专业市场、城市零售商、第四方物流平台、电商企业等各类商贸平台型企业进行研究的机会,共访谈了20位来自商贸平台型企业的管理层,在向他们介绍了利益相关者的概念后,为他们每个人提供了一份共包含18类利益相关者的名单。这份名单的提出考虑了第4章表4-3和第5章表5-2的结论,请他们选出与企业经营活动相关的利益相关者,数量不限,并可补充他们认为对企业经营有影响的其他利益相关者。调查的基本统计结果如表5-3所示。

表5-3 商贸平台型企业利益相关者界定的问卷调查结果

利益相关者	提及次数(入选率)	利益相关者	提及次数(入选率)
股东	20(100%)	周边社区	10(50%)
管理层	20(100%)	代理商	10(50%)
债权人	20(100%)	制造商	9(45%)
地方政府	18(90%)	建筑设计施工单位	8(40%)
经销商	16(80%)	普通消费者	8(40%)
采购商	15(75%)	同类型竞争对手	6(30%)
普通员工	14(70%)	周边学校	2(10%)
第三方合作者	13(65%)	社会公众	1(5%)
新闻媒体	12(60%)	其他社会团体	1(5%)

调查中提到的其他利益相关者为行业协会组织、消防、工商、税务、物流公司。

资料来源:笔者根据问卷调研数据整理所得。

由表 5-3 可见,股东、管理层和债权人作为商贸平台型企业利益相关者的认可度最高,入选率为 100%。以银行等金融机构为代表的债权人被认为与股东和管理层一样的,是企业最重要的利益相关者。关于商贸平台型企业资源占有量,企业与银行之间需要保持良好的沟通,能确保企业获得充足的授信额度,为企业的大规模建设提供稳定的现金流。此外,商户在经营活动中会产生大量的资金往来需求,因此作为企业债权人的银行还以商贸平台上重要的第三方合作者存在。

地方政府、经销商、采购商的认可度也较高,入选率分别为 90%,80%和 75%。其中,消防部门[①]被多次提及,由于实体型的商贸平台经营形成的人流量巨大,建筑物的消防审批条件严格,经常会面临消防安全检查的问题,所以被企业管理者认为是重要的利益相关者。对于有国资背景的商贸平台而言,地方政府除了拥有企业行政管理者的身份之外,还有着大股东的身份,对企业决策和经营活动有着直接的影响。

作为企业内部组成的企业员工的认可度相对较低,入选率只有 70%,让笔者较为意外。在进一步访谈过程中,被访问的管理人员提到,商贸平台、城市百货企业的许多员工属一线销售人员、物业管理人员,流动性大,对企业的依赖性不强,企业也容易从劳动力市场找到替代者。

第三方合作者和新闻媒体也有较高的认可度,入选率分别为 65%和 60%。有大型零售商的管理者提到,企业与一些新闻媒体有长期的广告合作关系。

周边社区、代理商、制造商、建筑设计施工单位、普通消费者的认可度较为一般,入选率在 40%—50%之间。调研中有经理者表示,他也认为周边社区、普通消费者很重要,应重视他们的共性意见,但由于涉及范围广,众口难调,他们的个体利益诉求很难影响企业的经营决策;代理商、制造商在管理层的眼中与经销商的性质是一样的,都属于平台商铺的租赁者,即商户;建筑设计施工单位在平台的前期策划和建设阶段较为重要,但是在商贸平台正式运营后则没有影响力。

---

① 我国消防部门属武警系统管辖,不是地方政府的职能部门,但从消防部门所提供的公共产品角度看,其仍应属地方政府的服务范畴。

同类型竞争对手有较低的认可度，其入选率为 30%。大部分管理者表示他们在经营过程中，会考虑竞争对手，但这更多的是对具体的营销策划产生影响，对商贸平台的总体定位、发展思路、治理结构等影响不大。

周边学校、社会公众、其他社会团体的认可度最低，大多数企业在实际经营中不考虑其利益诉求。

此外，在调研过程中，被访问者提到的利益相关者还有行业协会组织、工商、税务、物流公司等①。

5.1.3 商贸平台型企业利益相关者的分类

(1)分类的方法：三维评分法

各类利益相关者有着不同的利益诉求，对企业经营的重要性也有差异，经营者不可能对所有的相关者"一碗水端平"，这就需要根据商贸平台型企业公司治理的实际对其利益相关者进行分类。近年来，美国学者米切尔和伍德(1997)针对利益相关者分类提出的三维评分法，因其可操作性强和对策指向性明确，备受企业管理者和理论界的青睐。国内也有许多学者已利用他们的方法对其进行了实证研究，如陈宏辉、贾生华(2004)，邓汉慧、赵曼(2007)等。

米切尔和伍德认为，作为一个企业的利益相关者，应至少具备合法性(Legitimacy)、紧急性(Urgency)和权力性(Power)三项属性的其中之一。其中，合法性是指某一群体在法律、道义等层面是否对企业享受索取权，紧急性是指某一群体的要求是否能立即得到企业经营者的重视和回应，权力性是指某一群体是否具有影响企业决策、经营的能力或手段。根据上述三个维度可以将企业的利益相关者划分为三种类型：确定型利益相关者、预期型利益相关者和潜在型利益相关者，如图 5-2 所示。

---

① 事实上，这些利益相关者都可并入访谈设计的类别之中。

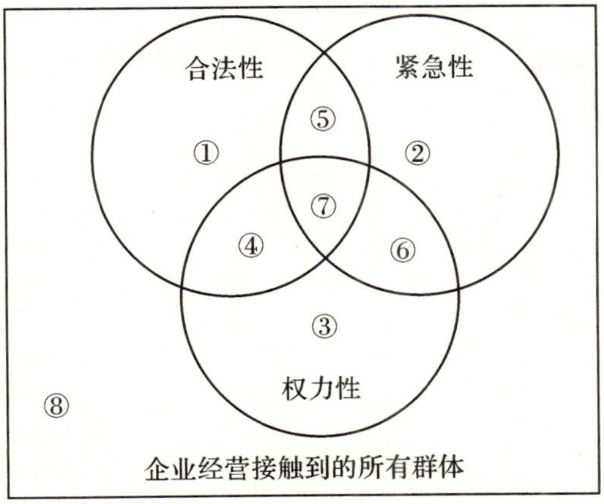

图 5-2　米切尔和伍德的利益相关者分类

资料来源：Mitchell A, Wood D. *Toward a theory of stakeholder identification and salience: defining the principle of who and what really counts*, *Academy of Management Review*, Vol. 22(4), 1997, pp. 853-886.

在图 5-2 中，企业的潜在利益相关者为第①②③类，他们只具备上述三个维度中的一项。

第①类：只具备合法性。在一般情况下，企业关注的是这类群体的共性诉求，而不会去特别关注其中的个体利益诉求。只有在特殊情况下，他们的利益诉求才会被引起关注，他们往往借助政府、法律、社会舆论实现其诉求，如普通消费者群体。

第②类：只具备紧急性。对于这类群体，企业倾听但不关注他们的实际利益诉求，他们是企业管理者的信息来源，如某些媒体、评论员。

第③类：只具备权力性。这类群体往往被企业视为麻烦制造者，因为在没有合法性和紧急性的前提下，他们使用权力更多的是对企业现有经营的一种威胁，如恶意竞争对手、干扰企业正常经营的个体。

企业的预期型利益相关者为第④⑤⑥类，他们同时具备上述三个维度的其中两项。

第④类：具备合法性和权力性，但不具备紧急性。这类群体虽然不能直接影响企业决策和经营，但是因为他们手中掌握有企业发展所需的重要资源，所以其利益诉求会得到企业实际经营者的高度重视，并得到实现，如地方政府、重要商业合作伙伴等。

第⑤类：具备合法性和紧急性，但是不具备权力性。这类群体的个体力量相对较弱，往往会通过与企业内的确定型利益相关者建立联盟、利用政府监督、社会舆论监督等方式，实现自身的利益诉求，如商贸平台企业的中小股东、周边社区、企业的普通员工。

第⑥类：具备紧急性和权力性，但不具备合法性。这类群体对企业经营而言是充满挑战的，他们的利益诉求往往不能立即在企业那里得到响应，而且有时是与企业的其他利益相关者相冲突的。因此，他们会不惜采取“两败俱伤”的方式以引起企业管理者关注并实现其利益诉求，如商贸平台上的部分商户群体，即经销商、代理商等。

企业的确定型利益相关者为第⑦类，即同时具备合法性、紧急性和权力性的群体，他们是享有企业实际控制权的群体，在企业的董事会、管理层中占有一席之地，即企业的大股东、管理者，其利益诉求往往可以迅速从企业经营中得到反应，其余利益相关者的诉求也需要通过他们的响应和行动才能得以实现。

剩余的与企业发生接触的群体则被归为第⑧类，不属于企业的利益相关者，至少在大多数企业的实际经营中不考虑他们的利益诉求。

需要说明的是，米切尔和伍德的评分法为我们认识并区分某个具体状态下的商贸平台型企业利益相关者的特征提供了一个有力的分析工具。该分析方法的价值不仅在于它准确地告诉我们谁是企业的利益相关者，还在于其关于利益相关者分类模型的动态性：任何个体或者群体获得或失去某些属性后，就会从一种形态转化为另一种形态。(陈宏辉，2007)例如，通常情况下，一个在商场购物的普通消费者只具备(享受安全购物环境的)合法性，不具备影响商场决策和经营的紧急性和权力性，但是当他的合法权利受到损害后，如果他向工商部门、消费者协会、新闻媒体投诉等，他就能获得权力性、紧急性，从而对企业经营产生影响。事实上，对于不同类型的商贸平台型企业，以及同一企业处在不同的发展阶段，其利益相关者的属性都会发生变化，对某个具体的利益相关者而言，它的状态并不具有“固定特性”(Fixed Property)(米切尔，伍德，1997)。因此，在研究企业的利益相关者时，需要因时、因地、因人而异，具体问题具体分析。

(2)实证研究的结果

笔者在本节第二部分调研的基础上，向被调查对象介绍了米切尔和伍德的评分法中合法性、紧急性和权力性的概念后，请他们分别对企业利益相关者的三项属性进行评分(调查问卷见附录4)。其中,每类利益相关者每项属性的最低分为1,最高分为7,即当被调查者认为该相关者完全不具备某一特征时,得分为1;完全符合某一特征时,得分为7。

当某个利益相关者的某项特征平均值在区间(5,7]时,认为该利益相关者高度符合该特征;平均值在区间(3,5]时,属中度符合;平均值在区间(1,3]时,属低度符合。进一步,根据米切尔和伍德的评分法,如果某一利益相关者只有一项特征高度或中度符合,而另两项为低度符合,则归为潜在型利益相关者;如果两项特征为高度符合或中度符合,而另一项为低度符合,则归为预期型利益相关者;如果三项特征都高度符合,或者两项为高度符合且另一项为中度符合,则归为确定型利益相关者;其余的候选相关者则被排除。最终,通过对每一利益相关者特征的平均值进行比较,调查结果显示的商贸平台型企业的利益相关者分类如表5-4所示,其中确定型和预期型利益相关者是商贸平台型企业需要的关键利益相关者。考虑到不同企业利益相关者的差异性和同一企业利益相关者的动态性,表5-4的分类结果仅反映了本研究问卷调查的内容,针对不同企业的调查可能会得出有差异的结果。

表5-4 我国商贸平台型企业的利益相关者分类

利益相关者		相关者特征(将符合程度分为高、中、低三项)		
		合法性	紧急性	权力性
确定型利益相关者	股东	高	高	高
	管理层	高	高	高
	地方政府	高	中	高
	普通员工	高	高	中
	债权人	高	中	高
	经销商	中	高	高
	代理商	中	高	高
	第三方合作者	高	中	高
预期型利益相关者	周边社区	高	中	中
	采购商	高	低	中
	普通消费者	高	低	中
	制造商	高	中	低
	行业协会	中	中	高

续 表

利益相关者		相关者特征(将符合程度分为高、中、低三项)		
		合法性	紧急性	权力性
潜在型利益相关者	新闻媒体	低	中	高
	建筑设计施工单位	中	中	低
	同类型竞争对手	低	中	低
	周边学校	高	低	低
被排除	社会公众	中	低	低
	其他社会团体	低	低	低

资料来源:笔者根据问卷调研数据整理所得。

5.1.4 小 节

笔者在调查问卷的基础上,依据利益相关者入选率的高低、各特征值的评分,以及访谈中收集到的相关企业经营者的观点,经过对同类性质相关者的综合,提出下列十种类型的群体为商贸平台型企业的关键利益相关者:股东、管理层、地方政府、债权人、普通员工、商户、采购商、第三方合作者、周边社区、行业协会组织,其具体的概念界定如表 5-5 所示。需要说明的是,考虑到新闻媒体在本质上是企业其余利益相关者(如顾客、中小股东)争取社会舆论的工具,其本身并不具有稳定的利益诉求,因此,将调查中入选率为 60%的新闻媒体排除在商贸平台型企业的关键利益相关者之外;经销商、代理商和制造商代表的特征具有很高的同质性,因此,将他们统称为商户。行业协会组织在问卷设计的名单之中,是多个被调研对象所提及的利益相关者,但是行业协会组织的诉求事实上反映了部分商户的集体利益诉求。因此,在后续分析中不单独强调其在公司治理中的作用,而是与商户一起进行分析。

表 5-5 商贸平台型企业的关键利益相关者

利益相关者	概念说明
股东	主要指企业的控股股东或持有企业股份的地方政府
管理层	企业决策经营负责团队,主要指董事会和经理阶层
地方政府	作为企业各行政管理部门的当地政府

续　表

利益相关者	概念说明
债权人	向商贸平台型企业建设、发展提供(长期或短期)资金的个人或企业
普通员工	企业的一线员工和现场管理者
商户	主要包括平台上的产品经销商、代理商、制造商等
采购商	主要包括批发采购商和零售消费者两类
第三方合作者	主要是物流园区(公司)、金融机构,以及住宿、餐饮、娱乐机构等
周边社区	紧邻平台的周边居民小区、农村
行业协会组织	在商贸平台经营产品领域内有着重要影响的行业组织

资料来源:笔者思考。

5.2　多重身份下的商贸平台型企业利益相关者分析

根据利益相关者理论的观点,公司治理的核心是协调企业各利益相关者的利益,其最理想的结果是实现各利益相关者总利益的最大化,这就要求我们分析那些对企业决策经营有着重要影响的关键利益相关者的利益诉求。

事实上,对于第 5 章第 1 节所得到的关键利益相关者的利益诉求,无论在管理理论界还是在现实企业中,一般都持有以下观点:股东所追求的是投资回报率的最大化和资产的保值增值;非股东身份或者只持有少数股份的管理层,注重的是个人声望、权力、地位、收入和职务消费;地方政府希望商贸平台型企业能带来地方经济的发展,以及随之而来的税收、就业、出口等发展指标的增长;普通员工,首先是追求的是较高的固定工资收入、舒适的工作环境,其次是个人职务的上升空间;债权人的目的是在保证借贷资金相对安全的前提下,获得尽可能高的稳定的利息收入;作为商户的代理商和制造商所需要的是一个客源稳定、交易安全、单位商品交易成本(即折合到每单位商品上的通道费)最低的交易环境;作为采购商的批发商和零售顾客所需要的是一个货源稳定、交易安全、环境舒适、商品购买价格相对较低的购物环境;第三方合作者看重的是大量稳定的资金流、货流、人流所带来的商业机会;周边社区的居民更关心的是,商贸平台型企业的具体项目能否给自身带来生活上的便利或经济上的好处;行业协会组织站在其会员单位的立场上,关注如何将商贸平台的建设、发展与所在行业中企业的需求相衔接。

显然,如果我们仅仅从单一身份属性的角度看待商贸平台型企业的利益相关者,会发现他们的利益诉求与一般企业的利益相关者的利益诉求并无差异。但是,通过之前基于问卷的研究可以看出,被调查对象——商贸平台型的管理层认为,他们所在企业涉及的关键(确定型和预期型)利益相关者类型明显较一般企业更多,这就引出了一个问题:为什么那些在一般企业中作用并不突出的利益相关者,会被商贸平台型企业的管理层特别关注呢?笔者通过对企业的实地调研和案例素材整理,发现这是因为在很多情况下,商贸平台型企业的某一具体的利益相关者同时拥有两个或两个以上的利益相关者身份。如本书引例中提及的义乌政府,它既是义乌小商品市场的地方行政管理部门,同时又是该上市公司的控股股东。

下文重点对商贸平台型企业中,那些具有两个或两个以上不同身份的利益相关者的利益诉求和行为特点展开分析。

5.2.1 作为股东的各类利益相关者

股东是企业资本所有权(Ownership of the Asset)的拥有者,这意味着,股东对企业资产享有占有、使用、收益和转让四项基本权利。股东所持有的股份在公司资产中的比例越大,股东就越有能力和动力参与公司治理。随着现代公司制度之下的股权分散化,企业的所有权与控制权发生了不同程度的分离,单纯的股东在经营上的参与权几乎丧失,而变成了企业所需资本的供给者。大多数情况下,持股量较小的中小股东,更多的是借助被动方式保护自己的利益:在资本市场买进或卖出股票——“用脚投票”,以此表达自己对公司经营的态度。本部分所提及的股东是指那些持股数量较多、难以不受损害地通过资本市场实施投票权的股东。因此,他们必须更加积极地参与到公司治理之中。

(1)作为股东的地方政府

正如在本书第3章中分析的那样,我国的地方政府是典型的“竞争性政府”(Albert Breton,1996)。在居民和资源都可以自由流动的前提下,只有那些提供了最优非市场供给产品和服务的政府才能够吸引并稳固居民和资源在当地扎根。(周业安等,2004)我国地方政府竞争的主要形式,就是通过设计竞争战略(包括制度环境、产业基础、区位条件等在内的组合),旨在吸引技术、资本、人才等具有流动性的高级要素流入,以增强自身区域内企业的竞争优势,不断提高当地的福利和人均收入。[①]

显然,在地方政府看来,包括商贸平台型企业在内的所有区域资源都是其设计竞争战略的要素条件。如果一个区域经济发展的基础好、资源多,那么地方政府自然就不会有太大的积极性去关注甚至控制某一企业的发展。如作为国内五大中心城市的广州,全市共有近千家商贸平台,规模超亿元市场150多家,被当地政府纳入规划的现有大型批发市场园区(群)共有23个[②],但是其中的大多数市场,当地政府并不持有其股份。反之,对于经济规模较小的区域经济体,由于地方政府可利用的资源少,地方政府对商贸平台型企业的关注度反而很高,为更好地控制企业,会选择持有其较多的股份。如作为浙江省县一级行政单位的义乌市政府持有其区域内的义乌小商品市场(SH.600415)55.82%的股份,海宁市政府持有海宁皮革城(SZ.002344)58.97%的股份,绍兴县政府持有柯桥轻纺城(SH.600790)15.64%的股份[③]。

对于作为股东的地方政府而言,它们首先追求的是发展地方经济,其次才是企业的经营利润。为了促进当地经济的发展,在需要牺牲局部经济利益的时候,它们会首先考虑损失部分由其持股的商贸平台型企业承担。同时,在不影响当地经济发展的前提下,它们会为持有股份的商贸平台型企业发展提供各种有利条件。如为吸引外地资金到当地投资建设商贸平台,路桥区政府曾要求其下属国有的中国日用品商城公司将市场中的全部塑料用品商户整体搬迁至由民营资本新建的商贸平台中;而当路桥区政府决定建设大规模市场园区时,又将区内条件优越的大面积商业地块低价出让给国有的商城公司。

---

① 在中央集权的模式下,我国地方政府间的竞争主要是政绩竞争,但不可否认的是,经济发展指标是地方政府政绩的最核心内容。

② 资料来源:笔者对广州市政府商贸流通业调研所得。

③ 数据截至2012年6月30日。

(2)作为股东的管理者

作为股东的管理者主要是指持有一定企业股份的董事会和高级经理阶层。[①] 持股管理者既是企业的董事会成员(内部董事),又是企业的高层经理人员,他们实际上拥有企业重大事项的决策权和实际的日常控制权。持股管理者的双重身份,决定了他们经营行为上的特殊性。一方面,作为企业的日常管理者,他们领取固定的薪酬和各种形式的股权激励,这决定了他们与外部股东之间存在着利益差异。另一方面,作为股东,他们也希望实现股东利益最大化,即股票价格的上涨。传统观点认为,管理层持股可以起到激励相容[②]的作用,随着管理者持股比例的增加,他们的利益将与外部股东的利益更趋于一致。不过,Demsetz(1983),Fama 和 Jesen(1983)发现,经理人员大量持股存在"成本抵消效应",当高级管理者只持有少量企业股权时,市场约束仍可迫使他们趋于价值最大化的目标;但是,当他们拥有足够的投票权或广泛的影响力时,无论他们的实际业绩如何,他们都能够以很高的工资水平受到公司雇用,这意味着管理层持股未必能起到较好的激励相容效果。

在我国,国有或国有控股的商贸平台型企业中普遍不存在大量持股的经理层[③],作为股东的管理者主要存在于非国有的企业之中。以苏宁(SZ.002024)为例,截至 2012 年 12 月,作为企业创始人的张近东实际持有上市公司 28%的股份。除张近东外,其他企业高管人员金明、陈金凤、孙为民[④]等人也持有相当数量的公司股份,如图 5-3 所示。从苏宁发展看,其管理层持股的激励效果十分理想,2010 年公司总市值最高时相比

---

① 虽然董事会的董事(指内部董事或执行董事)与高级经理在公司治理结构中有着明确的分工,但是从我国现状看,许多大企业内部董事本身就是企业的高级经理,董事长兼 CEO 的现象比比皆是,为简化讨论,将两者视为一个整体作为企业的管理者。

② 在哈维茨创立的机制设计理论中激励相容是指,在市场经济中,如果能有一种制度安排,使行为人追求个人利益的行为,正好与企业实现其价值最大化的目标相吻合,这一制度安排,就是激励相容。

③ 海宁皮革城董事长任有法及其管理层是一个例外。在海宁皮革城上市前,海宁地方政府为任有法及其管理层担保,使其从银行获得了数千万元的贷款,进而成为企业的股东。

④ 金明为苏宁现任总裁,陈金凤主要负责苏宁连锁业务,孙为民为苏宁副董事长。资料来源:网络公开信息。

2004 年公司上市时大约增加了 23 倍[①]。

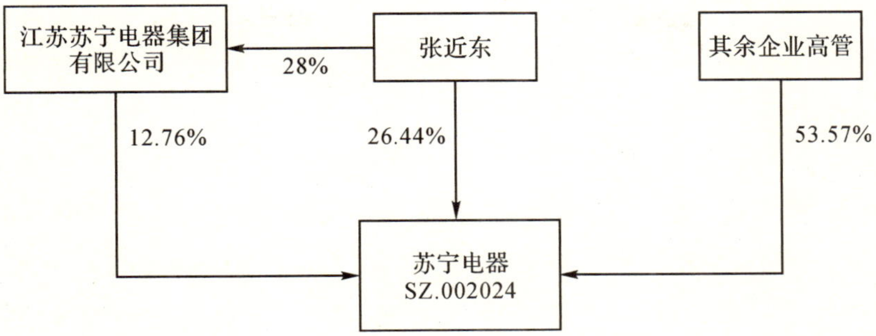

图 5-3　苏宁电器股权结构图(2012 年 12 月)

(3)作为股东的商户集体

商户是在商贸平台之上开展商品销售活动的主体。对商贸平台型企业的经营者而言,商户的主要身份是商铺的租赁者和商品的销售者。经营同类商品的商户之间存在着产品竞争关系,不同商户之间有着争夺顾客的利益冲突,但是将同一商贸平台上的商户视作一个整体,他们有着共同的利益诉求——希望商贸平台能够提供一个高效率、低成本、稳定安全的交易软硬环境。

商户集体成为平台股东的重要原因是商户迫切需要一个有保障的交易平台,而当地又缺乏投资建设平台的主体。在 20 世纪 80 年代之初商贸平台的兴办过程中,不少地方由于缺乏项目建设资金,更重要的是,当时没有企业愿意并且有能力承担商贸平台的建设,于是当地政府只能通过鼓励个体商户集资的方式兴建商贸平台,在市场建成后,所有出资的个体商户根据其出资额的多少获得一定的新市场中的商铺使用权[②]。在后续的商贸平台经营过程中,由商户代表组成的业主委员会负责对市场的日常管理。但是,在这一模式下,由于作为股东的商户数量众多,企业管理过程中的“搭便车”现象严重,往往在商贸平台软硬件升级、对外投资等重大决策方面难以达成一致意见,这类型企业现大多已转变成为地方政

---

① 2004 年 7 月 21 日,苏宁在深圳中小板上市时,总股本 9 316 万股,按当日收盘价 32.7 元计算,总市值只有 30 亿元左右。在 2010 年时,其总市值曾达到 700 多亿元。

② 这里之所以用商铺使用权而不是商铺所有权的概念,是因为商铺所有权根本上是与土地所有权结合在一起的,考虑到我国土地的国有性质和集体性质,因此,实际上不存在个人拥有商铺所有权的情况。

府或个人控股的商贸平台型企业。

另一种情况出现在最近几年，一些平台中的若干商户作为股东共建新的商贸平台，这些商户不仅对商铺资源有着强烈需求，还有着较强的资金实力。如地处绍兴柯桥的中国轻纺城是国内规模最大的纺织面料市场，其市场中仅 15 平方米的摊位转租费便高达 200 余万元，年市场租金为 40 万元，由此产生的高额经营成本，令许多后期进入市场销售面料的生产企业苦不堪言。2006 年，借轻纺城老市场项目升级改造的契机，浙江中国轻纺城集团股份有限公司(51%)联合了 10 家当地的面料经营的主要商户共同投资 11.2 亿元，建设新一代现代化的联合市场。在新市场开业前，市场中地段较好的商铺就已经被这 10 家作为股东的商户预先瓜分，其他位置一般的商铺则被出售或出租给当地的其他商户。除了获得好的商铺外，对作为股东的单个商户而言，其在企业中所占股份相对有限，一般不会进入企业的董事会，也难以对企业决策产生实质影响。从该例中可以看出，作为股东的商户集体往往优先考虑自身能否获得一个较好的经营条件，其次才考虑自己作为一个股东在企业投资方面的回报问题。

(4)作为股东的第三方合作者

第三方合作者是指在商贸平台型企业上为供需双方提供交易配套服务的企业，如物流、金融、餐饮、娱乐、住宿等服务，它们是商贸平台不可或缺的服务提供商。

在第三方合作者与商贸平台型企业的业务关系中，前者事实上对后者进行了高专用性的投资，其利益的实现在很大程度上与商贸平台型企业捆绑在一起，因此，十分关心与它合作的商贸平台的经营状况。只有在商贸平台繁荣后，才能带来大量的资金流、人流、信息流、物流，这直接关系到第三方合作者能否盈利及盈利的空间。因此，第三方合作者为了自身利益，有足够的动力去监督、参与商贸平台型企业的决策经营。此外，两者在诸多领域的合作也要求它们建立一种长期稳定的关系，如对于开展连锁经营的商贸平台，当它去开拓新市场时就需要重要的第三方合作者的率先支持，而第三方合作者则希望商贸平台能够承诺给予它一个长期不变的经营场地和租金以减少经营的长期风险。如在现实经济中，我们会发现某家连锁大型超市与连锁经营的餐饮企业、电影院线公司、连锁 KTV 公司有着良好的合作关系。

以上两方面的需要决定了双方可以通过交叉持股（形成网络型企业集团）或垂直持股（形成金字塔式企业集团）的方式维持双方之间长期的合作关系。可以说，作为股东的第三方合作者，依托股权纽带牢牢地将自身发展的命运与商贸平台型企业捆绑在了一起，组成了一个利益共同体。

5.2.2　作为债权人的各类利益相关者

债权人是企业信贷资本的所有者，他们通过让渡信贷资本的使用权获得利息回报。各国法律一般规定，当公司正常经营且债务仍在合同期内时，债权人无权干涉和控制企业，股东享有企业的索取权和控制权，债权人享有按合同规定到期优先于股东的利润分配获得对债权的还本付息权利，只有当企业不能及时还贷或者资不抵债时，债权人才可以通过提起诉讼取得企业的所有权和控制权，债权人是企业潜在或背后的所有者。但是，为了确保资金安全，债权人往往会在借贷合同中附加条件，要求了解甚至介入企业的经营决策。一般而言，债权人向商贸平台型企业提供的信贷资金数量越大、时间越长、风险越高，就越有动力和实际权力去监督并影响企业的经营决策。

我国企业的债务主要有三种来源：贷款、公司赊欠款和公司债券。其中，贷款发生在企业与金融机构[①]之间。公司赊欠款是企业在商业活动中形成的，指企业按交易合同需要履行的付款义务。公司债券是企业通过债券市场发行的债券，但我国有关法律对其发行的要求十分严格[②]，因此，发行公司债券的商贸平台型企业很少。以下主要分析商贸平台型企业在前两类债务形成过程中背后的关键利益相关者。

(1)作为债权人的金融机构

需要首先指出的是，各类金融机构除了作为商贸平台型企业的债权人，同时也能为商贸平台上的商户提供各类金融服务，因此，还是企业重

---

① 此处的金融机构是广义的金融机构，包括信托公司、典当公司等。

② 我国企业或公司债券发行主要遵守《公司法》《证券法》，以及国务院的《企业债券管理条例》中的有关规定，其中对国有企业或公司发行债券的条件做出了严格限制，如发行债券的股份有限公司的净资产额不低于人民币 3 000 万元，累计债券余额总额不超过净资产额的 40%；有限责任公司的净资产额不低于人民币 6 000 万元，公司债券的利率不得高于银行相同期限居民储蓄定期存款利率的 40%；等等。

要的第三方合作者。以兴业银行为例，该银行就开展了商贸平台金融服务专案，为从事商贸流通型业务的广大中小企业和个体工商户渠道商，量身定制集“贷款融资、电子商务、支付结算、理财规划”为一体的全方位、多层次的综合金融服务方案，如中小企业组成联保体的联贷联保贷款服务；商业性担保机构担保，商贸平台中小企业或商户批量化融资服务；市场管理方（商贸平台型企业）担保，对商贸平台中小企业或商户批量融资服务；等等。从第三方合作者的身份看，金融机构的利益诉求是希望商贸平台能为其开展各种针对商户的金融活动，并为其提供便利，主要包括安排合适的经营场所、协助其业务推广、提供商户资金需求信息，以及帮助掌握商户信用记录等。

以下从债权人的身份出发，分析三种不同类型的金融机构对企业公司治理的影响。金融机构是企业间接融资（非股权融资）的主要供给者，在市场经济中，金融机构向企业放贷最关心的是贷款利率（存贷利差）和贷款风险。在我国，向商贸平台型企业提供贷款的金融机构主要有商业银行、信托公司和典当公司①三类，虽然它们都能为企业提供融资服务，但是其融资时所要求的条件有较大差异，主要反映在两个方面：一是不同类金融机构对贷款回报率的要求有差异；二是不同类金融机构对贷款企业控制权的要求有差异。

商业银行是我国企业获得信贷资金的主要来源，其存贷款利率严格受中央政府调控，贷款利率总体水平较低，而且商业银行对贷款企业控制权方面的要求较少，它参与贷款企业的公司治理主要发生在两种情况下。第一种情况是在贷款合同谈判时，银行通过调查贷款企业的信用记录、资产现状、贷款用途等内容，提出贷款抵押、债务—资产比率、贷款数量及价格等具体用于保障贷款安全的约束性条款，从而对贷款企业的经营施加影响。第二种情况是在贷款企业发生违约时，包括贷款企业无法偿债或更改了资金用途等，商业银行可以根据贷款合同的约定，直接参与贷款企业的公司治理，甚至可以依法获得对企业的所有权，强令企业改组或进入

① 除上述主体外，担保公司和小额贷款公司也有帮助企业融资的功能。但是担保公司只是承担担保，信贷资金仍然来自于商业银行，因此不是企业的债权人。小额贷款公司依据国家政策要求，其对单个企业发放的贷款余额原则上不超过 20 万元，对商贸平台型企业动辄上千万元的资金需求而言，意义不大。

破产程序。由此可见,我国商业银行参与公司治理往往是一种事前治理或事后治理,如果企业在正常的经营情况下,其影响力较为有限。

我国商业银行贷款业务的主要客户是国有企业,自然也是国有或国有控股的商贸平台型企业获得贷款的主要渠道。此外,一些拥有大量土地的非国有商贸平台型企业,也较容易从商业银行获得贷款。但是,商贸平台型企业要从商业银行获得贷款有三个难点:一是受国家政策调控的制约大,贷款过度偏向于有政府背景的国企和地方政府投资平台;二是贷款的审批程序冗长,获得资金慢;三是缺少政府背景或不动产抵押物的企业要获得贷款的难度较大。因此,商贸平台型企业能否获得银行贷款有相当的不确定性因素,在项目资金较为紧张的情况下,一些企业会转向信托公司或典当公司融资。

信托公司受委托人的托付,代为管理其各类资产而拥有对外提供贷款的能力,信托公司的委托人可以是机构投资者也可以是自然人。由于对委托人的要求较高,信托公司无法像商业银行那样在社会上广泛吸储。根据2009年3月《信托公司集合资金信托管理办法》的规定,“投资一个信托计划的最低金额不少于100万元人民币的自然人、法人或者依法成立的其他组织”,“单个信托计划的自然人人数不得超过50人,但单笔委托金额在300万元以上的自然人投资者和合格的机构投资者数量不受限制”。信托公司提供贷款的利率根据信托产品性质决定,近年来一般在8%—12%之间,风险越小利率相对也越低。信托公司提供贷款的时间主要取决于信托产品募集资金的周期,一般在一个月左右,不同产品有一定差异,固定收益类项目募集周期稍短。在债务合同期内,信托公司要求拥有贷款企业相当大的控制权。信托公司为了控制贷款企业的经营,往往会约定控制企业的公章和财务章,并限制企业在担保、借款、资产处置和关联交易等方面的重大经营活动,实时掌握企业的经营和财务信息。值得一提的是,信托公司还具有直接投资功能,即在发放贷款的同时还可对企业进行股权投资,进一步增强对借款企业的控制能力。此时,信托公司的身份就转变成了企业的股东。由此可见,在某些情况下,信托公司对企业而言具有股东和债权人的双重身份,显然是企业的关键利益相关者。

典当公司利用其自有资金对外提供贷款资金。2010年以来,受国家宏观经济政策调控影响,企业资金需求压力增大,典当公司提供的贷款利率也大幅度上涨，动产质押的月利率和费用合计在4%—5%左右，不动产或产权质押的月利率和费用合计在2%—3.5%左右，折合年利率约为24%—60%，远高于银行贷款或信托公司的贷款利率的水平。典当公司提供贷款的时间很短，一般在1—3天之内，但是对抵押物的要求很高，且抵押率不超过50%，贷款期限最长为6个月，只有在结清上期典当本息和费用后才续当。典当公司参与贷款企业公司治理的要求，视抵押物可变现难度、贷款金额、贷款期限等而定，在获得企业控制权的具体操作上与信托公司类似。

综上所述，商业银行贷款利率低且对企业控制权要求较低，在债务合同期内基本不干预企业的经营活动，但是企业要获得商业银行贷款的前期审批难度大；信托公司贷款利率比商业银行稍高（比典当公司仍然低很多），但是在债务合同期内对企业控制权要求很高，而且贷款审批前对项目本身和质押物的要求也较高；典当公司贷款利率最高且对抵押物要求很高，同时在债务合同期内对企业控制权也有一定的要求，但是其贷款审批效率也最高。商贸平台型企业一般根据其对资金需求的数量、紧急程度等因素，综合选择不同的债权人。具体如表5-6所示。

表5-6 不同类型金融机构贷款的差异及其对商贸平台型企业的利益诉求

特征 \ 类型	商业银行	信托公司	典当公司
资金来源	向社会储户吸纳，无投资门槛限制	通过设计信托产品，向指定客户吸纳，客户投资门槛为100万元	典当公司自有资金
贷款利率	较低，利率标准按央行规定执行，但可能会被额外收取费用	较高，根据信托产品设计，近两年来，年利率在8%—12%之间	高，由质押物性质决定，最高可设为银行利息的4倍
从提出申请到发放贷款的时间	不确定性因素大	1个月左右	1—3天内
贷款期限	根据国家有关规定。商业地产项目的贷款期限一般在1—10年不等	根据信托产品设计方案而定。固定收益类的信托产品期限可为12个月、18个月、24个月、36个月、48个月甚至10年或更长，但一般为24个月	短，房地产典当的当期最长不超过6个月，在结清前期本息和费用后允许续当

续　表

类型 特征	商业银行	信托公司	典当公司
对参与贷款企业公司治理方面的要求	较低，主要集中在贷款审批和贷款合同违约时	很高，要求在债务合同期内全面介入贷款企业的公司治理	较高，视抵押物可变现情况、贷款金额大小、贷款期限等而定

(2)作为债权人的商户

商户之所以成为商贸平台型企业的债权人，是由于在商业活动中，商贸平台型企业对商户，即各类商品的经销商、代理商和供应商产生了按合同约定的应付账款，即公司赊欠款。因此，这部分商户除了商铺租赁者、商品销售者的基础身份外，又成了企业的债权人。商户与商贸平台之间发生公司赊欠款主要有两种情况。

第一种情况，多发生在商贸平台中，当某个商贸平台在建设或对外投资时遇到资金紧张，除了之前提到的向商户直接融资外(这时商户即成为企业的股东)，另一融资途径就是，以折扣优惠为条件向商户提前收取未来若干年的商铺租金，这实际上相当于商贸平台型企业以商铺未来的使用权为抵押物向商户借款。由于个体商户向企业提供的资金数量有限，因此他们作为债权人的利益诉求也很难对企业的实际经营活动产生影响。从根本上说，商户之所以愿意(以提前支付商铺租金的形式)借钱给企业，最主要原因是为了降低其在商贸平台上经营的不确定性——确保租金和商铺位置的稳定，其次才是为了获得(商铺租金折扣形式的)利息回报。

第二种情况，发生在连锁经营的商贸平台型企业中，这类企业掌控平台上所有交易的最终支付(收银)环节，通过刻意延长商户(主要是制造商、大型区域经销商，一般被称为供应商)的货款结算周期，无偿大量占用商户的资金。特别是在此类连锁企业规模快速扩张时，为了以较低的融资成本获得发展所需的必要资金，它们通过赊欠款的形式向商户大量举债。以苏宁为例，如表 5-7 所示，在 2003 年到 2007 年的企业规模快速扩张时期，来自商户(各类家用电器的供应商)的资金占到了相当大的比重。其中，这部分资金由两块组成，一是企业尚未支付给商户的“应付账款”，二是通过银行支付给商户的“应付票据”[①]。值得注意的现象是，从 2003 年到 2007 年，苏宁的应付账款周转天数从 16.59 天上升为 30.42 天，这意味着商户资金被占用的时间在增加。在 2004 年苏宁上市后，其更多的是利用商业银行给予其的授信额度向商户偿还赊欠款，而不是直接与商户结算，从 2003 年到 2007 年，“应付票据”占苏宁总资产的比重由 0.66% 上升到 30.09%，考虑到应付票据的承兑天数问题，表明商户从商贸平台型企业拿到货款的实际时间被进一步延长了。

表 5-7　苏宁 2003—2007 年规模扩张与来自商户的资金分析

内容 \ 时间(年)	2003	2004	2005	2006	2007
店面数(家)	41	84	224	351	632
新增营业面积(平方米)	101 953	183 893	581 324	465 645	1 219 768
应付账款/总资产(%)	33.14	24.34	28.18	19.58	14.58
应付票据/总资产(%)	0.66	5.95	14.33	23.67	30.09
(应付账款＋应付票据)/总资产(%)	33.80	30.29	42.51	43.25	44.67

资料来源：根据苏宁 2003—2008 年的上市公司年报整理，数据为期末数据。

在我国现有公司治理结构的一般框架中，作为债权人的商户一般难以直接对商贸平台型企业内部治理施加影响力，其更多的是通过“用脚投票”——转移到其他同类平台上经营或自建销售渠道[②]，以及借助媒体宣传、动员社会舆论的方式，对商贸平台产生外部治理的效果。

2013 年 2 月，一家依附京东商城的精油商品供应商“阿芙”，在其微

---

① 苏宁、物美等连锁企业在收到供应商的商品后，所产生的赊欠款先是以“应付账款”形式反映到财务上，此时商户是这笔债务的债权人；当企业与供应商结算货款时，一般也不直接将款项支付给供应商，而是向其开出银行承兑汇票(最长 6 个月)，并以“应付票据”的形式反映在财务上。此时，如果商户将承兑汇票提前兑换，那么相应的商业银行则是这笔债务的债权人。

② 自建渠道一般是少数实力较强的大型制造企业的行为。如格力就通过组建区域销售公司的方式不断增强自身对零售终端的控制力。格力的区域销售公司由企业与渠道商共同出资组建，各占股份并实施年底共同分红。在 2003 年格力与国美发生“决裂”后，其产品销售并未受到明显影响。

博上向京东商城宣战，该供应商发难的原因是京东商城拖欠其长达 13 个月的销售款[①]。京东商城之所以不愿意与其结清销售款，重要原因是，在 2012 年 11 月 11 日的网上促销活动中，“阿芙”参与了淘宝网的活动而不愿参加京东商城的活动——“我们从未同意你们的 2012 年 11 月 11 日促销”！同时，“阿芙”还宣称，在京东商城上销售商品资金周转率太低，这会导致其亏本——“为什么你们死活不参加京东的促销，而参加别的平台促销呢？……如果周转率很高的话，5％的毛利生意也有得做，而周转率很差的话，50％的毛利率听起来暴利吧？但你死都不知道是怎么死的！”[②]“阿芙”还表示，京东商城屡屡以各种借口将本应结账的款项拖延到下一个月，并一拖再拖。与淘宝网和天猫商城在客户确认收到货后即时结算的方式不同，京东商城与供应商的结款周期是每月一次，一旦当月无法结清就必须要等到下月才能结算。此事件经网络媒体曝光和广泛报道后，京东商城终于做出回应：“京东自 2004 年成立至今，已经与超过 3 万家合作伙伴保持良好合作以及与众多世界知名品牌进行战略合作。但“阿芙事件”仍然不是我们所希望看到的，京东商城愿意视阿芙事件为自身发展的镜子，我们会不断总结为合作伙伴服务过程中的经验和教训。”

在商业活动中形成赊欠款是市场经济中的一种正常现象，但是我国部分商贸平台型企业长期策略性地无偿占用商户资金，从而增加自身利润，则显然是一种不正常现象，可视为商贸平台型企业利用其垄断势力所实施的垄断行为。由本部分所提及的案例可以看出，近年来这一现象已从实体的商贸平台领域扩展到互联网的商贸平台领域。从本质上讲，商贸平台型企业占用商户资金所获得的好处，相当于从商户处收取了一种与商户交易量相关的线性通道费。商户成为商贸平台型企业的债权人，很多情况下是迫于无奈的选择，并不是为了获得正常的利息回报，更不是为了参与商贸平台的内部治理。事实上，商贸平台型企业对商户的赊欠款并无利息回报，作为债权人的商户利益诉求是，企业能够按合同约定正常结清应付账款。

---

① 资料来源：21 世纪网（21 世纪经济报道），http://www.21cbh.com/HTML/2013-02-28/5NNDE5XzYyOTM5Ng.html。

② 资料来源：网商“阿芙”负责人的微博：http://www.weibo.com/diaoye。

5.2.3 作为社区的各类利益相关者

社区(Community)是指在一定地域范围内人们组成的社会生活共同体,同一社区内的居民,不仅在地理空间范围上是相邻的,更重要的是他们有着相近的价值观念、习俗等精神层面的内容——"由具有共同的习俗和价值观念的同质人口组成的、关系密切的社会团体或共同体。"(滕尼斯,1881)从机会成本的角度来看待社区与企业之间的关系时,会发现社区居民集体对企业做出了专用性投资:当社区在接纳并支持一个企业生存和发展的同时,也就放弃了没有企业时社区居民所享有的"清净环境",或者是放弃了其他企业进入该社区给居民带来的好处。此时,社区的利益便与这家企业的存在与经营状况挂起钩来,社区(通过其代表)也就有了动力参与到企业的公司治理活动中,加强监督并影响其经营。

现有的利益相关者理论主要基于大型生产制造企业的立场展开研究,对作为社区的利益相关者的研究也是如此。大卫·威勒和西兰琶(2002)认为,将社区纳入公司治理之中,在现实中和道义上都是绝对必要的,美国和英国的许多大企业都有参与社区活动的自愿计划,特别是那些对周边环境有高风险的企业更是非常重视与周边社区的关系,如炼油厂、核电站和化工厂等都需要取得周边社区的信任并与之进行良好的沟通。否则一旦出了问题,企业在打官司和追究责任方面,脆弱的社区关系所造成的代价往往是非常昂贵的。①

需要指出的是,与大型制造企业相比,社区作为商贸平台型企业的利益相关者,在具体构成及其利益诉求方面有着较大差异。第一,在大型制造企业内部很少会形成社区组织,但是在商贸平台上,商户之间自发性地形成社区组织,而且随着信息技术的发展,地域也不再成为社区生成的必要条件,在淘宝网等电子商务平台上也已经形成了"自组织联盟"(胡岚岚,2010)。第二,大型制造企业的客户在地理上更多是分散的,但是城市

① 近年来,我国沿海地区屡屡发生因 PX 项目投资而导致的当地居民抗议事件。PX 属危险化学品和高致癌物质。如 2007 年的厦门 PX 项目事件,距市中心不过 7 千米的厦门 PX 项目一旦投产,厦门乃至整个闽南三角都将笼罩在剧毒的化工阴影之中,最终,在厦门居民的强烈抗议下,由地方政府履行"公权力",迫使企业将该项目撤离。

中商贸平台的主要需求往往来自企业周边的居民社区,因此,其客户较为集中,具有许多共同偏好。第三,大型制造企业的竞争者或合作伙伴一般是同业制造企业,但是我国一些建在城郊的专业批发市场的竞争者或合作伙伴有时就是周边的农村居民社区。以下分别对上述三类作为社区的商贸平台型企业利益相关者做进一步分析。

(1)作为社区的商户集体

在商贸平台上,大量商户首先是作为"人"在一定的时空范围内集聚到了一起,由于经营相同或相关种类的商品,在竞争与合作的过程中,同一商贸平台上的商户集体内部会形成共同的价值观和商业习俗,因此,我们完全可以将他们看作一个紧密联系的社区组织。这个社区具有很强的内部自组织性,笔者认为其甚至在一定程度上起到了类似西方发达国家企业内部"工会"的作用,并在商贸平台中发挥着三方面的重要功能。

首先,社区具有良好的补缺性功能。商户之间的信息交流与沟通,有利于商户发现潜在的商业机会,并自发地在商品款式、价格、档次、类别等方面互相补充,从而快速形成一个较为完整的某一大类商品的供应体系。其次,社区具有良好的自律性功能。个别商户的不诚信行为可能对商贸平台上的其他商户造成负面影响,因此那些信誉不好、恶性价格竞争的商户会被社区排挤,这就对全体商户的行为产生了约束性,并最终转化为商户的集体秩序。最后,社区具有良好的稳定性功能,商户之间在长期合作之后,建立了良好的合作与信任关系,大大降低了商贸平台内部交易的不确定性。因此,社区内部的商户之间都产生了强烈的依赖感。此外,社区还在充分发挥商贸平台的规模经济、范围经济优势等方面起到了积极作用。

由此可见,在商贸平台上由商户集体形成的社区对商贸平台型企业的发展起到了重要的促进作用。但是,在企业与商户利益发生冲突时,也会产生负面影响。例如,当一些商贸平台的商户集体因为租金价格、经营制度、硬件条件等因素,与商贸平台型企业在市场的运营上发生冲突后,会在个别"领头商户"的带动下,威胁采取整体搬迁的方式与其对抗,而商户的整体搬迁必然给该商贸平台带来致命打击。对于商贸平台型企业而言,要高度重视作为社区的商户集体的利益诉求,为商户之间的内部交流、沟通创造有利条件,同时也有必要让某些在社区中有重要影响力的商户代表了解甚至参与商贸平台型企业的决策经营,这对于缓解商贸平台与商户之间的矛盾有着显著效果。

(2)作为社区的城市消费者

城市零售型商贸平台的需求来源——消费者,主要来自其周边的居民社区。从单纯的消费者角度看,其对商贸平台的利益诉求主要体现在商品价格、商品种类、购物环境、服务水平等与购物体验相关的方面。但是,当一家商贸平台型企业在居民社区周边从事经营活动时,其会对该社区产生更多的外部性影响。这种外部性可能是正面的,如繁荣经济、增加就业、降低购物成本、带来购物便利性等等;但也可能是负面的,如造成环境污染、生活成本上升、交通拥堵等等。对于城市零售商而言,在其经营过程中要尽可能给居民社区带来更多正的外部性,减少负的外部性。

作为社区的城市消费者可以在两种情况下对商贸平台型企业实施外部治理。一是在商贸平台建设之前,社区居民可以利用国家相关的法律法规对是否允许商贸平台型企业进入进行表决,如日本在2000年出台了《大店立地法》①,其中明确规定新建零售店需要"召开公开说明会,让当地的居民有公正及透明的方式阐述自己的意见",并对新建零售店在"交通阻塞、交通安全、停车、噪音、废弃物、废气排放等环境品质的规范"方面提出了具体要求,如果周边居民社区或自治团体对建店计划有不满意的,建店者必须与其协商,否则居民将向建店者发出要求其撤回建店申请的劝告。遗憾的是,我国在这方面的立法工作仍相对滞后,社区居民并不能直接否定商贸平台的新建项目。二是在商贸平台投入运营后,周边的社区居民可以通过不去该平台购物,借助媒体舆论宣传,或者是利用城市规划、环境保护等相关法律提起诉讼的方式,影响企业的决策经营。

显然,城市中零售商贸平台在经营决策的过程中,需要将自身获利与周边居民社区利益较好地结合在一起。如沃尔玛在我国开店选址时,就以项目1.5千米半径范围内人口达到10万或以上为佳,2千米半径范围内人口在12万—15万,商圈内人口年龄结构以中青年为主,收入水平不低于当地平均水平,为顾客提供至少300个免费停车位,如果商城设在社

① 2000年6月1日,日本废止了之前的《大店法》。《大店法》偏重对日本本土中小零售企业的保护,同时开始实施的《大店立地法》则将关注点放在了零售企业与周边居民社区之间的和谐发展上。

区边缘,则需要做到社区居民和商场客流分开等[①]。苏宁和国美也不约而同地在2005年开始实施“社区战略”。当时在北京市场上,大部分家电连锁店都集中在三、四环以内,平均每隔1.5千米左右就有一家,而已经拥有数十万人口的望京、天通苑、回龙观等大型社区却没有一家家电连锁企业的门店。2005年9月,苏宁率先在天通苑开设了营业面积4 000平方米的社区店,由于在远离市中心的社区开店,企业开店的租金成本大幅度节约,且社区店贴近社区居民,居民迅速形成购物习惯后,销售业绩和利润一直较为稳定,因此获得了巨大的成功。几乎同时,北京国美高层也表示“国美新一轮战略攻势瞄向社区和郊区店”[②]。

(3)作为社区的农村居民

许多建在城市郊区或城乡接合部的商贸平台,其周边社区是附近的农村居民,而这类离城市较远的商贸平台,其主要客户也并不是附近的这些农村居民。对于农村居民而言,他们对其所在社区附近新建的商贸平台大多持欢迎态度。因为商贸平台的建设不仅改善了他们周边的交通基础设施条件,也给他们带来了就业机会和难得的商业机遇。这些商业机遇主要表现在两个方面:一是与商贸平台密切合作的机遇;二是与商贸平台开展同业竞争的机遇。

从合作的角度看,当商贸平台型企业发展起来后,附近的农村居民会利用其住宅从事各种商业活动,如将沿街住宅改造成旅馆、饭店等,将一些楼层和位置较差的住宅出租给商贸平台中商户作为仓库、后台办公场地,甚至是小型加工厂等。虽然短期内,这一社区对商贸平台的发展是有益的补充,但是从长期看,这些未经有关政府部门审批、自行改变用途的农村住宅在许多方面存在着隐患。从同业竞争的角度看,如果商贸平台十分繁荣,租金价格很高而且还有部分潜在商户无法租到商铺,那么农村居民会将其住宅改造成为商铺,以对外出租获利,形成与商贸平台之间相竞争的局面。许多地区商贸平台繁荣后的“场街矛盾”便是这样形成的,在成熟商贸平台的周边,往往形成了一些农村居民个人或集体建设的专

---

① 杨春、唐晨光:《沃尔玛PK家乐福》,海天出版社2008年版,第18—20页。

② 朱主:《国美与苏宁:中国两大家电零售巨头的销售策略与连锁攻略》,中国经济出版社2007年版,第44页。

业街,通过较低的商铺租金与商贸平台之间争夺商户资源。

作为社区的农村居民受限于投资能力,他们为商贸平台提供的配套服务或是竞争性的商铺只能是低水平的,从长期看并不利于商贸平台型企业的健康发展。面对农村居民的社区,商贸平台型企业的一个可行做法是与其所在村集体开展长期合作,在国家政策许可的范围内利用其土地资源,统一规划建设相应的配套设施。

5.2.4 结论:综合多重身份下的利益诉求

利益相关者的多重身份是我国商贸平台型企业公司治理问题的复杂性和难点所在。比如,某些商贸平台上的商户,其身份并不仅仅是商品的销售者和商铺租赁者这样的基础性身份,有时也可能是企业的股东、债权人,甚至是与企业密切相关的社区。这就意味着,对商贸平台型企业的每一类具体的利益相关者展开分析时,都需要识别他们的不同身份,并研究他们不同身份的自我认同排序问题。同一人在不同身份下其利益诉求显然是有差异的,只有在他第一身份的利益诉求得到基本满足后,他才会进一步考虑第二身份的利益诉求,以此类推。在此基础上,我们只有综合考虑具体利益相关者的利益诉求,才能进一步考虑如何将他们纳入商贸平台型企业的公司治理之中。表 5-8 部分反映了商贸平台型企业中利益相关者的复杂身份关系。

表 5-8 我国商贸平台型企业利益相关者多重身份的总结

利益相关者		其他可能的利益相关者身份
名称	第一身份的利益诉求	
股东	资产安全前提下的利润最大化	地方政府、管理者、商户
地方政府	繁荣地方经济、增加就业	股东、实际控制人
管理者	稳定的高收入、优越的福利	股东
商户	稳定的商品销售渠道和尽可能低的商铺租金	股东、债权人
债权人	信贷资金安全收回前提下的利息收入最大化	金融机构(指商业银行、信托公司、典当公司)、商户、第三方合作者
社区	享受最大的正外部性	商户、消费者、合作者、竞争对手
第三方合作者	享受商贸平台繁荣后的商业机会	股东、债权人

资料来源:笔者思考整理所得。

5.3 商贸平台型企业的控制权配置研究

科斯认为,市场组织通过价格机制协调资源的使用,而企业的特殊性在于它以权威方式协调资源的使用。在此,可以将企业的控制权问题分解为“谁是企业权威”及“为什么他成为企业的权威”这两个问题。法马和詹森(1983)将企业决策分为“决策管理”和“决策控制”,前者由企业经理层负责,后者由企业的董事会负责。格罗斯曼、哈特和莫尔(1986,1990)等人的不完全契约理论指出,“权威”是拥有企业剩余控制权的那个人——他有权力对企业与其他利益相关者契约中未约定的内容进行安排。根据这一表述,董事会所拥有的“决策控制权”显然就是剩余控制权。阿尔钦和德姆塞茨的团队生产理论进一步指出,企业的实质是一个生产团队,存在队员偷懒的行为而监督需要付出成本,要解决企业激励问题的最有效方式是企业主作为投资者的同时也是监督者,并是企业拥有剩余索取权的人。由此可见,在现代企业理论的框架内,已经回答了有关企业权威的“谁”和“为什么”这两个问题,即在现代公司中,由企业资本所有者代表构成的董事会就是那个“权威”。

但是当我们研究商贸平台型企业的控制权问题时,上述答案并不令人满意。因为根据之前研究,我们发现,在现实经济中有多类利益相关者可以成为商贸平台型企业重要的资本所有者(非中小股东),如商户、地方政府和管理者,这意味着我们有必要进一步分析商贸平台型企业在不同类型利益相关者控制下的公司治理模式问题:谁掌权董事会更有利于企业的发展。

5.3.1 企业控制权配置的逻辑

(1)控制权演化的过程

现代企业理论认为,企业的本质是企业与利益相关者之间的一组契约的连接体(Nexus of Contracts),各利益相关者向企业提供了其发展所需的稀缺资源,作为回报,这组契约必然反映出利益相关者对企业的利益诉求。随着企业内部条件和外部环境发生变化,企业经营所需的稀缺资源的组成结构在不断改变，为了促进企业更好地发展，那些能够提供企业当前发展所需的最稀缺资源的利益相关者在公司治理中的权力将被扩大。当我们站在利益相关者的立场上研究企业控制权演化时会发现：企业目标、企业之所以存在的那组契约，以及企业的控制权配置三者之间的变化是互相推动的，如图 5-4 所示。

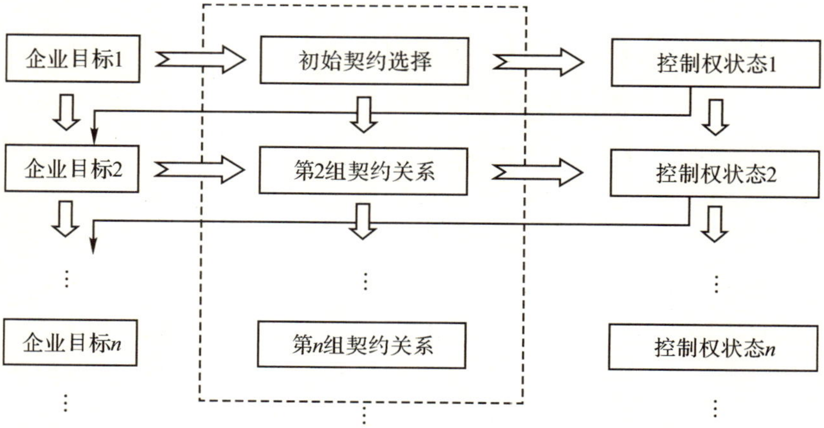

图 5-4　企业目标、契约与公司控制权的演化

企业创始人（或创始团体）为实现企业的最初目标，必然要与组织内外的利益相关者发生关联。在这一过程中，企业最初一组（显性或隐性的）契约便随之产生了。这组契约，至少在企业创始人（或创始团队）有限理性的认识内是最优的。围绕企业的初始目标，创始人（或创始团队）会比较金融市场的利率、风险投资基金的要求和股票市场的 IPO 环境，从而选择获取资金的最优契约方式；他（或它）会比较直接购买专利的费用、获取许可证的价格和投资科研以绕过相关专利的成本，从而选取获得技术的最优契约方式；他（或它）会比较工厂内购买机器设备替代劳动力的投入和劳动力价格之间的关系，从而选取获得产能的最优契约；他（或它）还会比较不同的投资地块在周边社区、环境保护、政府税收等方面的差异，从而选择一处最佳投资地……上述契约选择的背后，是企业创始（或创始团队）人作为企业的中心签约人对利益相关者选择的过程，也是企业控制权重新配置的过程。比如是股权融资，还是债权融资，抑或两者皆有？其契约的内容直接决定了企业的股东和债权人在公司治理结构中的控制权分布。作为企业的股东，他们可能对企业的长期成长潜力更感兴趣，更希望未来的企业目标内能包含高风险、高收益的投资项目；而作为企业的债权人，其或许会对企业收益的稳定性提出较高要求，希望未来的企业目标能指向低风险但收益稳定的投资。总之，那些为企业发展提供稀缺资源的重要利益相关者的诉求，将被综合反映到企业未来各层次的战略和计划之中，这又进一步推动了企业下一轮的目标调整。

上述过程周而复始，对企业控制权配置产生了两方面的影响。一是随着企业利益相关者的"新陈代谢"——旧利益相关者的"出局"与新利益相关者的"入局"，那些新的利益相关者将对企业的控制权提出一定的新要求。二是那些原本已经在企业中的关键利益相关者，因为自身利益与企业发展的关系紧密，而要求在企业的核心权力机构（在现代公司制企业中即董事会）中谋求更多的席位。

(2)控制权转移的准则

企业控制权之所以会发生变化的重要前提是，原有控制权人的利益能在控制权转移的过程中得到有效的保障。Aghion 和 Bolton(1992)提出了状态依存控制权的概念，张维迎(1996)提出了企业的状态依存所有权概念。在一个由股东、工人和债权人等利益相关者组成的企业中，令 x 为企业的总收入，假设 x 在 0 到企业所能实现的最大收入 X 之间均匀分布；r 为企业根据契约，需要对债权人支付的本金与利息之和；w 为企业应该向工人支付的固定工资。那么，根据企业的状态依存控制权理论，有如下结论：

如果企业处于"$x<w$"的状态，债权人的本息、工人收入都无法得到保障，如果法律规定工人的索取权优先于债权人。此时，工人成为企业的所有者。

如果企业处于"$w\leqslant x<r+w$"的状态，工人的收入可以得到保障，但债权人的收入无法保障。此时，债权人成为企业所有者。

如果企业处于"$x\geqslant w+r$"的状态，工人与债权人的合同收入有保障，股东成为企业的所有者。

上述理论表明，企业所有权的拥有者是不固定的，当企业处在不同的状态下，其所有权人将发生变化，只有在拥有优先权的利益相关者的利益诉求得到保障的前提下，才能将企业的所有权转移到拥有次优先权的利益相关者手中。这里的优先顺序可以根据法律规定执行，也可以由企业的利益相关者根据契约约定执行。需要强调的是,此处的所有权概念在本质上等同于企业的实际控制权。

类似地,在商贸平台型企业中,也只有原有企业控制人的利益诉求能得到保障的前提下,他们才会与企业新引入的利益相关者或原有的利益相关者签订新的契约。但是,在现实经济中要解决企业控制权的演化问题远比理论模型中要复杂得多,特别是当某些利益相关者的利益诉求不能转换为经济标准时。如地方政府的利益诉求很可能与来自企业的利润收入无关,而与地方政府的政绩需求密切相关,这时在地方政府掌握商贸平台型企的控制权的状态下,或许会有外部企业出很高的价格愿意获得企业控制权,地方政府也不会答应转移企业的控制权。下文将分析商贸平台型企业在商户集体、地方政府和管理者三类不同利益相关者的控制下,其在治理模式方面所表现出的差异。

5.3.2 商户集体控制的商贸平台型企业

(1)控制权形成:商户集体控制模式的产生

在我国改革开放后,最早一批商贸平台中的许多商户是来自附近的农村居民,为满足交易活动扩大及农村家庭作坊式企业就近销售的需要,再考虑地缘相近、血缘相亲等因素,这些商户(村民)更倾向于直接在当地兴办商贸平台,形成一种前店后厂的高效率经营模式。这类商贸平台的一个共同特点是由村集体出面,代表本地村民为主的商户新建商贸平台,商户(村民)集体拥有商贸平台型企业的实际控制权。需要说明的是,兴办商贸平台的村集体中的部分村民可能并不从事商业活动,他们只是单纯通过村集体出资(出资形式可能是每个村民所享有的耕地使用权)获得商贸平台的租金收益。

以建于 1982 年 6 月的台州路桥小商品市场①为例,该市场最初作为永跃村的村(大队)办市场,其所有权性质是村领导下的集体单位,市场的

---

① 路桥永跃村最早是做搬运起家的,在 1974 年村里就办起了搬运站,在 1980 年前后,村里办起来一个由毛竹棚架搭建的简易农副产品交易市场。1982 年,当时的永跃村村支部书记赵华福以村的名义向信用社贷款十几万元建起了最早的路桥小商品市场,这也是浙江最早的小商品批发市场。

租金收益全部归村集体所有。最初的收益分配方案是,一部分作为农民的粮食补偿金,按每年的粮食价格补偿给被征用土地的农户,另一部分用于各种农业补贴和村民福利补贴,其余作为农村集体的积累用于扩大再生产。1998 年,鉴于村办市场的管理水平问题,在当地政府的协调下,路桥小商品市场由工商部门监管,并成立小商品市场工商所来统一管理,政府出资共同建设,市场的收益分配由政府确定,形成保障村集体收入的政府与村集体的共管模式。2002 年 8 月筹建路桥小商品批发市场有限公司,经过 4 个多月的协商、评估,2003 年 1 月 8 日路桥小商品批发市场有限公司成立,其中永跃村村集体占 65%的股份,路桥政府的市场开发服务中心占 35%的股份。时至今日,路桥小商品批发市场有限公司的绝对控股股东仍然为当地的村集体。

(2)商户集体控制模式存在的问题:排外集体与“搭便车”

商户集资兴建的商贸平台作为改革开放初期出现的商贸平台组织形式,目前大多已经改制成股份公司,但也有少数仍保留原有的治理形式,除路桥小商品市场外,还有广东西樵轻纺城、古镇灯饰市场等。但遗憾的是,这些商贸平台有的虽然已经改制成股份制公司,但是它们的规模及在行业内的影响力在最近十几年间不但没有提升,反而出现了衰落的迹象。

奥尔森(1980)将利益集团区分为两种:相容(Lnclusive)集团和排外(Exclusive)集团,前者是指成员在追求集团共同利益的过程中是互相包容的,集团规模越大,集团成员分担的成本越少;后者是成员在追求集团共同利益时是互相排斥的,因为新成员的进入会使原有成员的利益受到损失。显然,相容集团中的每个成员都愿意吸引更多的新成员加入到原有的集团中去。但是在现实经济中,对于单个商户而言,新增外部成员将使商贸平台上的竞争更加激烈,短期内将导致老商户利益受到损失,所以在商户集资兴建的商贸平台中往往不愿意引入外部成员。同时,这种类型的商贸平台的商铺在建设之前就已经按计划分配给了每一个商户,也没有多余的商铺可供外部新成员进入。

因此,商户集资兴建的商贸平台规模的扩张只能更多地依靠该平台自身的发展,而不是大量引入外部商户。但是由于在企业管理的日常经营和发展投资过程中存在着“搭便车”现象,这类平台靠自身力量发展也存在显著的制约因素。

奥尔森(1980)曾指出,在一个由“理性经济人”组成的利益集团(Interest Group)中,即使所有的人都有着共同利益,每个人都从个人利益出发采取行动,要实现集团的共同目标也是十分困难的。实际上,除非一个集团中的人数很少,或者存在强制或特殊手段,以迫使个体都按照集团成员的共同利益行事,否则,每一个“理性经济人”是不会采取行动以实现集团利益最大化的。这是因为每个“理性经济人”的行动所产生的成本是个体性的,而最终的集团收益却是团体性的,所以集团中的每个成员都想让别人支付成本,自己坐享其成,就此产生了“搭便车”问题。

作为个体的成员,其是否采取行动取决于他个人从行动中获得的收益与成本。假设在一个商户集资新建的商贸平台型企业中,企业在一定时期内的价值增加(V)取决于该企业的股票价格水平的增加(T)和企业的规模(可理解为股票数量)(S),即 $V=ST$。对商贸平台实施有效管理的成本为固定的(C)。对于任意参与投资的个体商户(i)而言,他个人增加的收益(V_i)与他在企业中所拥有的股权份额(F_i)相关,即 $V_i=F_i\cdot V=F\cdot ST$。商户(i)如果参与管理,那么他从集团收益中得到的净利润 $A=V_i-C$。显然只有 $V_i>C$,该商户(i)才愿意积极参与到对该商贸平台的管理之中。显然在其他条件相同时,平台上的成员规模越大,个体成员所提供的“监管”就越偏离帕累托最优水平。再从利润分配的角度看,利用利润再投资是企业发展壮大的重要途径,但是当这类商贸平台需要扩大规模时,不同商户的再投资能力、对投资风险的预期都有着较大差距;更重要的是,由于商户普遍存在着“搭便车”的心态,因此,他们更倾向于每年获得稳定的利润分红,这进一步使得将利润用于共同投资的“集体行动”也很难发生[①]。

综上所述,商户集资的商贸平台之所以难以发展壮大,主要原因便在于上述两点,一是原有商户(村民)团体形成了一个排外集团,二是在企业管理上产生了“搭便车”现象。要解决上述两个难题,必须给予集团中的

---

① 这里需要解释的是,为什么最初商户兴建专业市场的集体行动会取得成功。第一,我国专业市场最初兴起的地区往往是经济十分落后的地区,许多人“弃农从商”主要是为了满足生计的需要,这可以用刘易斯的“二元结构”模型进行解释,因此,个体间合作的意愿很强;第二,许多早期村办市场的投资并不要求个人用现金形式投资,只需要用村集体的土地使用权出资就可以了,因此,个人行动的成本是很低的。

某个体更多的收益份额——允许成员 i 获得更多的好处(使 V_i 增加)，以促使他有足够的积极性去行使企业管理的责任；同时，他还需要有足够的能力让商户信任他，并且愿意将平台发展的控制权交到他手中。此外，如果在商户内部难以产生这样的成员，那么在充分保证商户利益诉求的前提下，将商贸平台型企业的控制权转移给一个能够获得他们信任的利益相关者也是一种可行的方案。

5.3.3 地方政府控制的商贸平台型企业

(1)控制权转移的发生：从商户集体到地方政府

我国由地方政府控制的商贸平台型企业主要有三种来源类型：一是如前文所述的，许多最初由商户或者村民集体兴建的商贸平台型企业，在发展到某一阶段后被当地政府持股并控制；二是直接由当地政府部门组织兴建的商贸平台，后经改制成为公司制企业；三是原属地方政府商业系统下属的商品销售渠道，后经改制成为公司制企业。在现实经济中，由地方政府控制的商贸平台型企业更具广泛性，这也反映了商贸平台型企业成长的客观规律。我们将商户称为商贸平台型企业最基础的利益相关者并不为过，没有商户的商贸平台只能是一个"空架子"。那么商户集体为什么不选择自建平台、自行发展壮大的模式，而要在发展的某个时期将商贸平台的控制权转交给地方政府，或者主动加入由地方政府兴建、控制的商贸平台呢？根据企业控制权配置演化的逻辑，可以从如下两方面对地方政府控制商贸平台的现象展开解释。

第一，从企业发展的稀缺资源角度看。商贸平台的竞争力来自规模经济、范围经济和网络经济效益，作为个体的商户要想获得更多的利润，他们需要在一个商户数量规模和交易总量规模都不断扩大的商贸平台上开展经营活动，而这两方面规模的扩大要以低成本获得优质商业地块为必要条件。显然，商业地块是商贸平台型企业发展所必需的稀缺资源，但是商户集体控制模式下的"搭便车"现象，使得企业难以对购买优质商业地块的这类重大事项进行决策；而即使企业做出了投资决策，但是企业在与土地供给的垄断者——地方政府展开谈判时，并没有任何优势，只能被动地接受地方政府对土地的报价。除土地资源外，有地方政府背景的企业相比民营企业，更容易从国有商业银行获得贷款，从而降低企业的融资成本。因此,将稀缺要素的拥有者——地方政府,纳入企业的公司治理结构,无疑是实现商贸平台型企业快速发展的必然选择。

第二,从商户利益诉求获得保障的角度看。改革开放初期,商户之所以集体投资兴建商贸平台,很大程度上是为了保障其从事商品交易活动的安全性和低成本性,以及商户集聚后所形成的种种好处。地方政府作为当地行政执法力量的提供者,商户在其控制的商贸平台中开展交易活动的安全性显然是有保障的。此外,繁荣经济、促进就业是地方政府所需要考虑的首要大事。事实上,在 20 世纪八九十年代,政府在浙江义乌、路桥等当时经济落后地区兴建商贸平台的初衷是为了解决当地老百姓的就业问题。因此,在地方政府控制的商贸平台中,至少商铺租金的低成本是可以得到保障的。

既然地方政府掌控着商贸平台型企业所需的稀缺资源,且商户的利益诉求也可以得到保障,那么地方政府从商户集体那里获得控制权就不会遇到过多的阻力。我国自 20 世纪 90 年代以来,全国各地涌现出了一批以义乌小商品市场、柯桥轻纺城、海宁皮革城等为代表的地方政府控制的商贸平台型企业。

(2)地方政府控制模式的问题:管理层激励与地方政府的本位主义

地方政府对商贸平台型企业的控制一般是通过其国资委下属的国有独资企业的直接方式,或通过国有独资企业持股商贸平台的间接方式得以实现。这些企业与我国大多数国有企业一样,虽然有着现代股份公司的制度体系,但是在公司治理的核心内容上,即企业经营层的任命上,却是由地方政府部门安排,企业的管理者往往是有着一定行政级别的公务员。一般而言,公司的总经理和党委书记由组织部门考察任命,国资委负责对其行为实施监督。由此导致的问题正如张维迎(1995)所言:“国有企业的政府主管部门拥有西方股东任命经理的权力,但他们并不是真正的股东,并不真正关心企业的货币收益,从而并没有积极性选择经营才能高的人当经理。官僚制度的本质特征决定了政府官员选择经理的最安全、最有利的标准是候选人有没有‘毛病’,是不是与自己‘亲近’,而不是有没有能力,经营绩效如何。”

地方政府之所以没有积极性去选择能力高的人当经理,是因为这类商贸平台型企业在地方政府扶持政策的“保驾护航”下,至少在本地范围内不会面临外部治理——市场竞争的压力。同理,地方政府也没有必要去实施管理层持股或股权激励之类的方案激励管理层努力工作。事实上,如果仅仅将地方政府作为企业的一个利益相关者看待,它只有安排那些"听话"的人控制这企业的管理层,才能确保企业决策经营与它最重要的利益诉求——促进地方经济发展保持一致[①]。

地方政府控制模式下的另一个问题是地方政府的本位主义倾向,主要反映在企业的跨地区投资问题上。跨地区连锁化经营是国内外商贸平台型企业成长的重要环节。遗憾的是,我国地方政府控制的商贸平台型企业在跨地区方面却始终步履维艰。以下结合"商城公司"发展过程中的实例,对这一现象进行解读。

案例:"商城公司"为何难以开展跨地区连锁经营

从20世纪90年代初期开始,"商城公司"下属的义乌小商品市场成交额就一直蝉联国内商贸平台首位。到2003年时,市场拥有经营面积260万平方米,经营商位5万多个,从业人员20多万,展销商品达34个行业、1 502个大类、32万多种。随着义乌小商品市场的快速繁荣,市场中的商品数量和种类极其丰富,市场中的商户积累了大量遍布国内外的客户资源。一般而言,在业内拥有如此显著优势的企业,大都会选择跨地区经营,从而充分利用企业所掌握的优质资源,在更广的范围内发挥自身的竞争优势,为股东谋取更大的利益。从市场中商户就近满足其客户采购需求的角度看,也要求"商城公司"将商贸平台办到义乌之外的其他地区。与"商城公司"固守义乌形成鲜明对比的是,在21世纪的最初十年,我国一批传统民营的商贸平台,通过连锁化发展,迅速在全国范围内站稳了脚跟并形成了强大的综合竞争力,如红星美凯龙、颐高数码连锁等等。

其实,"商城公司"的某些高层曾明确提出"立足义乌,对外发展"的经营理念。笔者在2003年参与"义乌小商品城公司发展战略"项目时,经过与公司经营团队讨论,曾在《义乌小商品城公司发展战略》最终稿中明确

---

① 在笔者访谈时,一个已经上市公司的商贸平台型企业的办公室主任告诉笔者,企业每年利润的很大部分要用于承担当地政府在媒体上投放的城市宣传广告费用,以及政府举办的各类文艺晚会费用,等等。

提出下述内容:"资源动员:从区域资源动员转向全国资源动员。如果继续囿于义乌市,公司发展面临的资金、人才、产业发展空间等资源性瓶颈制约将进一步突出,公司战略发展目标也将延缓实现,跳出义乌寻求新的发展资源支持已经是公司的现实与战略选择。公司新的发展战略应当着眼于长三角经济大背景,使公司由义乌区域向长三角地区甚至全国拓展资源动员范围,在更大范围内展开资源整合运作,聚集更多的资金、人才资源和获取更多的商业机会,最终使公司各项事业上升到新的发展阶段。"根据这一战略构想,"商城公司"将在义乌之外的全国主要区域建分市场,并利用义乌小商品市场的品牌优势、管理优势,更重要的是大量商户优势和产品优势,迅速在全国范围内建起一张以义乌为中心市场的商品销售网络,如图 5-5 所示,其中第二级、第三级市场可以与当地企业合作建设、经营。

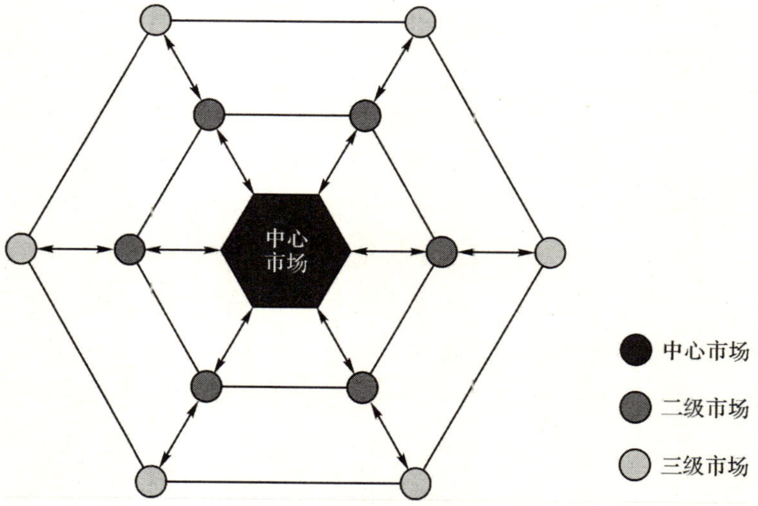

图 5-5　义乌小商品市场网络体系的构建设想

可是,当跨地区发展的经营理念落实到具体的项目上时,特别是提出对外新建分市场的方案时,大多在义乌政府层面被驳回。义乌政府最担心的是,"商城公司"在外地新建专业批发市场,会造成义乌商户资源的外流,对本地经济发展造成负面影响。虽然"商城公司"没有"走出去"发展,但这并不意味着义乌的大量商户就会固守义乌。20 世纪 90 年代后期以来,一方面许多有实力的义乌商人在全国各地其他地方新办了许多打着"义乌"头衔的商贸平台;另一方面,许多国内新建的日用品类商贸平台都将招商的重点机构设在义乌。以目前国内西部地区规模最大的昆明螺蛳湾国际商贸城为例,其市场的管理经营团队就直接来自义乌,市场中有超过半数的商户与义乌市场有着密切关联。

近年来,“商城公司”逐渐转变跨地区经营的态度,积极与全国其他城市合作,希望将义乌小商品市场发展的成功经验和模式移植到其他地区。如 2012 年 10 月,“商城公司”与辽宁海城市签订协议共建“义乌·西柳中国小商品城”,项目规划占地面积 2.82 平方千米,总建筑面积 391 万平方米,概算投资 150 亿元。经营品种囊括日用消费品 4 000 大类、50 余万种小商品,是中国北方最大的小商品集散中心。但是,在全国同类大型商贸平台已经基本完成在国内各主要区域布点的背景下,“商城公司”跨地区经营的难度无疑较十年前增大了许多。

从本案例可以看出,在地方政府控制模式下,商贸平台型企业难以跨地区经营的原因主要可归结为两方面:一是企业管理层长期在地方政策的保护下,既缺乏在激烈市场竞争中的锻炼,也没有积极性提升企业的综合优势,企业并没有形成跨地区经营的能力;二是地方政府作为企业的实际控制人,为了在区际竞争中保持优势,并不鼓励企业跨区域经营。其中,第二点原因是决定性的,如果把地方政府看作一个“理性经济人”,那么当商贸平台型企业在其管辖的区域内发展时,所带来的好处——GDP 增加、税收增加、就业增加等,完全归地方政府所享有,它有最大的积极性维护企业的发展;当企业跨地区发展后,虽然企业的利润有可能增加,但这并不是地方政府所在乎的,而且地方政府一旦认为跨地区发展可能削弱其地方经济的繁荣,就会毫不犹豫地进行否决。

5.3.4　管理者控制的商贸平台

(1)控制权的再次转移:管理者控制模式的崛起

管理者控制模式是当前我国商贸平台型企业公司治理的最主要形式,在商贸平台、城市百货、家电卖场、网络交易平台等多个商贸流通领域都出现了由管理者控制的平台型企业。在这类企业中,以内部董事和经理层为主的企业管理者至少持有企业相对多数的股份,并在董事会中有着重要影响力。如阿里巴巴集团的股权结构(2010 年 6 月)中,马云及其管理层共持有 31.7%的股份,雅虎持有 39%,软银持有 29.3%,同时,马云及其管理层控制着董事会的半数席位。[①] 一个众所周知的事实是，与阿里巴巴集团一样，许多管理者控制的商贸平台型企业在最近十几年内迅速发展，已经成为我国商贸流通产业中的重要力量，如苏宁、国美、宏图三胞、颐高数码、京东商城等，这表明管理者控制模式相比地方政府控制模式在现实经济中体现出了更大的优势。以下从企业控制权配置演化的逻辑出发，分析管理者控制模式在近年来迅速崛起的原因。

第一，土地作为商贸平台发展所需的稀缺资源的重要性在相对下降。管理者控制模式下，企业的经营定位更加灵活且适应市场需求，一些商贸平台型企业刻意选取那些处于城市郊区的商业地块，以降低获取的土地成本，打造与其经营定位相匹配的商贸平台，如红星美凯龙就将其大多数家居建材城建在了城郊接合部；而对于阿里巴巴集团这类基于互联网的商贸平台，其对商业地块的直接需求则可以忽略不计。此外，随着我国大中城市规模的不断扩张，城市周边交通等基础设施条件的大幅改善，人均汽车拥有量的增加，各地政府在招商引资方面的激烈竞争，等等，都意味着全国可用于商贸平台建设的商业地块供给量在不断增多。同时，企业的经营才能在商贸平台发展中的重要性不断提升。许多实体经营的商贸平台型企业，都以沃尔玛公司为标杆，广泛开展跨地区的连锁经营，这就对企业在投资决策、资本运作、品牌招商、项目建设、门店管理及库存管理、物流管理和信息处理技术等各方面的经营才能提出了很高要求。在我国加入 WTO 后，那些有竞争力的非国有企业获得融资的渠道大大拓宽，完全可以通过引入国际战略投资人、在境外证券市场上市等方式融资，因此，资金资源在企业发展中的稀缺性也在相对降低。以上分析表明，与经营才能密切相关的人力资源越来越成为商贸平台型企业发展所需的稀缺资源，而人力资源的拥有者——管理者在公司治理中的影响力也随之不断增强。

第二，许多地方政府的利益诉求无须通过控制商贸平台即可得到有

---

① 2012 年 11 月，阿里巴巴集团将动用 63 亿美元现金和不超过 8 亿美元的新增阿里巴巴集团优先股，回购雅虎手中持有阿里巴巴集团股份的一半约 20%的股份，继续在董事会维持半数席位。更关键的是，雅虎放弃委任第二名董事会成员的权力，同时也放弃一系列对阿里巴巴集团战略和经营决策相关的否决权。这意味着，马云及管理层确保了在股东会和董事会两方面都完全控制阿里巴巴集团的权力。

效保障。区域经济的发展往往伴随着产业融合,在本地及周边制造业和商贸服务业之间联系十分密切的情况下,一些商贸平台型企业即使跨地区经营,也难以将本地的商户资源带走。那些以零售为主的商贸平台,则更不可能离开人口集中的居住区。因此,许多地方政府,特别是大城市的政府,完全没必要通过拥有企业董事会席位的方式对商贸平台型企业进行直接控制,企业从自身发展的角度出发也会选择加大在本地的投资。而且,地方政府持有本地企业的股份并对其实施扶持政策,也不利于在当地营造公平公正的市场环境,这将给地方经济引入外部优质商业资源带来负面影响,这点也与地方政府的利益诉求相冲突。

由此可见,随着经营才能资源成为商贸平台型企业发展所需的更重要的稀缺要素,在地方政府利益诉求也能得到有效保障的条件下,管理层控制模式已经成为我国商贸平台型企业发展的主流。

(2)管理者控制模式的问题:来自管理者内部

在管理者控制模式下,管理者既作为企业重要的资本所有者,又作为企业的实际经营者,基本解决了(或者说回避了)公司治理的激励兼容问题。考虑到我国非国有的商贸平台型企业真正快速发展不过是最近十几年的事,大部分这类企业还是由其企业的创始人(或创始团队)所控制着,并未真正面临企业所有权与经营权高度分离后的公司治理问题。在这一现状下,管理者控制模式可能导致的问题,更多的是由于管理者自身能力不足或者是管理层内部的控制权斗争所造成的。

从 20 世纪 90 年代中后期以来,许多商贸平台型企业的管理者为了抓住我国经济市场化、各类交易需求大扩张的历史机遇,将自身的工作重心主要放在了市场拓展、门店建设、供应商管理、融资等方面,而相对忽视了对公司治理问题的思考。2010 年发生的国美(HK.00493)控制权争夺事件,本质上是国美创始人黄光裕在处理公司治理问题上的不慎重所造成的。2006 年 5 月,当时的黄光裕及其家族持有国美 75.6%的股权,为了方便控制公司,黄光裕对上市公司合法地实施了“内部人控制”:通过股东大会做出了修改公司章程的决议,将原本属于股东(大)会的权力转移给董事会,因为控制董事会远比控制全体股东要容易得多,并且成本较低,何况无论是《香港公司条例》还是《公司法》并没有强制性规定不允许这样做。此次股东大会为 2010 年陈晓借助机构投资者争夺国美控制权埋下了伏笔。① 另一方面，黄光裕的经营理念认为，老板就是老板，职业经理人就是职业经理人，老板要牢牢掌控企业绝对的控制权。国美上市后，许多国美的高管曾多次以正式或非正式的途径向黄光裕表达了管理层持股的意愿，其结果是，黄光裕拿出700万元奖励给企业的其余管理层，不愿意稀释自己所掌控的企业股权。② 撇开黄光裕触犯法律的问题不论，试想，如果当初黄光裕尊重现代公司治理中"股东(大)会—董事会—经理层"这一最基本的分权架构，并不是试图像操控家族企业一样去管理一家上市的公众公司，或许就不会导致后续的企业控制权之争，并给企业经营带来不利影响。

从长远看，我国非国有商贸平台型企业必然会出现所有权与控制权相分离的现象。笔者认为，未来要解决这一问题，一方面要依靠企业自身在发展实践中不断完善其公司治理结构；另一方面也需要政府出台相应的法律法规，防止企业实际控制人的行为给各类利益相关者造成损害。

另一个问题是，近年来，我国一部分由管理者控制的商贸平台型企业的规模迅速扩大后形成的垄断问题，如在电子商务领域，已经形成阿里巴巴集团一家独大的市场格局；在连锁家电卖场领域，也已经形成苏宁和国美双雄并立的市场格局。这类问题本质上属政府规制问题，将在第6章的第1节展开讨论。

5.3.5 结论：三种控制模式的对比

从总体上看，我国商贸平台型企业的快速发展是改革收益增量累积的结果，其公司治理制度变迁的过程深刻地反映了宏观转型背景下我国

---

① 2006年5月，黄光裕通过股东大会做出修改公司章程的决议，赋予了国美董事会如下权力：国美董事会可以随时任命董事，而不必受制于股东大会设置的董事人数限制；国美董事会可以以各种方式增发、回购股份，包括供股、发行可转债、实施对管理层的股权激励，以及回购已发行的股份；董事会还可以订立各种与董事会成员有重大利益相关的合同；股东会通过一般授权，授权董事会通过增发新股、发行债券等方式进行20%以内的再融资，还可以在10%以内回购股票，均不需要经股东大会表决通过。资料来源：叶一戈：《国美战争》，北京理工大学出版社2010年版，第100页。

② 资料来源：黄晓波：《资本的魔力：国美控制权争夺透视》，立信会计出版社2011年版，第81—82页。

企业管理由传统走向现代的发展轨迹。目前,在我国沪深两地证券市场中共有 77 家符合本研究关于"商贸平台型企业"特征的上市公司,其中大部分为地方政府控制或管理者控制,如表 5-9 所示。需要说明的是,由于我国大陆地区公司上市审批机制一度有着较为浓厚的计划经济色彩和倾向性,因此,一些具有代表性的商贸平台型企业没有选择在国内证券市场上市,如阿里巴巴集团、国美等。

表 5-9　我国大陆地区上市的商贸平台型企业控制权分布现状

控制模式		企业数		占有效样本比率(%)	
地方政府控制的商贸平台型企业	国有绝对控股	6	39	8	52
	国有相对控股	33		44	
管理者控制的商贸平台型企业	个人绝对控股	8	33	10.7	44
	个人相对控股	25		33.3	
其余	中央政府控股、员工集体控股	3	3	4	4
合　计		75	75		

资料来源:笔者根据我国沪深两地证券市场的上市公司资料搜集、整理。
注:样本的 77 家企业中有 2 家企业的股东性质难以确定;数据截至 2012 年 6 月。

从商户集体控制到地方政府控制,再到管理者控制是我国商贸平台型企业控制权演化在现实中的逻辑顺序。在不同的内外部条件下,企业不同利益相关者所拥有资源的重要性发生了变化,重要资源拥有者在公司治理中的影响力得到增强,企业控制权配置也随之变化。由于企业实际控制人的差异性,企业在经营方面也表现出较大的不同,结合本章之前提到的内容,以下对上述三种控制模式的特征做进一步总结,如表 5-10 所示。

表 5-10　我国商贸平台型企业三种控制模式的对比

特征＼类型	商户控制模式	地方政府控制模式	管理者控制模式
实际控制人	商户集体	地方政府	以内部董事和经理层为主的企业高级管理者
主要发展期	1980—1992 年	1993—2002 年	2003 年至今
发展目标	确保交易环境的安全性和低成本性	繁荣地方经济	①快速扩大企业规模 ②获得丰厚利润回报

续 表

特征＼类型	商户控制模式	地方政府控制模式	管理者控制模式
发展过程中最需要的资源	商户资源	土地资源	经营才能
融资方式	商户个人集资	①财政拨款(早期) ②国有商业银行贷款 ③沪深股票市场上市	①各类银行贷款、授信 ②境内外股票市场上市 ③引入战略投资人 ④长期占用商户资金
存在问题	①形成“排外集团” ②出现管理“搭便车”	①难以有效激励管理层 ②地方本位主义倾向	①公司治理结构不完善 ②管理层内部斗争
代表性企业	路桥小商品市场	“商城公司”	国美电器

第 6 章　对策研究:政府和企业的层面

商贸平台型企业作为我国现实经济中新涌现出来的一类重要企业，不仅需要我们对其生产环境、产业组织和内部治理机制进行在理论层面上的研究，更需在理论研究的基础上提出相应的对策建议，以促进其有序、健康发展。以下分别从政府制定规制政策和企业完善公司治理结构两个层面展开对策研究。

6.1　对我国商贸平台型垄断企业的政府规制研究

本书第 3 章研究表明，在不存在政府规制约束的前提下，具有竞争优势的商贸平台型企业必然将以“低价”竞争和收取通道费为主要手段，实施规模扩张的成长性发展战略。事实上，我国商贸流通领域内部分商贸平台型企业确实已经形成了垄断势力，并且这种垄断势力有进一步强化的趋势。在某些地区，地方政府借下属国资企业入股这类商贸平台型企业，在一定范围内形成了“局部垄断”，又使得问题更趋复杂。因此，部分商贸平台型企业(如阿里巴巴集团)规模不断扩张的另一面是，由此可能带来的市场竞争性减弱导致的消费者福利损失问题，这一问题在本质上指向我国商贸平台型企业发展所面临的政府规制问题。因此，有必要考虑相关领域政府规制方向和方式的问题。

6.1.1　关于政府规制方向的讨论

政府对垄断产业实行规制是为了控制拥有垄断势力的企业采取垄断行为，从而有助于在竞争条件下形成各种产品或服务的市场化价格。考虑可行的规制政策有两个基本方向：一是通过价格管制、强制拆分等方式，直接消除相关企业的垄断势力；二是在难以消除垄断势力，或者一旦消除了垄断势力将导致规模经济、范围经济的重大损失的情况下，采取引入可竞争性因素，抑制相关企业采取垄断行为的冲动。

(1)直接消除垄断势力的可行性分析

分析直接消除商贸平台型企业的垄断势力首先需要对其是否实施了垄断行为进行取证。美国1936年颁布的《罗宾逊—帕特曼法》(《连锁商店价格限制法》)中就明确规定：对有可能垄断市场的大型零售商，不许制造商要求特殊折扣等不合理费用。在国内，许多学者对商贸平台型企业，特别是一些大型当地零售商、连锁超市、卖场在收取某些通道费时的理由、方式和金额等的合理性提出质疑。这些方法的核心是通过"价格管制"直接消除商贸平台的垄断行为。

一般认为，垄断行为的重要标志是对全部或部分消费者实施了价格歧视。但是，双边市场和单边市场在吸引客户时的机制不同，因此，通过"价格—成本"对双边市场中垄断行为进行判定，以及实施相关的反垄断规制是一个复杂且难度较大的课题。Wright(2004)在对澳大利亚和英国的信用卡市场规制政策进行研究时提出，政府对双边市场规制会出现"双边市场的单边市场逻辑"式的错误，如在成熟的市场中，企业设定的价格结构应该反映其成本结构；价格与成本的比值高就意味着市场势力；价格低于边际成本就意味着掠夺性定价；激烈的市场竞争会促进形成有效的价格结构；市场定价低于其边际成本时，必然存在交叉补贴；等等。

上述误区的焦点集中于定价与成本之间的关系，以及其背后的不对称定价所带来的交叉补贴的争议方面。此类问题产生的根源，是由于人们以单边市场的视角来看待双边市场的定价策略，平台企业面对两边的客户，其定价—成本对比及不对称定价或者可能的交叉补贴问题的界定都必须核算平台的总定价和总成本，孤立地看待一个边的定价、成本等都会带来认识上的偏颇和误区。如同单边市场一样，企业的私有信息，如边际成本信息很难获得，这会对市场势力、掠夺式定价等的界定造成很大难度。另一方面，由于网络外部性的存在，双边市场中的竞争天然地存在"鸡和蛋"的问题。双边市场中平台型企业的定价策略通常会采用低价格甚至负价格大力培育一边的客户(包括成员数和使用量两方面)，从而带动平台另一边客户快速增长的模式，这种倾斜式的定价结构可以看作正常的市场竞争现象,很难根据其销售价格低于边际成本来判定企业是否属于倾销式定价;再者,平台之间的竞争过程中,客户基、投资、雾件[①]等多样化竞争手段的采用,也使得直接对其垄断行为进行规制前取证的难度大大增加。

可以预见,政府如果直接制定针对商贸平台型企业垄断势力的规制政策,将面临很大的挑战。即使能够取证成功,那么直接消除垄断势力的政策效果如何呢?从有利的方面看,政府将垄断企业分割为若干家地区性经营企业,能为竞争创造空间,并带来三方面的好处:刺激企业间竞争,提高效率;缩小企业规模,增强企业运行灵活性;便于比较不同企业绩效。但是,地区性的切割方案对于"局部垄断"的商贸平台型企业往往是难以实施的。一方面,大多数商贸平台型企业本身也只是在某个地区内形成了垄断势力,不具备实施条件;另一方面,对于个别已经在全国范围内形成垄断势力的商贸平台型企业而言,如果强行对其切割,也可能大大降低该领域内的规模经济和范围经济所带来的好处,反而得不偿失。

(2)引入竞争性力量的可行性分析

从本质上说,对涉及垄断的行业实施政府规制,其基本目标都是缓解"马歇尔冲突",即在追求规模经济、范围经济效应的同时,形成与市场竞争活力相协调的有效竞争格局,从而提升该垄断领域的整体经济效率或对应的消费者福利水平。在西方发达国家,由于政府管制措施的失灵及技术发展等因素的作用,20 世纪 70 年代中期就开始了一场声势浩大的自然垄断产业改革,对垄断产业(主要是自然垄断产业)也普遍采取了放松管制和引进竞争的规制政策。

当然,也有学者对于将竞争机制导入平台型产业的政策方向持不同的观点。程贵孙(2009)在国外学者对双边市场和平台型企业研究成果的基础上提出,要充分认识到平台型产业"垄断未必无效率,竞争未必有效率"的特殊性,对平台型产业进行产业规制时切忌简单地套用传统单边市场的产业规制理论和方法来进行,否则将导致错误的结论和政策。对此

---

① 所谓雾件(Vaporware),是指远在开发完成前就开始做宣传的产品(也许这些产品根本就不会问世)。它们可以是软件、硬件,甚至可以是一种服务。在行业内,一些公司通过释放雾件,威胁潜在进入者的进入。

观点，笔者持保留意见，因为国外学者的研究对象处于成熟的市场经济条件下，与国内有较大差异，在国内的双边市场领域更多的恐怕是"垄断导致低效率"的情况。如 Rochet 和 Tirde(2003)等认为，银行卡双边市场的定价机制表明"垄断平台的定价结构可以满足社会最优条件"，但是我国的银行卡业务却是被抨击为侵害消费者利益的"霸王条款"最多的业务之一。Guthrie 和 Wright(2003)认为，具有垄断势力的平台型企业也可以实现社会最优化的定价，引入竞争并不能导致一个更优的价格结构，反而可能导致一个更歪曲的价格结构，从而降低社会福利。但是 Guthrie 和 Wright 的研究并未考虑时间因素对垄断性平台型企业长期行为的影响。如之前所提到的，垄断性平台型企业为了解决"鸡与蛋"的问题，通常会考虑首先给予一边客户补贴，以吸引客户，但当其在两边都集聚了大量客户后，而且在这两边的市场中都缺乏有力竞争对手的条件下，其垄断势力或将诱发垄断行为，进而导致消费者福利水平的下降。

上述讨论表明，商贸平台型企业所在领域往往具有较强的规模经济、范围经济和网络经济效益，竞争机制所产生的效益或许无法与其局部垄断的效率相比，以至于直接在其垄断业务环节引进竞争机制将很有可能产生低效率，增加社会总成本，却不会增加消费者剩余。因此，需要在维持商贸平台型企业垄断性业务的基础上，增强其所在产业领域内的可竞争性因素，即在其产业链上下游的可竞争性业务领域引入竞争机制，从而抑制其垄断行为。

6.1.2 政策建议:四种政府规制方式

我国政府对商贸平台型企业实施规制的主要方向是在相关可竞争性环节引入竞争机制。以下借鉴西方发达国家在自然垄断产业内导入可竞争性因素的基本思路，提出对我国商贸平台型企业实施政府规制的四种规制方式。需要说明的是，商贸流通业从总体上看仍然是以中小企业为主的结构特征，商贸平台型企业的垄断势力仅在流通产业的若干个关键环节存在。因此，下文中将商贸平台型企业所在产业领域分为垄断业务环节与可竞争性业务环节。

(1)端口接入规制

该规制政策要求政府在允许商贸平台型企业开展垄断性业务和竞争

性业务垂直一体化经营的前提下,通过制定端口接入政策,强制要求该商贸平台型企业向其他处于流通产业中的弱势企业公平地提供接入服务,一旦某个商贸平台型企业在流通领域内某个重要的基础性环节形成了其他企业所不具备的垄断势力,就可以考虑对其实施端口接入规制。如前文所提及的阿里巴巴集团旗下的支付宝公司,目前几乎占据了国内第三方支付平台市场的"半壁江山"[①],共有超过6亿注册用户,每天网上交易约1 100万笔,其不仅为同为阿里巴巴集团旗下的淘宝网、天猫商城内的数以百万计的商家提供了互联网支付服务,也为国内外的46万家其他商户,甚至是全国范围内的水电煤等公用事业公司提供了互联网支付服务。

如图6-1所示,当商贸平台型企业在上游业务环节具有垄断性的竞争优势之后,它就有可能依托其在上游环节中的垄断地位,通过拒绝其他企业接入,或者向其索取高额端口接入费的方式,在下游的竞争性市场领域也形成独占优势,并损害最终消费者的福利。这就要求政府规制者采取有效的规制政策措施,以防商贸平台型企业采取各种"借口对策",拒绝或限制向竞争企业提供接入服务的反竞争行为。因此,该类政策的核心应该是规定与实际成本相符的端口接入费用(甚至可以要求免费接入,或者接入费用完全由政府买单)、允许接入企业的数量(某些领域可以要求不设企业数量的上限)和尽可能详细的端口接入服务的质量标准。

(2)业务范围规制

该规制政策不允许商贸平台型企业开展垄断性业务和竞争性业务垂直一体化经营,从而迫使商贸平台型企业必须向与它处于同一纵向产业领域内的其他竞争性企业提供接入服务。当某个商贸平台型企业很容易通过隐藏信息的方式,绕过政府对端口接入的规制,为企业内的其他业务部门争取竞争优势,而政府又很难发现并对其实施惩罚时,就应当实施业务范围规制,将该企业的业务仅仅局限于垄断业务内。以在某地有着垄断优势的大型物流港为例,如果其在开展收集整理运输需求信息、提供物流仓储基地等"局部垄断"的基础性业务时,该物流港的投资公司还同时

---

① 资料来源:根据《2011年(上)中国电子商务市场数据检测报告》报道,2011年上半年,国内第三方支付企业市场份额占据情况如下:支付宝排名第一,市场占有率为47.2%;财付通居第二,市场份额为20.3%;银联在线紧跟其后,占据市场份额9%。

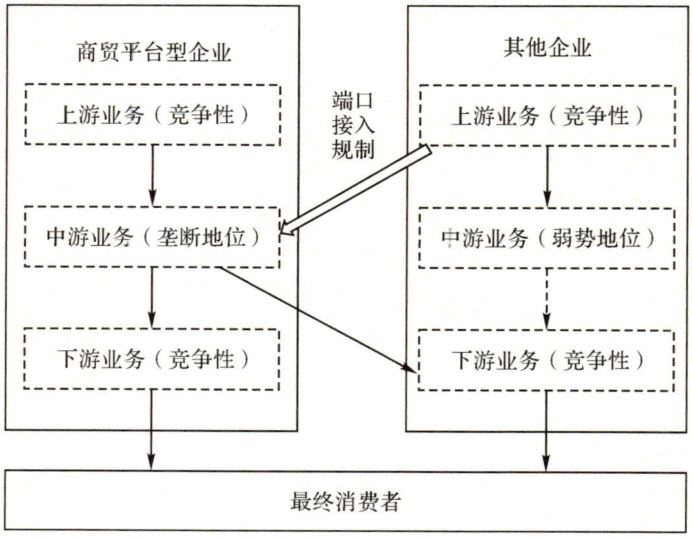

图 6-1 端口接入规制

经营着一个下游的运输公司，它就有很大的倾向将利润较为丰厚的货运业务、相对优质的仓储基地安排给自身的运输公司，从而损害其他运输公司的利益。由于诸如此类的企业其内部交叉补贴行为具有很强的隐蔽性和多样性，相关政府部门难以制定细致的规范并实施监督。因此，限制此类企业的业务范围是较为合适的做法。不过遗憾的是，在我国现实经济中，这样的企业往往有着很强的地方政府背景，所以很多时候地方政府不仅没有动力去限制它们的业务范围，甚至鼓励它们利用自身在本地区的“局部垄断”不断扩大业务范围。

业务范围规制的政策实施较为简单，只需对商贸平台型企业的业务范围实施纵向切割，并严格禁止其涉及竞争性领域即可。这有利于消除实行第一种政策时，垂直一体化经营企业在竞争性业务领域可能采取的歧视行为，即对本企业的经营单位和其他竞争企业采取差异性行为，以排斥竞争企业。但是其不利的一面是可能会牺牲范围经济所带来的好处，与此同时，为防止该企业利用垄断优势向其他公司收取高额接入费或向消费者收取高价，还应该在产业链的连接环节，使用相应的端口接入规制与之相配合，这就增加了政策实施的复杂程度。图 6-2 显示了商贸平台型企业处于产业链的不同环节时两种业务范围规制状况，当商贸平台型企业处于产业链中间位置时，需要同时对其连接上游和中游两端的端口实施接入规制。

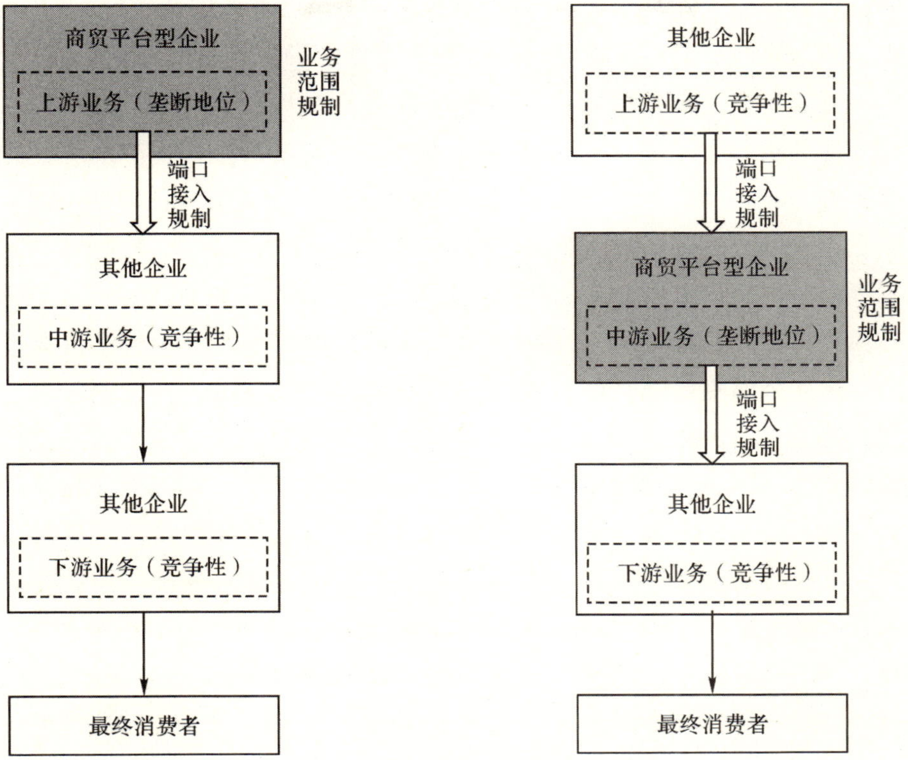

图 6-2　两种结构的业务范围规制

(3)网络互通规制

该规制政策鼓励不同的商贸平台型企业之间开展互联互通,充分利用平台客户之间正的网络外部效应,刺激不同的商贸平台型企业之间以互利互惠为动机主动实行联网,即每家企业的局部垄断性业务不仅向本企业内的竞争性业务单位开放,而且也向其他商贸平台型企业的竞争性业务单位开放。网络互通规制与第一类端口接入规制的区别在于,后者强调通过行政手段要求商贸平台型企业向处于弱势地位的其他企业公平公正地提供接入服务;而前者强调以效益激励为主、政府鼓励为辅的方式,促使商贸平台型企业之间放弃“各自为营”的做法,从而增加消费者的福利。在国内外的信用卡领域,各大银行之间通过共享客户信用信息,规避某些消费者的恶意透支行为;在电信领域,中国移动、中国联通和中国电信等运营商被要求做到网络的互联互通。但是,目前在商贸流通领域,这方面的网络互通仍较少,如阿里巴巴集团的淘宝网和腾讯的拍拍网之间就可以展开客户信用共享、商户信息共享等某些方面的合作。

图 6-3 显示了两家均势的商贸平台型企业的上、下游业务环节均处在可竞争状态。为了互相争取客户,两家企业的上、下游业务本应处于自然互通的状态。但是,由于这两家企业都在产业链的中游环节形成了垄断势力,如果采取"各自为营"的策略,两者都将禁止自身企业内的可竞争性业务与对方的可竞争性业务互通,其原因可以用博弈论最经典的"囚徒困境"解释:理性个体追求各自利益最大化的结局可能是集体意义上的不理性。为打破"囚徒困境"的僵局,必须要在两者之间建立互信,而最重要的初始互信的建立需要有一个具有公信力的第三方介入——政府无疑是最合适的人选。此后,在互惠互利的刺激下,两大平台会自发地开展更广泛的合作,这一互信过程的建立与深化可以由合作博弈理论的"一报还一报"(Tit for Tat)策略进行解释①。因此,实施网络互通规制政策的难点在于政府最初该如何介入,才能确保商贸平台型企业之间高效率的建立信赖关系。此外,这类规制还受到行业的局限,只适用于网络正外部性相当显著的领域,当商贸平台型企业之间网络规模越接近,政策效果越好;否则,网络规模较大的企业必然会以种种借口拒绝与网络规模较小的企业实现网络互通。当然在这种情况下,可以采取第一种端口接入规制的政策。

(4)共同投资规制

该规制政策鼓励从事竞争性业务的公司共同入股投资某一商贸平台型企业,这不仅增强了产业链中"局部垄断"业务对最终消费者需求变化做出快速反应的能力,也能在产业链中规模经济、范围经济效应最明显的业务环节形成竞争者的利益共同体。之前所阐述的三类规制政策,都是强调利用政府的外部监管促使商贸平台型企业规范其行为,而实施共同投资规制的目的是从商贸平台型企业公司治理的内部抑制其滥用市场垄断势力的冲动。

① "一报还一报"(又称"以牙还牙")是指,被认为是人类社会最有效率的一种合作策略。罗伯特·阿克塞尔罗德:《合作的进化(修订版)》,上海人民出版社 2007 年版,第 19 页。

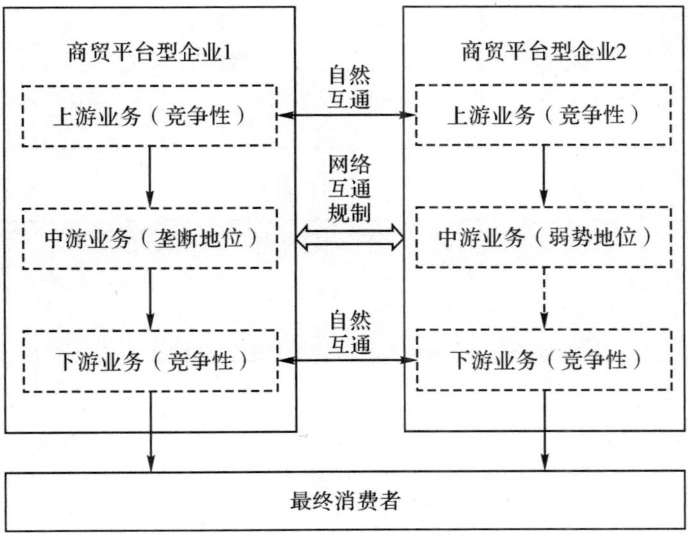

图 6-3　网络互通规制

如图 6-4 所示,假设某一商贸平台型企业所开展的垄断性业务处在产业链的中间环节,其余企业在产业链的其他环节经营竞争性业务,但是这家商贸平台型企业的股份由若干家同一领域内从事竞争性业务的企业共同所有。实施共同投资规制有利于保持产业中垄断性业务与竞争性业务的协调一致,消除商贸平台型企业和其他企业间的矛盾。但政府要推动共同实施规制的难度较大,一是因为原有的竞争性企业往往会联合排斥新企业占有商贸平台型企业的股份,这就要求政府做出行政协调。二是这些具有共同利益的竞争性企业可能会达成某种私下的合谋,然后利用商贸平台型企业对局外企业采取歧视性政策。三是假如联合所有制中的企业数量很多,就可能导致建立在共同投资基础之上的商贸平台型企业的公司治理结构过于松散,从而产生公司治理层面的问题。上述问题也同样反映到了本部分之前所提的柯桥轻纺城联合市场的实际经营过程中。

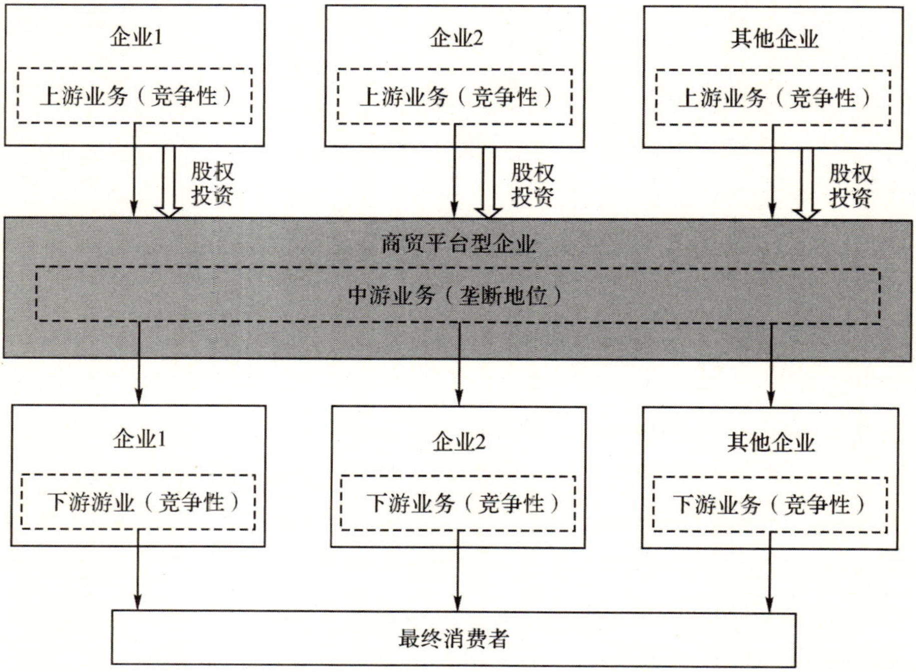

图 6-4 共同投资规制

6.1.3 结论:四种规制类型的对比

笔者认为,我国商贸平台型企业实施政府规制应通过积极引入竞争性力量、抑制垄断行为的做法。之前提到的四种类型的政府规制政策各有利弊。现将其政策实施的关键点(难点)与适用范围做出总结,如表 6-1 所示。

表 6-1 对我国商贸平台型企业的四种规制政策总结

类型	政府规制的关键点(难点)	适用范围
端口接入规制	如何确定合理的接入条件:重点包括接入费用、接入数量和接入质量	存在独家强势商贸平台型企业的产业领域
业务范围规制	如何打破地方行政保护,使地方经济愿意承受由此带来的"范围经济"的损失	政府难以规定端口接入规制条件的领域

续 表

类型	政府规制的关键点(难点)	适用范围
网络互通规制	如何通过恰当方式,在若干家商贸平台型企业之间高效率建立互信	存在若干家势均力敌的商贸平台型企业的领域(可以是跨区域的,也可以是同一产业内的)
共同投资规制	如何防止共同投资的竞争性企业之间达成合谋:不允许其他新的竞争性企业进入、共同向新竞争性企业索要高价等	竞争性企业的规模适度,具有承担联合投资的能力

考虑到我国不同地区在经济与技术发展水平、自然地理环境、收入与消费需求水平等方面存在较大的差异,我国商贸平台型企业的发展呈现出很大的区域差异性。而且,又由于商贸平台型企业的垄断势力范围随着技术的进步和市场范围的扩大存在着高度的动态性,在某些环节垄断势力将会扩大,在另一些环节竞争性因素将不断增强。所以,除规制的基本方向、基本原则及个别已经在全国范围内呈现"一家独大"的领域(如少数网络交易的商贸平台型企业)外,对国内许多商贸平台型企业所在产业领域的规制政策的具体制定工作应落到地方政府的身上。

6.2 我国商贸平台型企业完善公司治理结构研究

虽然利益相关者概念已经广泛流行,尊重不同利益相关者的诉求成了许多企业的共识,但是真正要在企业中推行利益相关者共同治理模式仍存在较大问题。利益相关者价值最大化,更多的只是一种"理想"而非"现实"。同一企业的不同利益相关者有着不同的利益诉求,因此,很难简单地将他们的诉求转换为企业的一致目标并落到具体的行动上,即使落到了行动上,其实施的结果也可能是对所有利益相关者都难以做到有效维护。更严重的是,如果一家企业的管理层被要求对所有的利益相关者负责,由于利益相关者诉求的多元化导致企业目标多元化,企业将难以对经营层进行有效考核,从而无法对经理层形成有效的监督。因此,最可能出现的结果是,管理者对所有利益相关者都"扯皮",不承担责任。我国国有企业改革前所有表现出的缺乏效率的现象在一定程度上就与企业目标的多元化和实际中奉行的利益相关者模式有关。(张维迎,2005)上述问题表明,商贸平台型企业仍然需要在以"股东会—董事会—经理层"架构[①]为基础的公司治理结构一般框架下,研究各类利益相关者诉求得以实现的有效途径。

6.2.1 两种典型公司治理模式的对比

公司治理的核心是为参与公司经营的各利益相关者解决冲突提供一个框架性制度安排。这一源自西方发达国家的制度安排体现了西方宪政"分权制衡"的思想,在公司组织内部分别设立股东会、董事会、经理层、监事会,分享重大问题决策、业务执行和业务监督之权。即股东会享有公司重大问题决策权,决策和经营权由董事会、经理层负责,而监督权则交由监事会或董事会中的独立董事。

当前西方发达国家主要有两类公司治理模式:英美模式和德日模式[②],如图 6-5 所示。莫兰德(1995)将这两类模式分别称为市场导向型公司治理模式(Market-oriented Model)和网络导向型公司治理模式(Network-oriented Model)。其中,市场导向型的主要特征为:一是股权结构分散,机构持股者力量较强,这种机构持股是终极所有者(信托收益人或投保人)直接委托相关机构持股;二是外部治理机制发达,在发达的产品市场、金融市场、职业经理人市场等的作用下,管理者行为与股东利益高度趋同;三是(外部)独立董事是董事会的重要成员,董事会和经理层的运作基本分开;四是公司内部一般不设监事会,监督职能由独立审计员和外部董事承担。网络导向型的主要特征为:一是股权相对集中,银行在企业融资及经营决策和监控方面起重要作用;二是实行双重管理制度,同时设立董事会和监事会,如德国公司法规定企业的监事会成员由股权监事和

---

① 在"股东—董事会—经理层"架构中,股东及股东大会与董事会之间、董事会与高层执行官之间存在着性质不同的关系,要完善公司治理结构,就要明确划分股东、董事会、经理人员各自的权力、责任和利益,从而形成三者之间的制衡关系。

② 德国和日本的公司模式虽然有相似的地方,但是也有差异,主要体现在监事会与董事会的关系方面。在德国,监事会与董事会(管理委员会)是上下级的关系,而在日本,两者是平行机构。

职工监事构成[①]，并且由监事会选举董事组成董事会，这就有效避免了控股股东通过资本多数直接操纵董事会；三是外部董事较少，大多实行内部董事制；四是外部治理机制相对于市场导向型公司治理模式的国家而言较弱。

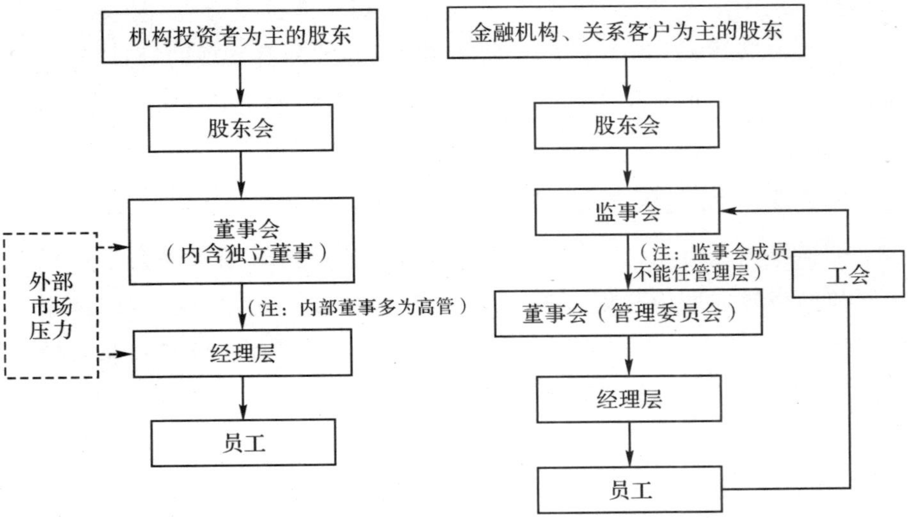

美国公司治理模式　　德国公司治理模式

图 6-5　两种公司治理模式的对比

虽然上述两种模式都以“股东—董事会—经理层”架构为基础，各有特点，但是在现实经济中并无优劣之分，其差异主要体现在不同利益相关者在公司治理中的重要性不同[②]。前者在“股东至上”的外衣下突出了企业管理者（董事会、高层经理等）在公司治理中的作用，并通过引入外部董事维护中小股东的权益；后者突出了企业债权人、职工、关系客户等利益相关者在公司治理中的作用，监督机构的设立和作用更倾向于维护“社会责任”。德国公司法将公司定义为劳动与资本之间的一种伙伴关系，并已

---

① 德国公司法规定：2 000 人以下的公司，监事会中须有 1/3 监事是员工代表；2 000人或以上的公司，须委任同等数量的股东和员工代表组成监事会。

② 在经济全球化的背景下，两种结构正呈现出强烈的趋同现象。前者遵循股权至上准则，有利于保护中小投资者的利益，但管理者可能过分关注外部市场，易出现短期化行为和企业规模无序扩张，在英美等国，银行等金融机构作用逐渐增强；后者股权相对集中、内部治理机制完善、外部治理较弱，近年来也呈现出注重外部市场威胁、股权日趋分散的发展特征，日本也在 2002 年大幅度修改的商法和公司法中正式接受独立董事制度。

经全面实现了劳动与资本共同治理公司的原则。在日本,虽然法律层面仍然将公司定义为由物质资本所有者组成的实体,但在现实经济中,日本公司重视员工和关系客户的利益甚至要超过股东利益,被研究者将其称为“人本主义体制”。

鉴于我国商贸平台型企业中关键利益相关者的复杂性:种类多且存在多重身份问题,笔者认为更注重“利益相关者”利益实现的德日模式,对现阶段我国商贸平台型企业的公司治理更具借鉴意义。

6.2.2 我国公司治理结构的一般框架

根据我国现行的《公司法》,目前国内的公司治理结构综合了市场导向型和网络导向型两种模式的基本要素,因此在公司治理结构的体系上更为复杂,有两个突出特点:双层委员会(董事会、监事会)制和双层监督(独立董事、监事会)制,如图 6-6 所示。

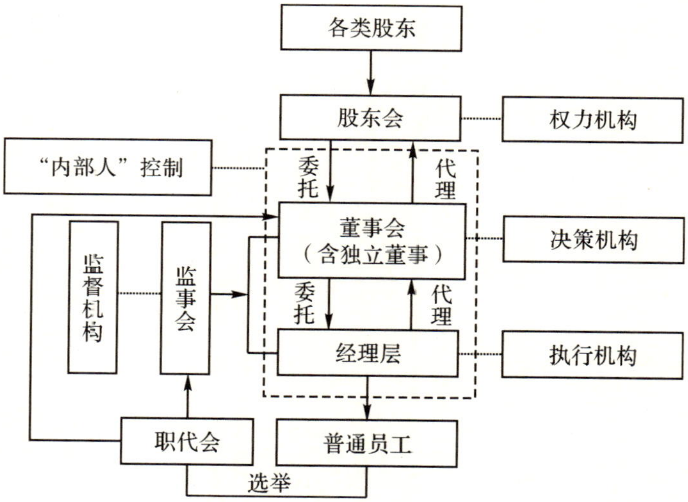

图 6-6 我国公司治理结构的一般框架

股东会由公司资本所有者——股东组成,是公司的最高权力机构。股东通过股东会行使自己的审议权和投票权,维护自己的法定权益。我国《公司法》规定：除国有独资企业外[①]，股东会作为公司的最高权力机构，掌握着公司重大利益的决策权，如公司的合并、分立、解散和清算等。对于大股东和中小股东而言，股东会在保护股东利益方面发挥的作用是极不平衡的，在现代公司制度下，股东分散化，使得中小股东通过股东会行使权力的成本很高。因此，在公司内部，股东对经营者的有效控制主要是通过将各种权力委托给董事会来实现的。

董事会由股东在股东会上选举产生。董事会受股东委托并对股东负责，对公司的经理层实施监督和控制，批准关系公司的重大决策。一旦董事会受托来经营公司，就成为公司的法定代表，正常情况下股东不得干涉董事会的工作。为抑制公司治理中"内部人控制"[②]所可能引发的负面作用，完善董事会的职能与结构，我国借鉴英美模式，在上市公司中引入了独立董事制度[③]。

经理层由董事会选拔任命。经理层和董事会之间是委托—代理关系，即董事会以经营管理知识、经验和能力为标准，选择和任命适合公司的重要经理人员，经理层作为董事会的代理人，在董事会的授权范围内从事经营活动并接受董事会的监督。一般而言，经理层负责实施董事会决议和投资方案、安排公司的年度经营计划和日常经营活动。

监事会由监事组成，是依法产生的对董事和经理的经营管理行为及公司财务进行监督的常设机构，代表全体股东对公司经营管理进行监督，行使监督职能。在英美模式中，监事会的监督职能由董事中的独立董事承担，不设监事会。在德国监事会是董事会(管理委员会)的上级机构，在我国监事会与董事会是平行机构。我国《公司法》规定，监事是由股东会或是公司职工代表大会选举产生，对公司业务执行情况、财务状况进行监

---

① 我国《公司法》第 66 条规定："国有独资公司不设股东会，由国有资产监督管理机构行使股东会职权。"

② "内部人控制"是指董事和经理等作为公司高层管理者的内部人掌握和控制了公司的经营决策与业务执行等重要权力，进而架空了公司的股东会和董事会，使公司的核心权力完全掌握在他们手中，这是公司为了提高运作效率，将公司权力由股东会转移到董事会、经理层所带来的必然结果。

③ 根据我国《公司法》第 122 条的规定："上市公司设立独立董事，具体办法由国务院规定。"2001 年 8 月，中国证监会发布了《关于在上市公司建立独立董事制度的指导意见》。

督和检查的具有行为能力的自然人。

职工代表大会是我国企业普通职员参与企业管理的最主要形式。根据我国《工会法》规定，国有企业职工代表大会是实行民主管理的基本形式，是职工行使民主管理权力的机构，也是集体企业和其他形式企业的职工参与企业民主管理的重要途径。通过职工代表大会选举出的职工代表，可以成为董事会成员和监事会成员。①

6.2.3 我国商贸平台型企业在一般框架下的问题

我国商贸平台型企业在我国公司治理结构的一般框架下，所遇到的问题可分为共性问题和特殊性问题两类。

第一类是国有商贸平台型企业的共性。第一，从经营和监督的动力机制上看，这类商贸企业与我国其他国有企业一样，其管理者都缺乏相应的利益激励——“花别人的钱为别人办事”；各级国有资产管理部门代表政府对国有资产的保值增值进行监督，也缺乏根本的利益机制驱动——“监督别人怎么花别人的钱”，并且它还不干预经营管理权的行使，由此产生的结果只能是监督的低效和有限性。第二，从经营和监督的组织结构上看，许多国有企业的董事会形同虚设，董事会由经理层掌控，致使决策、执行不能科学分离；独立董事由股东会提名和聘任，结果导致独立董事任命权仍然掌控在大股东手中而不能代表中小股东利益，丧失应用的独立性而不能发挥作用；监事会也依附于董事会、经理层或大股东，与被监督对象存在利益关系，由内部监事、大股东监事统治的监事会缺乏积极性去履行监督职能。

第二类是商贸平台型企业利益相关者的特殊性所导致的问题。以商业银行、信托公司、典当公司为代表的债权人和以经销商、代理商和制造商为代表的商户，对商贸平台型企业的发展起着至关重要的作用，但是在

① 我国《公司法》第 44 条规定：“两个以上的国有企业或者两个以上的其他国有投资主体投资设立的有限责任公司，其董事会成员中应当有公司职工代表；其他有限责任公司董事会成员中可以有公司职工代表。”第 51 条规定：“监事会应当包括股东代表和适当比例的公司职工代表，其中职工代表的比例不得低于三分之一，具体比例由公司章程规定。监事会中的职工代表由公司职工通过职工代表大会、职工大会或者其他形式民主选举产生。”

我国在现行的相关法律法规的框定下却不能以有效方式直接参与到企业的公司治理结构中。

如商贸平台建设、经营过程中所需要用到的资金使用量较大,如果企业能够采取类似德日公司治理的模式,即商业银行通过参股的方式成为企业股东,并在董事会中委派代表,就能更好地了解并影响企业的决策经营①,从而能在保障贷款资金安全的前提下,更好地为商贸平台提供资金支持。此外,商业银行作为金融服务机构还能为商贸平台上的各类商户提供多样化的金融服务。但遗憾的是,我国《商业银行法》基本排除了这一可能性②,这也在一定程度上导致许多民营的商贸平台型企业在需要资金时,不得不采取利用其纵向垄断势力,长期大量占用商户资金的做法。

又如将商贸平台与其他流通渠道相比,它的优势主要取决于商户集体的优势,在笔者调研过程中,就有企业管理者坦言:“普通员工流失了,很容易就招到了,但市场中的经营大户一旦走了,短期内很难再招到,而且还会带走一大批同类商户。”另一方面,对于大多数商户而言,他们在商贸平台上投入的专用性资产、承担的风险要远远超过企业中的普通员工,但是在我国现有的《公司法》中,显然没有像考虑员工利益一样考虑商户群体的利益,没有为他们进入企业的董事会、监事会提供相应的法律依据,这也导致商贸平台型企业的管理者在经营决策时常常会忽视商户的利益诉求。

6.2.4 利益相关者诉求与我国公司治理结构的对应

笔者认为,我国商贸平台型企业的公司治理结构应以现有架构为基础进行改进,而不宜提出一个全新的方案。这既是尊重历史、尊重实践的考虑,也是缓解现实问题的需要。股东主导的公司治理模式虽然有许多

---

① 斯蒂格利茨(1985)通过比较银行控制、股权集中和管理者控制三种控制模式,认为银行控制是最重要的。

② 我国《商业银行法》第43条规定:“商业银行在中华人民共和国境内不得从事信托投资和证券经营业务,不得向非自用不动产投资或者向非银行金融机构和企业投资,但国家另有规定的除外。”此外,信托公司、典当公司也受限于相关法律,其资金来源被严格限制,也难以长期入股商贸平台型企业。

弊端，但是以“股东会—董事会—经理层”架构为基础的模式仍然是公司治理的主流模式，与其他模式[①]相比，它更有利于提高公司治理的效率。如图 6-7 所示，可以在我国现有公司治理结构模式的基础上，通过恰当的机制设计，改善前文所提及的第二类问题，增强地方政府、债权人、商户、采购商和消费者等关键利益相关者在公司治理结构中的影响力。

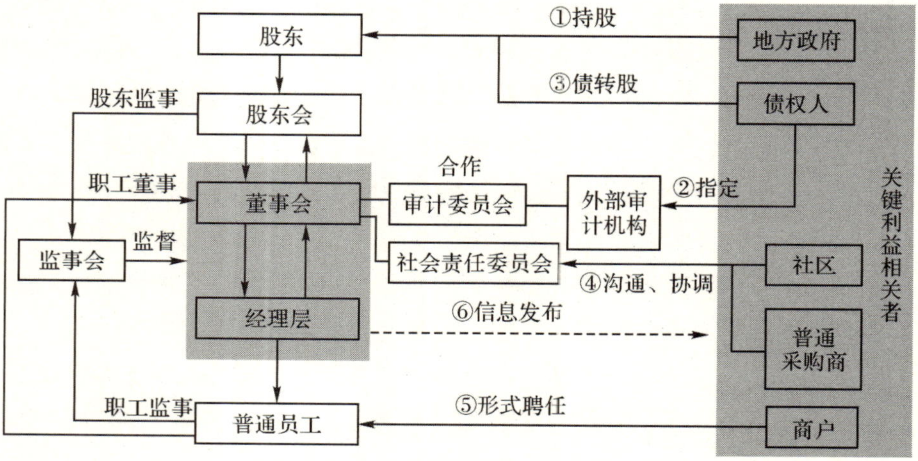

图 6-7　商贸平台型企业利益相关者参与公司治理：一个构想

图 6-7 中，地方政府除了可以利用手中的行政权力直接影响企业决策外，还可以在必要的时候通过途径①持有企业股份，以企业股东的身份，直接参与到企业的日常经营之中。对于非控股的地方政府，可以通过与企业签约，采取获得“小股东否定权”[②]之类的方式，影响企业决策。这一方式显而易见的好处是，地方政府不需要实现对企业的绝对控股，就可以否定掉那些会对地方经济繁荣带来不利影响的董事会决议，并且也能为商贸平台型企业在经营上争取到更大的自由度和灵活性。如在第 1 章引例中所提及的义乌政府，如果其拥有“小股东否定权”，也未必需要费尽

① 汉斯曼(2000)归纳并比较了五种公司治理模式：股东导向模式、经理人导向模式、员工导向模式、国家导向模式等，他从逻辑的力量、榜样的力量和竞争的力量三方面分析了不同模式的优缺点，并指出，全世界各国的公司治理模式都向股东导向模式转变。转引张维迎：《产权、激励与公司治理》，经济科学出版社 2005 年版，第 117 页。

② 法国公司法为保护非控股股东的利益，其《公司法》规定：拥有 33.4%以上股份的股东可以行使小股东否决权，否定股东大会的决议案。

周折采取以土地换股份的方式去实现对义乌“商城公司”的绝对控股。

债权人在企业正常经营的情况下,可以在借款协议中,通过途径②为企业指定专门的外部审计机构监督并控制企业具体经营情况,其治理途径可根据我国《上市公司治理准则》[①]对审计委员会的要求得以实现。对于非商业银行的债权人,还可以在企业经营困难时期,通过途径③“债转股机制”持有企业股份从而直接参与公司治理。

商贸平台周边的社区、采购商和普通消费者,可以通过途径④在企业董事会中设立社会责任委员会,在董事会层面,加强企业与他们之间的沟通、协调,从而为他们间接参与到公司治理之中创造条件。

商贸平台上开展经营活动的各类商户,可以通过途径⑤“形式聘任”的方式,获得企业普通员工的身份,从而根据我国《公司法》的有关规定,有条件被选举为企业的职工监事、职工董事,直接参与到企业的公司治理之中。“形式聘任”是指商贸平台型企业将平台上一片有影响力的经销商聘为企业的员工,聘用期限为商户所租用商铺的期限内,工资和福利标准参考当地最低工资标准,不承担具体的企业工作。当然,商户的“形式聘任”必然需要通过企业董事会、经理层的认可,考虑到商户对商贸平台型企业的重要性,且“形式聘任”可以有效增强商户与企业之间的信任感、凝聚力,缓和双方因为商铺租金问题而产生的利益冲突,因此该方法具有一定的现实操作性。

董事会、经理层等企业管理者可通过途径⑥,将企业的有关信息及时向关键利益相关者公布,听取他们对企业经营决策的意见,争取他们对公司发展的支持。

综上所述,笔者认为,在我国现有《公司法》等相关法律所规定的弹性范围内,通过某些机制设计,为关键利益相关者参与公司治理创造条件,将有助于改善我国商贸平台型企业的公司治理现状。

---

① 我国《上市公司治理准则》第54条规定:“审计委员会的主要职责是:(1)提议聘请或更换外部审计机构;(2)监督公司的内部审计制度及其实施;(3)负责内部审计与外部审计之间的沟通;(4)审核公司的财务信息及其披露;(5)审查公司的内控制度。”

第7章　小结:观点与展望

7.1　主要结论

7.1.1　我国商贸平台型企业是我国宏观转型的必然产物

我国改革开放后的宏观转型,不仅是经济体制的转轨,更是整个社会价值观念的转变。当一个国家,由传统封闭型社会向现代开放型社会转变,经济体制由计划向市场配置转型,自由主义、个人主义的思潮强烈地冲击着人们的心智,机会主义倾向和行为在暂时缺乏外在强制约束的环境中日益蔓延,社会发展进入一个不断试错的碰撞过程。西方社会经济的发展历史表明,现代市场经济所必需的较为完善的市场秩序是多次重复博弈过程的均衡结果,而最终形成这一均衡结果的过程是痛苦的。我国经济发展与转型过程中的"烦恼",也正是由于社会价值观念的转型滞后于经济市场化而产生的。

要解决上述问题,我国的地方政府就需要比西方成熟市场经济国家的政府更积极地介入地方经济活动,但是地方政府并不像中央政府那样拥有强力的财政政策工具和货币政策工具。考虑到市场秩序的建立和完善是一个渐进的过程,地方政府在20世纪八九十年代,通过积极参与商贸平台型企业的公司治理,并放大这些企业在繁荣地方经济中的作用,就成为化解上述问题的一种有效方案。至少相比计划式的行政命令,地方政府借助企业形式的商贸平台之手,能减少对市场经济中有效价格形成机制的干扰。此外,商贸集聚比工业集聚在繁荣地方经济方面所表现出的高效性,进一步强化了某些地方政府扶持当地商贸平台型企业的决心。

7.1.2 我国商贸平台型企业战略层面的最优策略是扩大规模、不断增强其市场势力乃至形成垄断

这个结论可以从以下三个子结论中得出：

(1)我国商贸平台型企业的发展可充分依托自然垄断因素和人为垄断因素的作用

商贸平台具有企业性和平台性的双重属性。企业性要求商贸平台发挥规模经济、范围经济去追求利润最大化，体现了企业内部的技术经济特征；而平台性要求商贸平台充分发挥网络经济效益，在为交易的双方提供“媒”服务时集聚更多的成员数量和交易总额。可见，无论是商贸平台的企业性还是平台性，都能促使商贸平台不断增强其市场势力，更重要的是，随着现代信息技术的发展、商品物流成本的降低，上述内外两方面的经济效益都会得到更充分的释放。

人为垄断因素(地方政府保护与消费者市场差异)导致商贸平台型企业的市场势力被区域分割、强化并导致“局部垄断”的形成。但考虑到国内市场秩序的不断完善、消费者需求的地域差异逐渐缩小，我国电子商务平台领域和连锁超市、卖场等领域，少数商贸平台型企业的市场势力将会不断增强。

(2)双边市场结构有助于商贸平台型企业实施产业链上的纵向控制

商贸平台型企业所处的双边市场中，企业数量在产业链上呈“哑铃状”分布，产业供需两边的客户数量多，但个体实力普遍较弱，中间的平台型企业数量少且整体实力和信息优势明显。这样一种市场结构明显有利于企业实施纵向控制，其行为策略主要包括不对称的定价结构、动态化的补贴策略与平台间联盟。这些策略有利于企业快速扩大规模，形成市场势力。

(3)拥有竞争优势的商贸平台型企业的地位会巩固并增强

在不受政府规制的前提下，商贸平台型企业具有利用其市场势力，向供给一边的商户收取通道费，并在需求一边与其他流通渠道开展“低价竞争”的逐利行动。商贸平台型企业的垄断势力与垄断行为具有互为因果的自我强化机制，商贸流通产业内的平台型企业间竞争会出现“强者愈强”，直至出现“一家独大”的局面。

7.1.3 我国商贸平台型企业的公司治理有其特殊性

这个结论可以从以下三个子结论中得出：

(1)我国商贸平台型企业的公司治理涉及多种类型的关键利益相关者

相较于一般的制造企业，商贸平台型企业在公司治理中所涉及的主体更为复杂。笔者在企业访谈、调查问卷的基础上，提出下列十种类型的群体为商贸平台型企业的关键利益相关者：股东、管理层、地方政府、债权人、普通员工、商户、采购商、第三方合作者、周边社区、行业协会组织。

(2)多重身份是我国商贸平台型企业利益相关者的显著特征

商贸平台型企业某些具体的关键利益相关者同时拥有两个或两个以上的身份。如某些商户，其身份并不仅仅是商贸平台上的商品销售者和商铺租赁者这样的基础性身份，其身份也可能是企业的股东、债权人、社区等，详细情况如表 5-8 所示。同一利益相关者，只有在他第一身份的利益诉求得到基本满足后，他才会进一步考虑第二身份的利益诉求。

(3)我国商贸平台型企业有三种不同的利益相关者控制模式

商户集体控制、地方政府控制、管理者控制是我国商贸平台型企业的三种公司治理模式。在现实经济中，三种模式先后发展的顺序反映了我国商贸平台型企业控制权演化的逻辑。随着企业内部条件和外部环境发生变化，企业经营所需的稀缺资源的组成结构在不断改变，为了促进企业更好地发展，那些能够提供企业当前发展所需的最稀缺资源的利益相关者在公司治理中将被赋予更多的控制权。

7.1.4 政府应通过"引入竞争"的方式，间接规制少数商贸平台型企业的垄断行为

鉴于商贸平台型企业所在领域往往具有较强的规模经济、范围经济和网络经济效益，竞争机制所产生的效益或许无法与其"局部垄断"的效率相比，建议在维持商贸平台型企业垄断性业务的基础上，增强其所在产业领域内的可竞争性因素，即在其产业链上下游的可竞争性业务领域引入竞争机制，从而抑制少数商贸平台型企业滥用其市场势力的行为。具体可采取四种方向性规制思路：端口接入规制、业务范围规制、网络互通

规制和共同投资规制。考虑到我国商贸流通业在不同地区、不同领域的差异化,需要更多的将规制政策的制定权交由地方政府。

7.1.5 我国商贸平台型企业可以在现行公司治理结构的一般框架下,实现利益相关者的有效治理

鉴于本部分第三点结论,更注重“利益相关者”利益实现的德日模式,对现阶段我国商贸平台型企业的公司治理更具借鉴意义。在我国《公司法》规定的公司治理框架内,通过适当的机制设计,实现关键利益相关者有效参与公司治理的目的,如给予非控股地方政府“小股东否决权”;通过“形式聘任”将商户纳入公司董事会中;安排企业的长期债权人指定外部审计机构;在董事会内设置社会者委员会等,如图6-7所示。

7.2 主要创新

7.2.1 从我国宏观经济转型的角度,指出了我国商贸平台型企业形成的历史必然性

本书提出了“商贸平台型企业”这一新类型的企业概念,并将这类企业的形成与我国经济转型期的两大特征——“地方政府扩权”与“市场秩序完善”相结合,指出了“商贸平台型企业”是我国经济转型的必然产物,也从侧面回答了为什么我国专业市场、城市零售商等商贸平台的发展特征与西方发达国家承担同样功能的商贸流通企业有着较大的差别。

7.2.2 以产业组织理论为基础,指出了我国商贸平台型企业战略层面的发展策略

本书提出规模经济、范围经济与网络经济效益这些自然垄断因素是我国商贸平台型企业形成强市场势力的根源;基于地方政府保护、地方消费者差异的人为垄断因素是其市场势力被局部分割、强化并形成“局部垄断”的重要原因;平台型企业所处的较为特殊的双边市场结构,进一步强化了其在产业链上实施纵向控制的能力。在上述基于产业组织理论分析

的基础上，本书通过构建拥有竞争优势和处在竞争劣势的两个商贸平台型企业之间的价格竞争模型，分析这一现象的成因及其对流通产业组织的影响。研究表明，商贸平台型企业的垄断势力和垄断行为之间表现出了自我强化的特征，具有竞争优势的商贸平台可以通过向商户收取通道费和对采购商实施"低价"策略获得更大的市场份额和更高的利润水平，而且其实施"低价"策略的成本将完全由商户承担。在不受政策等外生变量约束的条件下，伴随着优势商贸平台型企业的市场势力增强，必然会出现收取通道费等垄断现象，从而解释了为什么大多数商贸平台型企业选择了不断扩张自身规模，进而增强市场势力的战略路径。

7.2.3 以利益相关者理论为基础，指出了我国商贸平台型企业公司治理的特殊之处

本书运用利益相关者理论，从"资产专用性"这一最基本的特征出发定义了我国商贸平台型企业的利益相关者，利用企业访谈、问卷调查的方式界定我国商贸平台型企业的利益相关者，对其进行分类。进一步，本书对我国商贸平台型企业关键利益相关者的多重身份问题进行了深入分析。在此基础上，总结了我国商贸平台型企业治理在历史演进中的三种模式——商户集体控制模式、地方政府控制模式与管理层控制模式。最后，在对策研究部分提出了有中国特色的治理模式：地方政府获得"小股东否定权"，对商户采取"形式聘任"，等等。

7.2.4 以可竞争理论为基础，提出了政府对商贸平台型企业实施规制的方向性建议

本书借鉴鲍莫尔等学者提出的"可竞争理论"的分析思路，对我国商贸平台型企业的垄断规制问题进行了讨论。国内少数商贸平台型企业的垄断问题已经成为国家商贸主管部门关注的焦点，鉴于商贸平台型企业所处产业组织环境的特殊性，如何在兼顾规模经济、范围经济和网络经济效益的前提下，抑制垄断对形成有效竞争格局的负作用，成为政策制定的难点。对此，本书从引入竞争因素的角度提出了对其实施政府管制的四个方向性建议。

7.3　不足与展望

7.3.1　研究的不足之处

一是未能分析某些影响商贸平台型企业发展的重要因素。商贸平台型企业发展过程中所涉及的因素众多,笔者未能对一些较有意义的因素展开分析,如我国传统商业文化与商贸平台型企业发展及其内部经营模式之间的关系。

二是在调查研究和收集文献资料方面的局限性。现实经济中商贸平台型企业的分布广泛,本书主要围绕商贸平台、城市零售、连锁家电卖场等商贸平台的案例素材展开分析,而第四方物流平台等领域的案例素材则较少。

三是定量的实证研究欠缺。虽然我国沪深两地证券市场中有大约上市公司77家吻合商贸平台型企业特征的,但是许多企业只是其中一块业务涉及了"商贸平台",且大多数该类上市公司属地方政府控制并扶持的企业,民营企业数据较少,样本的涵盖范围不具有全面性。因此,无法直接利用相关数据反映我国商贸平台型企业的总体经营现状。

四是对商贸平台型企业具体发展策略的研究欠缺。本书通过商贸平台型企业发展的产业组织环境,提出了商贸平台型企业战略层面最基础的共性策略:充分利用规模经济、范围经济等自然垄断因素,不断扩大企业规模。但是,限于文章篇幅,本书并未对具体的各类商贸平台型企业的发展战略进行研究。

7.3.2　下一步研究展望

一是从我国传统文化,特别是商业文化的视角,研究商业惯例、交易习俗,对我国商户群体产生,以及对商贸平台型企业内部经营模式的影响。

二是将双边市场理论与战略联盟理论相结合,研究双边市场环境中,商贸平台型企业之间横向与纵向的战略联盟关系,以及这种一体化对我国商贸流通产业运行效率的影响。如可以通过商贸平台与电子商务平台合作、城市零售商与第四方物流平台合作的具体案例对这类问题进行探索。

三是运用合作博弈理论分析我国商贸企业中不同利益相关者的合作与竞争问题，如商户与商户之间存在着争夺客户资源的冲突，又共同希望市场客户资源的增加；商户与管理者既为租金价格讨价还价，但又都希望商贸平台繁荣后，摊位租金能大幅度上升（商户既可获得更高的转租收益，也可以为后来者设立更高的进入门槛）。

四是进一步搜集与商贸平台型企业公司治理的有关数据，利用定量研究的方法，比较不同治理模式下商贸平台型企业的经营绩效。

附录 1 “商城公司”发展历程总结

“商城公司”发展历程总结

名称	筹划时间	开业时间	投资发起	投资建设人	总投资	市场地点	摊位数	建筑形态	建筑面积	备注
第一代露天集贸市场：稠城镇小百货市场	1982 年 3 月	1982 年 9 月	1982 年 3 月，义乌县稠城镇整顿市场管理小组发布《关于加强小百货市场管理的通告（第一号）》	城阳区工商所从日常经费中挤出，县森工所援手建设	约 9 000 元	稠城镇湖清门处	规划建设水泥板摊位 700 多个，到 1982 年底摊位数增加到 1 050 个	完全露天的简易水泥板摊位结构。	当时市场修建在湖清门的一条水沟旁，实际建筑面积不详	在 1982 年之前，义乌有湖清门和廿三里两个集市
第二代室内集贸市场：稠城镇室内小商品市场	1984 年 5 月	1984 年底	稠城镇工商所提议建“稠城镇室内小商品市场”，1984 年 5 月经县长办公会议研究后同意。同年，义乌县政府提出“兴商建县”的发展方针	县财政提供 5 万元，工商部门投入市场管理费 10 万元，农行贷款 25 万元，个体工商户集资 5 万元（在以后的市场管理费中扣还），县财政局由集市贸易税收的留成中提供 10 万元	约 55 万元	稠城镇新马路北端太祖殿畈处。现为新马路 15 号。市场现址为义乌副食品市场	规划建设固定摊位 1 800 个	固定水泥板摊位，钢架玻璃瓦棚顶结构	约 5 000 平方米	1984 年后，随着客商的迁移，廿三里市场被自然并入稠城镇市场

续 表

名称	筹划时间	开业时间	投资发起	投资建设人	总投资	市场地点	摊位数	建筑形态	建筑面积	备注
第三代市场：义乌小商品市场	1985 年 7 月	1986 年 9 月	1985 年 7 月，县委、县政府决定扩建并搬迁原有市场，并成立了由副县长仼组长的筹建领导小组	最初由工商部门投资 180 万元建造市场，县商业局投资 85 万元建造综合服务楼，县财税部门投资 20 万元建造税务所，县邮电局投资 16 万元建造邮电支局，商户集资 44 万元建个体户楼 2 幢	1986 年最初规划投资 360 万元。后在 1988 年投资 125 万元，1989 年投资 50 万元	城中路东面稠城镇朝阳村	最初规划设有固定摊位4 096 个，但到 1990 年底，实际共有固定摊位 8 503 个，临时摊位 1 500 多个	混凝土地面，水泥板摊位，车站月台式 Y 型永久性钢筋混凝土棚架，石棉钢瓦盖顶；后期市场为高大钢架、天穹式结构	最初规划面积为 4.4 万平方米，但到1990年底实际占地面积为 5.7 万平方米	从第三代市场开始，市场从单纯的交易功能衍生出许多为交易配套的综合服务功能
第四代市场：篁园市场	1987 年提议，1991 年 10 月一期市场开工；1993 年 6 月二期开工	1992 年 2 月一期市场建成；1994 年二期市场建成	1987 年底，义乌县工商局出面向义乌县委口头提出了兴建第四代市场，1990 年 10 月获得浙江省工商局同意的批复	由于县政府缺乏大规模投资建设的资金。因此采取了集资建市场的办法。一期市场向 7 710 户集资 1 542 万元，二期市场向5 989户集资 1 197.8 万元	约 2 740 万元	当时为稠城镇保联村和朝阳村。现为义乌市稠州路东南侧，篁园路东北侧，江滨路西北侧，义东路西南侧	一期摊位数 7 000 个，二期摊位数 7 500 个。后对所有市场的新老商户经过调整，使市场总摊位数达到 23 000 多个	在三代市场的基础上，设施更全、配套更完善，实现了“简易室内市场”向“标准室内市场”的转变	22.8万平方米	2010 年商城集团投资 14 亿元，将老篁园市场整体重建为现代化专业服装市场，总建筑面积 42 万平方米
第四代市场：宾王市场	1994 年 12 月动工	1995 年 11 月开业	义乌市政府	按照国家“管办分离”的政策要求，工商管理部门不能再作为市场建设和物业管理的经营主体。1993 年 12 月，“商城公司”成立。该公司成为后，即为宾王市场的投资建设主体	4.2 亿元	义乌市稠州路东南侧，义东路东北侧，江滨路西北侧，宾王路西南侧	规划设摊位 8 900 个，营业用房 600 间。目前拥有商位 5 700 余个	宾王市场是当时全国摊店结合市场的典范，市场中间设有花园，并有四星级配套宾馆	规划建设 28 万平方米。现有建筑面积 32 万平方米	宾王市场与篁园市场在建筑结构上相似，地理上相近，构成了“1＋1”的市场簇群

续 表

名称	筹划时间	开业时间	投资发起	投资建设人	总投资	市场地点	摊位数	建筑形态	建筑面积	备注
第五代市场：国际商贸城一区	为应对入世带来的国际化挑战，义乌政府提出了建设“国际性商贸城”的战略构想，决定在城市东北区建设“国际商贸城”。项目一期于2001年10月奠基	2002年9月开业	义乌市政府	“商城公司”	约7亿元	义乌市稠州路东南侧，福田路西北侧	9 000余个商位	商贸城内配套设施完善、环境优美、服务功能齐全。市场内设有开放式休闲中庭、中央空调、货梯、客梯、内高架桥、盘旋式各层停车场、外商服务中心、大型信息显示屏等各项配套设施，项目内配套四星级酒店，是一个集批发采购、旅游购物于一体的国际化商贸平台	建筑面积34万平方米	国际商贸城项目是义乌政府主导下的城市商贸基础设施项目，义乌政府在城市规划、土地拍卖、交通配套、物流配套等各方面给予了全力支持。项目分三期建设，一区为一期，二、三区为二期，四、五区为三期。项目现已成为义乌建设国际性商贸城市的标志性建筑群
第五代市场：国际商贸城二区		2004年10月开业			约20亿元	义乌市稠州路东南侧，福田路西北侧	8 000余个商位		建筑面积60余万平方米	
第五代市场：国际商贸城三区		2005年10月22日正式开业			约20亿元（国际商城二期概算总投资约50亿元）	义乌市稠州路东南侧，福田路西北侧	一至三层拥6 000余个，四至五层拥有80—100平方米商务商位600余个		建筑面积46余万平方米（国际商城二期总建面115万平方米。）	
第五代市场：国际商贸城四区		2008年10月开业	义乌市政府	2007年，项目前期由“商城公司”的控股股东义乌国资公司——义乌中国小商品城恒大开发总公司投资建设。2008年3月，“商城公司”以定向增发的方式，收购恒大公司拥有的国际商贸城三期土地使用权及在建工程项目	约30亿元	义乌市福田路以西，商博路以东，诚信大道以南	拥有商位16 000余个		建筑面积108万平方米	
第五代市场：国际商贸城五区		2011年5月开业			约14.2亿元	义乌市诚信大道以南，银海路以北。东临37省道，西与国际商贸城四区相接	拥有商位7 000余个		建筑面积64万平方米	

资料来源：本表中数据和资料根据以下资料由笔者自行整理并归纳。
①许庆军：《走近义乌——中国小商品城探秘》，中共党史出版社2007年版，第22—31页。
②陆立军、白小虎、王祖强等：《市场义乌——从鸡毛换糖到国际商贸》，浙江大学出版社2003年版，第161—164页。
③浙江中国小商品城公司网站：http://www.cccgroup.com.cn/Active.asp? id=26。
④义乌购网：http://www.onccc.com/market/intro/index.html。

附录 2　第 4 章第 3 节的数学推导

$$L_0(\pi_0)=\pi_0(1+\sum_{i=1}^{n}\frac{\pi_i-\pi_0}{E}) \tag{4-1}$$

$$\begin{aligned}L_0'(\pi_0)&=1+\frac{1}{E}\{[(\pi_1-\pi_0)+(\pi_2-\pi_0)+\cdots+(\pi_n-\pi_0)]\pi_0\}'\\&=1+\frac{1}{E}\{[(\pi_1-\pi_0)+(\pi_2-\pi_0)+\cdots+(\pi_n-\pi_0)]+(-n)\pi_0\}\\&=1+\frac{1}{E}[\sum_{i=1}^{n}(\pi_i-\pi_0)-n\pi_0]=0\end{aligned}$$

进一步可推得：$-E=\sum_{i=1}^{n}(\pi_i-\pi_0)-n\pi_0=\sum_{i=1}^{n}\pi_i-2n\pi_0$

所以可推得式(4-3)：$\pi_0=\frac{1}{2n}(E+\sum_{i=1}^{n}\pi_i)$

对式(4-2)的求导过程得到式(4-4)的过程：

$$L_i(\pi_i)=\pi_i(1-\frac{\pi_i-\pi_0}{E}),i=1,\cdots,n \tag{4-2}$$

$$L_i'(\pi_i)=(1-\frac{\pi_i-\pi_0}{E})+\pi_i(-\frac{1}{E})=1-\frac{2\pi_i-\pi_0}{E}=0$$

进一步可推得(4-4)式：$\pi_i=\frac{1}{2}(E+\pi_0),i=1,\cdots,n$

附录3　商贸平台型企业访谈提纲

一、访谈目的

通过对商贸平台型企业管理者的访谈达到以下两个目的：

1. 比较不同类型（国有、集体、民营）商贸平台型企业的股东会、董事会、经理层在公司治理中的作用；

2. 了解商户、地方政府、债权人、周边社区等利益相关者对商贸平台型企业公司治理的影响。

二、访谈问题

企业调研主要采用半结构的方式进行，主要的代表性问题如下：

1. 请介绍贵公司的所有权性质、经营现状和组织结构，以及股东会、公司董事会、经理层的运行情况。

2. 能否简单介绍贵公司最近一次重大经营决策出台的过程。

3. 请问您是否认为贵公司的股东会或董事会仅仅只是一个摆设？

4. 请问您知道利益相关者的概念吗？在企业经营的过程中，您有哪些需要特别考虑的群体？

5. 您认为贵公司在经营决策过程中，与一般企业相比有什么特殊之处？

6. 您如何看待“商户”（包括经销商、代理商、制造商）对贵公司发展的影响？您认为“商户”与企业普通员工相比，哪个更重要？

7. 贵公司在经营决策过程中是否参考“商户”的利益诉求，“商户”反映利益诉求的渠道有哪些？

8. 您如何看待地方政府对贵公司发展的影响？请问贵公司以何种形式与地方政府之间保持联系？

9. 如果地方政府出台的政策损害了贵公司的经济利益，公司会如何应对？

10. 您如何看待债权人(包括金融机构、商户)对公司治理的影响?

11. 贵公司是否存在向商户借款的情况?如果存在,请问这些债权人身份的商户对贵公司的经营决策是否产生了更大的影响?

附录4　商贸平台型企业利益相关者调查问卷

调查说明：

本调查是学术性研究——“我国商贸平台型企业的利益相关者研究”的基础性内容，旨在了解我国商贸平台、城市零售商、连锁家电卖场、网络交易平台等商贸平台型企业的利益相关者现状与特征。希望您能抽出宝贵时间，填写问卷。调查的问题没有对错之分，但您的回答对本研究是否能得出正确的结论非常重要，希望您能根据企业经营的实际情况如实填写。

我们承诺：问卷信息仅用于学术研究，对于您的填写结果绝对保密，不会以任何方式泄露该问卷的信息。

一、企业利益相关者的界定

我们认为，企业的利益相关者是对企业投入了专用性资产（包括有形资产和无形资产）的个人或群体，他们是企业在决策、经营过程中必须考虑其利益诉求的个人或群体。请根据您所在企业的实际情况，在下表中选择您企业的利益相关者。如有下表中未列出的其他利益相关者，请直接在下表中补充。

序号	候选相关者	备注说明	判断（请用√表示）
1	股东	主要指企业的控股股东、大股东	
2	经理层	公司中高层管理人员	
3	普通员工	企业的一线工作人员	
4	地方政府	企业的行政管理部门	
5	经销商	平台上自主经商的商户	
6	代理商	平台上代销商品的商户	

续 表

序号	候选相关者	备注说明	判断(请用√表示)
7	制造商	平台上制造企业的代表机构	
8	采购商	批发采购人员	
9	普通消费者	普通零售购买的顾客	
10	第三方合作者	物流、金融、餐饮、娱乐等机构	
11	新闻媒体	各类电视、报纸、网络媒体单位	
12	周边社区	企业周边的居民小区、村舍	
13	债权人	企业贷款资金的来源单位	
14	建筑设计施工单位	平台实体项目的设计、施工单位	
15	同类型竞争对手	同类型的商贸平台	
16	周边学校	平台附近的各类教育机构	
17	社会公众	平台所在区域的所有居民	
18	其他社会团体	如宗教组织、民间环保组织等	
19			
20			
21			
22			

二、企业利益相关者的特征

我们认为,可以从三个不同的维度区分企业利益相关者的特征,分别是合法性(Legitimacy)、紧急性(Urgency)和权力性(Power)。它们的含义如下。

①合法性:某一群体在法律、道义等层面对您的企业享有索取权。

②紧急性:某一群体的要求能立即得到您企业的重视和回应。

③权力性:某一群体拥有影响您的企业决策、经营的能力或手段。

根据您所在企业的实际情况,请分别为下表中利益相关者的三项特征值从 1 到 7 打分。其中,最低分为 1 分,表示该利益相关者完全不具备该项特征;最高分为 7 分,表示该利益相关者完全符合该项特征。如有下表中未列出的其他利益相关者,请直接在下表中补充。

序号	候选相关者	相关者特征(请从 1 到 7 打分)		
		合法性	紧急性	权力性
1	股东			
2	经理层			
3	普通员工			
4	地方政府			
5	经销商			
6	代理商			
7	制造商			
8	采购商			
9	普通消费者			
10	第三方合作者			
11	新闻媒体			
12	周边社区			
13	债权人			
14	建筑设计施工单位			
15	同类型竞争对手			
16	周边学校			
17	社会公众			
18	其他社会团体			
19				
20				
21				
22				

如果方便,请填写您的个人相关信息:

您的性别:□男　□女

您的年龄:□<30 岁　□30—40 岁　□>40—50 岁　□>50—60 岁

您的职位:□底层管理　□中层管理　□高层管理　□企业主

您的学历:□高中　□本科　□研究生

感谢您的合作,祝您工作顺利!

参考文献

[1] ALCHIAN A, DEMSETZ H . 1972. Production, information costs, and economic organization [J]. American Economic Review, 62(5-1): 777-795.

[2] ALBERT B. 1996. Competitive governments. an economic theory of politic finance [M]. Oxford: Cambridge University Press.

[3] ANSOFF. 1965. Corporate strategy [M]. New York : McGraw Hill.

[4] ARMSTRONG M. 2005. Competition in two-sided markets [J]. RAND Journal of Economics, 37(3):668-691.

[5] ARMSTRONG M, WRIGHT J. 2005. Two-sided markets, competitive bottlenecks and exclusive contracts [R]. University College London and National University of Singapore.

[6] BAXTER W F. 1983. Bank interchange of transactional paper: legal and economic perspectives [J]. Journal of Law and Economics, 26 (3):541-588.

[7] BRITISH C C. Supermarkets: a report on the supply of groceries form multiple stores in the United Kindom [EB/OL]. In: http://www. competition-commission. org. uk/rep _ pub/reports/2000/446super. htm

[8] CAILLAUD B, JULLIEN B. 2001. Chicken and egg: competing matchmakers[R]. IDEI and GREMAQ, Toulouse.

[9] CAILLAUD B, JULLIEN B. 2003. Chicke and egg: competition among intermediation service providers [J]. Rand Journal of Economics, 34(2): 309-328.

[10] CHARKHAM J. 1992. Corporate governance: lessons from abroad [J]. European Business Journal, 4(2): 8-16.

[11] CHAKRAVORTI S, ROSON R. 2006. Platform competition in two-sided markets: the case of payment Networks [J]. Review of Network Economics, 5(1):1-31.

[12] CHE J H. 2002. Renting seeking and government ownership of firms: an application to china's township-village enterprises [J]. Journal of Comparative Economics, 4(30): 787-811.

[13] CLARKSON M A. 1994. Risk-based model of stakeholder theory [G]. proceedings of the Toronto Conference on stakeholder theory. center for corporate social performance and ethics. Canada :University of Toronto.

[14] CLARKSON M A. 1995. Stakeholder framework for analyzing and evaluating for Poratesocial Performance [J]. Aeademy of Management Review, (1): 92-117.

[15] CHANG C, WANG Y J. 1994. The nature of the town-ship-village enterprises [J]. Journal of Comparative Economics, 19 (12): 434-452.

[16] DEREK B. 2003. The Danish food marketing chain: developments and policy choices [EB/OL]. In : http://projectweb sjfidk, September 2003.

[17] EVANS D S. 2003. The antitrust economics of multi-sided platform Markets [M]. Yale Journal on Regrlation, 20: 325-381.

[18] FAHRI E, HAGIU A. 2004. Tying in two-sided markets: fat cat, top dog, lean and hungry look or puppy dog? [R]. MIT and Princeton University.

[19] FARRIS P W, AILAWADI K L. 1992. Retail power: monster or mouse? [J]. Journal of Retailing, 68(4):351-369.

[20] FREEMAN R E. 1984. Strategic management: a stakeholder approach [M]. Boston MA: Pitman.

[21] GABRIELLE D, DAVID G. 1985. The strategy structure of two-

sided matching markets [J]. Econometria, 153(4): 873-888.

[22] GAWER A, MICHAEL A. 2002. Cusumano, platform leadership [M]. Boston MA :Harvard Business School Press .

[23] GUTHRIE G, WRIGHT J. 2003. Competing payment schemes [R]. Working Paper No. 0311, Department of Economics, National University of Singapore.

[24] GUTHRIE G, WRIGHT J. 2006. Competing payment schemes [J]. Journal of Industrial Economics, 55(1):37-67.

[25] GROSSMAN S, HART O. 1986. The costs and benefits of ownership: a theory of vertical and lateral integration [J]. Journal of Political Economy, 94 : 691-719.

[26] HAGIU A. 2004. Two-sided proprietary vs. non-proprietary platforms [R] in: Platforms, Pricing, Commitment and Variety in Two-Sided Markets, Ph. D. Dissertation, PrincetonUniversity.

[27] HAGIU A. 2004. Platforms, pricing, commitment and variety in two-sided markets [M]. Tokyo: Research Insitute for the Economy Trade and Industry.

[28] JEAN T. 1988. The theory of industrial organization [M]. Mass: MIT Press.

[29] JEFFREY D S , WING T W. 1994. Structural factors in the economic reform of China, East Europe, and the Former Soviet Union [J]. Economic Policy, 18(4).

[30] MESSINGER P R, NARASIMHAN C. 1995. Has power shifted in the grocery channel? [J]. Marketing Science, 14(2): 189-223.

[31] KATSAMAKAS E, BAKOS Y. 2003. Design and ownership of two-sided networks [R]. Working Paper, Stern School of Business, New York University.

[32] LI D D. 1994. A theory of ambiguous property rightsin transition economies: the case of the Chinese Non-State Secto [J]. Journal of Comparative Economics, 23: 1-19.

[33] MARK A. 2005. Competition in two-sided markets Mimeo [M].

London :University College,1-32.

[34] MITCHELL A, WOOD D. 1997. Toward a theory of stakeholder identification and salience: defining the principle of who and what really counts [J]. Academy of Management Review, 22 (4): 853-860.

[35] PORTER M E. 1990. The competitive advantage of nations [M]. New York :Free Press.

[36] ROCHET J C, TIROLE J. 2002. Cooperation among competitors: some economics of payment card associations [J]. RAND Journal of Economics, 33(4):549-570.

[37] ROCHET J C, TIROLE J. 2003. Platform competition in two-sided Markets [J]. Journal of European Economic Association, 1(4): 990-1029.

[38] ROCHET J C, TIROLE J. 2005. Two-sided markets: a progress report[R]. Working Papers 275, IDEI, Toulouse.

[39] RYSAMAN M. 2004. Competition between networks: a study of the market for yellow pages [J]. Review of Economics Studies, 71 (2):483-512.

[40] RICHARD C. 1967. American industry: structure, conduct, and performance [M]. Prentice-Hall.

[41] ROBERTO R. 2004. Auctions in a two-sided network: the market for meal voucher services[R]. Working Paper,1-16.

[42] ROBERTO R. 2005. Two-sided markets: a tentative survey [J]. Review of Network Economics, 4(6): 142-160.

[43] SCHMALENSEE R. 2002. Payment systems and interchange fees [J]. The Journal of Industrial Economics,50(2):103-122.

[44] SCHWARTZ M, VINCENT D. 2002. Same price, cash or card: vertical control by payment networks [R]. Georgetown University Department of Economics.

[45] SULLIVAN M W. 1997. Slotting allowances and the market for new products[J]. Journal of Law and Economics,40(2):461-493.

[46] TIAN G Q. 2000. Property rights and the nature of Chinese Collective Enterprises [J]. Journal of Comparative Economics, 28(2): 247-268.

[47] ULRICH K, JULIAN W. 2005. Price structure in two-sided markets: evidence from the magazine industry[R]. Working Paper, 1-30.

[48] WRIGHT J. 2003. Optimal card payment systems [J]. European Economic Review,47(4):587-612.

[49] WEITZMAN M L, XU C G. 1994. Chinese township-village enterprises as vaguely defined cooperatives [J]. Journal of Comparative Economics ,18(1):121-145.

[50] WILLIAMSON O E. 2000. The new institution economics: taking stock, looking ahead [J]. Journal of Economic Literature, 38(9): 595-613.

[51] 2011 年度中国电子商务市场数据监测报告[R]. 杭州:中国电子商务研究中心.

[52] 彼得・尼茨坎普. 2001. 区域和城市经济学手册:第 1 卷[M]. 北京:经济科学出版社,24-31.

[53] 白小虎. 2008. 浙江商贸平台:理论、实践与研究展望[J]. 中共浙江省委党校学报,(6):112-117.

[54] 陈宏辉,贾生华. 2002. 利益相关者的界定方法述评[J]. 外国经济与管理,(5):13-18.

[55] 陈宏辉,贾生华. 2004. 企业利益相关者三维分类的实证分析[J]. 经济研究,(4):80-90.

[56] 陈宏辉. 2003. 企业的利益相关者理论与实证研究[D]. 杭州:浙江大学.

[57] 陈晓萍,徐淑英,樊景立,等. 2008. 组织与管理研究的实证方法[M]. 北京:北京大学出版社.

[58] 陈志斌,施建军. 2003. 公司治理层面的控制与所有权实位化[J]. 经济理论与经济管理,(2):48-52.

[59] 大卫・威勒,西兰琶. 2002. 利益相关者公司——利益相关者价值最

大化之蓝图[M]. 张丽华,译.北京:经济管理出版社.
[60] 丹尼尔·F.斯普尔伯.2002.市场的微观结构——中间层组织与厂商理论[M].张军,译.北京:中国人民大学出版社.
[61] 道格拉斯·诺斯.2008.制度、制度变迁与经济绩效[M].上海:格致出版社、上海人民出版社.
[62] 戴勇.2010.基于双边市场理论的第四方物流平台运营策略研究[J].商业经济与管理,(2):12-17.
[63] 邓汉慧,赵曼.2007.企业核心利益相关者的利益要求——紫金矿业案例分析[J].中国工业经济,(8):122-128.
[64] 樊秀峰.2009.跨国零售企业行为分析框架:以沃尔玛为例[J].商业经济与管理,(7):12-19.
[65] 费尔南德·布罗代尔.1993.十五至十八世纪的物质文明、经济与资本主义:第二卷[M].北京:生活·读书·新知三联书店.
[66] 方凯,吕昭河.2007.中国商会的社会起源与发展[J].求索,(1):49-51.
[67] 哈耶克.2001.作为一种发现过程的竞争[M].北京:首都经济贸易大学出版社.
[68] 何大安. 2007a.厂商参与约束和激励约束之相容关系——一个关于地方政府与流通厂商之委托代理的理论探讨[J].财贸经济,(11):71-76.
[69] 何大安.2006.跨国公司投资与流通产业管制[J].财贸经济,(8):66-71.
[70] 何大安.2007b.流通产业组织结构优化中的自然垄断趋势[J].经济学家,(4):46-52.
[71] 何大安.2008.中国流通产业运行问题[M].北京:经济科学出版社.
[72] 何大安.2008.中国流通产业组织中的局部垄断[J].学术月刊,(5):62-67.
[73] 洪涛.2009.中国流通产业改革 30 年——实践与理论创新[M].北京:经济管理出版社.
[74] 胡家勇.2003.转型、发展与政府[M].北京:社会科学文献出版社.
[75] 胡祖光,伍争荣,孔庆江. 2006.中国零售业竞争与发展的制度设

计——加入 WTO 后的新视角[M]. 北京:经济管理出版社 .

[76] 贾根良. 2002. 演化经济学:现代流派与创造性综合[J]. 学术月刊,(12):13-19.

[77] 纪宝成. 2004. 论市场秩序的本质与作用[J]. 中国人民大学学报,(1):26-32.

[78] 纪汉霖. 2006. 双边市场定价方式的模型研究[J]. 产业经济研究,(4):11-20.

[79] 纪汉霖,管锡展. 2008. 纵向一体化结构下的双边市场定价策略[J]. 系统工程理论与实践,(9):54-58.

[80] 纪汉霖. 2006. 双边市场定价策略研究[D]. 上海:复旦大学.

[81] 荆林波,刘涛. 2007. 中国电子支付产业的发展研究[J]. 现代商业,(10):6-10.

[82] 科勒德科,景光. 2004. 向市场经济转轨. 渐进主义与激进主义[J]. 财经科学,(6):15-19.

[83] 康芒斯. 1962. 制度经济学[M]. 北京:商务印书馆.

[84] 郎咸平. 2006. 模式——零售连锁业战略思维和发展模式[M]. 北京:东方出版社.

[85] 李陈华,文启湘. 2004. 流通企业的(规模)边界[J]. 财贸经济,(2):43-48.

[86] 李稻葵. 1995. 转型经济中的模糊产权理论[J]. 经济研究,(4):42-50.

[87] 李飞,刘明葳. 2005. 中外大型零售企业竞争能力比较研究[J]. 市场营销导刊,(4):14-17.

[88] 李骏阳. 2009. 对收取通道费原因的分析——基于我国零售企业的赢利模式研究[J]. 管理学报,(12):1691-1695.

[89] 李维安,王世权. 2007. 利益相关者治理理论研究脉络及其进展探析[J]. 外国经济与管理,(4):10-17.

[90] 李怀. 2004. 基于规模经济和网络经济效益的自然垄断力量创新——辅以中国垄断产业的经验检验[J]. 管理世界,(4):61-81.

[91] 李泉,陈宏民. 2009. 平台企业竞争有效性及投资策略性效果研究[J]. 管理工程学报,(4):27-30.

[92] 李严峰. 2006. 复合型商业业态——理论、应用、个案[M]. 北京：经济科学出版社.
[93] 林华明. 2010. 苏宁电器如何利用伙伴融资实现快速增长[D]. 上海：上海交通大学.
[94] 刘波，荆林波. 2008. 利益结构对中国电子支付产业发展的影响[J]. 财贸经济，(3)：85-91.
[95] 刘汉民. 2007. 企业理论、公司治理与制度分析[M]. 上海：上海三联书店、上海人民出版社.
[96] 刘伟，冯树英. 2010. 我国家居零售企业的商业模式研究[J]. 价格理论与实践，(8)：82-83
[97] 罗伯特・阿克塞尔罗德. 2008. 合作的复杂性：基于参与者竞争与合作的模型[M]. 上海：上海世纪出版集团.
[98] 罗伯特・阿克塞尔罗德. 2007. 合作的进化[M]. 上海：上海世纪出版集团.
[99] 陆立军，白小庆，王祖强. 2003. 市场义乌——从鸡毛换糖到国际商贸[M]. 杭州：浙江人民出版社.
[100] 迈克尔・波特. 1997. 竞争优势[M]. 陈小悦，译. 北京：华夏出版社.
[101] 曼瑟・奥尔森. 2005. 权利与繁荣[M]. 上海：上海人民出版社.
[102] 木官泰彦. 1980. 日中文化交流史[M]. 胡锡年，译. 北京：商务印刷馆.
[103] 奥利弗・E. 威廉姆森. 2002. 资本主义经济制度：论企业签约与市场签约[M]. 北京：商务印刷馆.
[104] 庞毅. 1990. 商业文化的概念及研究范围浅议[J]. 北京商学院学报，(1)：75-77.
[105] 乔治・亨德里克斯. 2007. 组织的经济学与管理学：协调、激励与策略[M]. 北京：中国人民大学出版社.
[106] 邱毅，郑勇军. 2010. 交易效率、运输成本、产业集群与中心市场生成[J]. 商业经济与管理，(7)：11-17.
[107] 热若尔・罗兰. 2002. 转型与经济学——政治、市场和企业比较：第3辑 [M]. 北京：中信出版社.

[108] 热若尔·罗兰. 2002. 转型与经济学[M]. 张帆,潘佐红,译. 北京:北京大学出版社.

[109] 任保平,蒋万胜. 2006. 经济转型、市场秩序与非正式制度安排[J]. 学术月刊,(9):67-72.

[110] S. 布雷克曼,H. 盖瑞森,C. 范·马克惠克. 2004. 地理经济学[M]. 成都:西南财经大学出版社.

[111] 盛洪. 2004. 现代制度经济学[M]. 北京:北京大学出版社.

[112] 盛昭翰,蒋德鹏. 2002. 演化经济学[M]. 上海:上海三联书店.

[113] 谭隽. 2001. 中日美商业文化的传统及特征比较[D]. 北京:中国社会科学院.

[114] 唐力行. 2003. 商人与中国近世社会:修订本[M]. 北京:商务印书馆,2003.

[115] 汪浩. 2006. 通道费与零售商市场力量[J]. 经济评论,(1):29-34.

[116] 王俊豪. 2004. 自然垄断产业市场结构重组的目标、模式与政策实践[J]. 中国工业经济,(1):21-27.

[117] 王明梅. 2011. 国美控制权之争的分析与启示[D]. 上海:上海交通大学.

[118] 王鹏,涂锦. 2005. 零售商与供应商之间关于"进场费"的动态博弈分析[J]. 技术经济与管理研究,(3):44-45.

[119] 王怡云. 2009. 制度创新与区域发展——台州路桥创业创新实证分析 [M]. 杭州:浙江人民出版社.

[120] 王振中. 2006. 转型经济理论研究[M]. 北京:中国市场出版社.

[121] 王祖强. 2006. 转型经济中地方政府与市场关系的重新诠释——以义乌市场的形成和发展为例[J]. 中共浙江省委党校学报,(2):54-59.

[122] 温思美,林家宏. 1999. 市场化进程中的组织制度创新[M]. 广东:广东经济出版社.

[123] 温思美,罗必良. 2001. 论中国农产品市场的组织制度创新[J]. 学术月刊,(1):42-46.

[124] 吴敬琏. 1994. 现代公司与企业改革[M]. 天津:天津人民出版社.

[125] 吴小丁. 2001. BtoC 与传统零售业[J]. 中国流通经济,(5):39-42.

[126] 吴小丁. 2004. 大型零售店“进场费”与“优势地位滥用”规制[J]. 吉林大学社会科学学报,(5):119-125.

[127] 吴小丁,袁宁,徐红竹. 2005. 豪华百货店品牌联营模式探讨[J]. 商业时代,(32):22-23.

[128] 徐淳厚,闰伟东,温丹. 2006. 我国零—供商积怨关系的探讨与解决之道[J]. 北京工商大学学报:社会科学版,(9):11-16.

[129] 徐晋. 2007. 平台经济学[M]. 上海:上海交通大学.

[130] 徐晓巍. 小商品城遭遇多事之“秋”[N]. 中国证券报,2007-09-24.

[131] 许檀. 1996. 明清时期城乡市场网络体系的形成及其历史意义[J]. 中国经济史研究,(2):191-202.

[132] 许庆军. 2007. 走近义乌——中国小商品城探秘[M]. 北京:中共党史出版社.

[133] 姚国章. 2007. 沃尔玛的物流运行体系及其电子化演进 [J]. 南京邮电大学学报:社会科学版,(3):15-22.

[134] 杨春,唐晨光. 2008. 沃尔玛 PK 家乐福[M]. 深圳:海天出版社.

[135] 杨旭东. 2002. 公司治理的内部结构与外部控制[D]. 厦门:厦门大学.

[136] 叶一戈. 2010. 国美战争[M]. 北京:北京理工大学出版社 .

[137] 于光远. 1995. 重视经济文化的研究[M]//周浩然. 经济文化发展研究,北京:中国社会科学出版社.

[138] 约翰·克劳奈维根. 2002. 交易成本经济学及其超越[M]. 上海:上海财经大学出版社.

[139] 约瑟夫·E. 斯蒂格利茨. 1998. 社会主义向何处去? [M]. 周立群,于文波,译. 长春:吉林人民出版社.

[140] 岳中刚,赵玻. 2008. 通道费与大型零售商盈利模式研究:基于双边市场的视角[J]. 商业经济与管理,(8):3-9.

[141] 赵峻镭. 2011. 关于通道费的理论研究回顾和思考[J]. 商业经济与管理,(7):13-18.

[142] 张良,戴杨. 2006. 经济转型理论研究综述[J]. 开放导报,(6):93-96.

[143] 张建君. 2006. 中国经济转型模式:文献综述及其引申[J]. 改革,

(12):20-24.

[144] 张琪. 2001. 电子商务:21世纪经济的新增长点[J]. 中国物资经济,(4):42-46.

[145] 张仁寿,杨轶清. 2006. 浙商:成长背景、群体特征及其未来走向[J]. 商业经济与管理,(6):3-7.

[146] 张五常. 2011. 自然垄断之谜(《受价与觅价》第三章《垄断的诅咒与成因》)[EB/OL]. [2011-08-09]http://blog.sina.com.cn/s/blog_47841af70102dr2q.html.

[147] 张维迎. 2005. 产权、激励与公司治理[M]. 北京:经济科学出版社.

[148] 张维迎. 1996. 所有权、治理结构及委托—代理关系:兼评崔之元和周其仁的一些观点[J]. 经济研究,(9):3-15.

[149] 曾小舟,江可申,江虹. 2007. 利益相关者的共同治理主体及边界确定的经济学分析[J]. 价格月刊,(1):63-66.

[150] 郑勇军,袁亚春,林承亮,等. 2002. 解读:"市场大省"——浙江商贸平台现象研究[M]. 杭州:浙江大学出版社.

[151] 郑勇军. 1998. 浙江农村工业化中的商贸平台制度研究[J]. 浙江社会学,(6):10-16.

[152] 郑红亮,王凤彬. 2000. 中国公司治理结构改革:一个理论综述[J]. 管理世界,(3):119-125.

[153] 周业安. 2000. 中国制度变迁的演进论解释[J]. 经济研究,(5):3-11.

[154] 周业安,冯兴元,赵坚毅. 2004. 地方政府竞争与市场秩序的重构[J]. 中国社会科学,(1):13-19.

[155] 周勇,池丽华. 2011. 我国零供关系发展过程述评[J]. 上海商学院学报,(9):1-5.

[156] 朱甫. 2007. 国美与苏宁:中国两大家电零售巨头的销售策略与连锁攻略[M]. 北京:中国经济出版社.

后　记

本书是本人读博期间思想和观点的阶段性总结。本人对商贸平台研究的兴趣源自专业市场这一充满中国特色的现实问题。改革开放后，专业市场作为一种连接生产企业与经销商、采购商的高效率交易平台，在推动浙江、广东、山东、江苏等省份的经济繁荣方面发挥了重要作用。20 世纪 90 年代中期之后，以国美、苏宁为代表的家电卖场快速发展，可以看作是专业市场连锁化、规模化的批量复制；20 世纪初以来，以阿里巴巴为代表的各种形式的电子商务交易平台的兴起，则可以看作是将实体专业市场由"线下"搬到了"线上"。同时，2004 年之后，在让·梯若尔(Jean Tirole)等学者的引领下，学界越来越重视对双边市场、平台问题的研究。因此，本人在读博之初，就萌发了从企业角度对我国商贸平台问题展开研究的念头，并在博士论文的基础上完成了本书稿。

谨借此书出版之际，本人想对那些在我的求学和研究之路上帮助过我的人表达最诚挚的谢意。

首先我要感谢的是我的博士生导师郝云宏教授，每当我为自己的研究计划延期而感到愧疚沮丧的时候，郝老师总是十分宽容地原谅我的懒惰，并细致地对我提出下一步的研究要求。本书的出版也得到了郝云宏教授的主持课题的资助。郝老师在为人、为学、为师方面对我的指导，都将是我今生宝贵的财富。

感谢我的硕士研究生导师郑勇军教授，在本书的思路讨论、企业实地调研等方面给我提供了无私帮助，以及长期以来对我在商贸流通领域研究工作中的全力支持。本书的出版也得到了郑勇教授主持课题的资助，在此特别表示感谢。

感谢胡祖光教授、何大安教授、金杨华教授、盛亚教授在我为研究内容和方法感到困惑时，多次给我提出了修改意见，使我在本书写作的过程中凝练了方向，少走了弯路；感谢范钧教授、易开刚教授、朱桂平教授、胡峰教授、胡永铨副教授对本书提出的中肯意见，使本书得以进一步完善；感谢张仁寿教授、张旭昆教授、倪树高副教授、肖亮教授，让我有机会参与到他们主持的横向课题中，使我受益匪浅，对商贸平台型企业在现实经济中的作用有了更加深入的了解。

感谢在读博期间一直照顾我的各位老师。感谢浙江工商大学研究生部的赵英军主任、葛亚宇书记、陈菊梅老师、周萍老师、阮再洪老师，工商管理学院的陈方根老师、孙晓莹老师，MBA 学院的乜标教授、俞红教授、任志敏老师，现代商贸中心的孙宁老师对我在工作和研究方面的关心。

感谢帮助过我的师兄、师姐，以及互相鼓励打气的同学。感谢曲亮师兄、徐霭婷学姐在我书稿写作过程中提出的宝贵意见和帮助。感谢王蓓、汤筱晓、郑红岗、钱晨、周翼翔、苏志煌、林仙云、胡静、黄琬坤等给我的鼓励。

感谢义乌小商品市场的吴易、胡字龙，百荣集团的蒋柏荣、姜辉，温州企业家王光富，温州大成律师事务所郑效军，路桥中国日用品商城的韩克华、虞小刚，春茂投资的吕中枝、祝良平等在研究过程中给予我的帮助。

最后，谨以此书献给我的家人，感谢妻子郑晶玮和女儿邱子菡对我学术事业的支持。

邱　毅

2015 年 7 月 16 日

于浙江杭州浙江工商大学